曹操

喋血中原

子金山 著

北方联合出版传媒(集团)股份有限公司

万卷出版公司

2018年·沈阳

© 子金山 2018

图书在版编目（CIP）数据

曹操.喋血中原 / 子金山著. — 沈阳：万卷出版
公司, 2018.8
    ISBN 978-7-5470-4985-3

Ⅰ.①曹… Ⅱ.①子… Ⅲ.①曹操（155-220）—生
平事迹 Ⅳ.①K827=342

中国版本图书馆CIP数据核字(2018)第126419号

出 品 人：刘一秀
出版发行：北方联合出版传媒（集团）股份有限公司
        万卷出版公司
        （地址：沈阳市和平区十一纬路25号 邮编：110003）
印 刷 者：鞍山市春阳美日印刷有限公司
经 销 者：全国新华书店
幅面尺寸：146mm×210mm
字   数：265千字
印   张：10.75
出版时间：2018年8月第1版
印刷时间：2018年8月第1次印刷
策   划：陈 赋
策划合作：天逸传媒
责任编辑：张雪娇 张洋洋
责任校对：高 辉
封面设计：范 娇
版式设计：马婧莎
ISBN 978-7-5470-4985-3
定   价：45.00元
联系电话：024-23284090
传   真：024-23284448

阅读精彩的子金山及其笔锋流出的历史

　　我认识子金山是通过他的词曲，那时我正在写《明朝那些事儿》的蓝玉远征，应该说我不是一个喜欢研读诗词曲赋的人，但他的词曲确实打动了我，于平凡之中显现万千豪气，其才华实在让我惊讶，短短几十个字就把那一幕波澜壮阔的景象表现得淋漓尽致。

　　在当时的我看来，他是一个很有文字表现力的人，到后来听说他开始写《曹操》，便颇有期待地准备拜读，现在大作完毕，一阅之下确实不同凡响。其文字于诙谐中显肃穆，于史实中见人性，我是一口气读完这部书的。唯有对那段历史有着深入了解的人，方才有这样的功力。

　　历史是严肃的，但并非要用严肃的方式来表达，把深刻的东西用深刻的方式解说出来，是远远不足够的，唯有将阅读的快感与历史的感悟结合起来，才是理解历史的正途，而在我看来，子金山做到了。

当年明月

目　录

阅读精彩的子金山及其笔锋流出的历史　　　1

第一章　群雄逐鹿

一个极品怪物　　　3

刘备创业两字真诀　　　7

饿虎遇到了小羊羔　　　9

就这么糊里糊涂地败了　　　13

煮了一锅夹生饭　　　16

照准屁股来一脚　　　21

挂长的参谋不易当　　　25

曹操与吕布的单挑　　　28

你有高人，我有大傻　　　32

尝了一回做俘虏的滋味　　　37

濮阳解围靠"蝗军"　　　　40

没了诗意的春天　　　　44

让人眼晕的定陶战役　　　48

不服气就接着较量　　　51

大家都来做强盗　　　54

再过一把杀人瘾　　　56

曹操说，咱去逛徐州！　　　61

东汉版《奇袭白虎团》　　　64

到了报答"铁哥们儿"的时候　　　66

奉天子的西进序曲　　　68

曹操的"风水宝地"　　　72

曲折婉转通天路　　　73

第二章　挟天子以令诸侯

偷走皇帝——曹操真是太有胆了　　　79

刘备现在是只软柿子　　　85

二圣旨是曹操的撒手锏　　　89

袁绍的简明发家史　　　92

曹操的软硬兼施　　　96

最大最狠的地主　　　　　　　　　100

徐扬二州预演"三国演义"　　　　　102

强吕布也成了"乖孩子"　　　　　　105

没曹操吕布也称雄　　　　　　　　108

卧榻之侧岂容他人鼾睡　　　　　　111

美女倾国倾城也倾军　　　　　　　114

曹司空的自我批评会　　　　　　　116

巧攻蕲阳斩桥蕤　　　　　　　　　119

第三章　挥师荆楚

战前动员会　　　　　　　　　　　129

"虎痴"来历　　　　　　　　　　　132

啃不动的骨头　　　　　　　　　　135

难死裁判的散打比赛　　　　　　　139

无名小辈更不好惹　　　　　　　　143

刘备的老婆又丢了　　　　　　　　145

吕布是个"妻管严"　　　　　　　　148

曹操、吕布踢成了"一比一"　　　　151

有一种武功叫"忍耐"　　　　　　　154

曹操、刘备客串"评委"　　157

射犬逮了只兔子　　161

欺软怕硬另解　　164

青梅煮酒疑问多　　167

三国不能这样品读　　170

曹操不该对"盟军"开火　　172

有几个"倒霉蛋"，就有几个"幸运儿"　176

皇帝说：俺要掌权……　　180

会投降的人才是高手　　183

打工的啥时候也不如老板　　185

刘备出马，一个顶俩　　189

又把老婆扔了　　192

老子好汉儿英雄　　196

数风流人物，还看江东　　199

真正的"超女"：大乔、小乔　　202

孙策是个"宰星族"　　205

荆州刘表等待"牛市"　　209

曹操做好了挨揍的准备　　212

吃蹭饭的刘玄德　　216

当降将与当土匪哪个更自在？　　219

十万大兵杀过来　　223

曹军中有一种"恐袁症"　　226

长途奔袭＝虎口夺食　　228

关羽怎样宰的颜良？　　231

刘备当了袁绍的先锋官　　234

舍命不舍财的牛人文丑　　238

官渡：曹操的最后一站　　242

周瑜的"武装治丧委员会"　　245

单骑千里话关公　　248

第四章　鏖战官渡

前后挨打两头忙　　255

这一回就看曹仁的了　　257

开局第一步就是"瞎着儿"　　261

东汉时期的对空作战　　265

地道战　　269

袁绍的统战工作挺到位　　272

横刀立马刘大将军　　275

长空雁啼南归去　　　　　　279

决战前夜的蝴蝶效应　　　　283

蝴蝶翅膀扇起的飓风　　　　286

月黑路远论战势　　　　　　290

偷袭变成了野战强攻　　　　292

打进去难挤进去更难　　　　296

两路援兵杀到了乌巢　　　　299

生死关头的两军统帅　　　　302

千钧一发乱战时　　　　　　305

仗虽胜了回家难　　　　　　309

灭绝人性的先锋队　　　　　313

曹司空这样优待俘虏兵　　　316

战敖仓曹操贪微利　　　　　318

不究得失也算一局妙棋　　　322

冤家见面不容易　　　　　　325

大碗灌酒醉谈兵　　　　　　329

曹操

——喋血中原

第一章
群雄逐鹿

一个极品怪物

东汉混乱的年代，不能不让人感觉沉重，百姓流离失所，生命如同虫蚁，什么人能轻松起来？至少现在的曹操就轻松不起来，马上就要兵指徐州，这时却传来消息：陶谦的两路救兵已赶到了徐州，就那点援军的兵力来说，曹操还真没放在眼里，主要是事情的苗头不对，有人不是摆明了要与我曹操作对吗？尤其是其中还有曹操最欣赏的一个人——在陈留招兵时结识的刘备。

刘备，字玄德，涿郡涿县人氏，爷爷刘雄、老爸刘弘都被举过孝廉，虽然那年代托人弄个孝廉文凭不是啥难事，但大家还是挺在意这点虚名的，所以在自己的回忆录中都先把这块招牌显摆出来，至于请人替自己写个自传、本传什么的，头三行一般都会敲出这两个字眼的。

可惜等到刘备出世时家道已败落，一个寡妇拉扯着一个孤儿靠着在家做几双鞋卖了度日，哪来的儿子进步到孝廉的妄想？别说孝廉了，娘俩儿混饱肚子也是刘备学会了编席以后的事。

上天格外照顾刘备，给他安排了一个回头率极高的个人形象：身高1.73米，关键是具有长臂猿的特征：垂手臂长能超过自己的膝盖。

再就是耳朵极大，能用眼睛看见自己的耳朵！

这样的家庭出身在任何朝代都是属下等人那类：纯粹的农业户口，又加上小商贩及手艺人的社会经历，谁还能看得起你？想进城混饭吃？那城市是为你们这种人建设的吗？

不过刘备受到的待遇要宽大得多，这要得益于他有一个了不起的祖宗：皇家后裔，中山靖王刘胜的玄孙，这血统你们有吗？这绝对不是刘备信口胡吹，那是写在刘氏祖谱上的，篡改家庭出身，冒认皇族，在那时绝对是不小的罪名，卖席的刘备不会自找这种麻烦。

多少享受点优惠待遇的刘备估计编席、卖席的营生做得不错，居然有余钱进了学堂，不是有句俚语吗："编席打篓，一养九口，织席编笆，养活全家。"就这样，织席贩夫刘备也算一条腿迈入了知识分子行列。

像有那么两三个人欣赏曹阿瞒小时候一样，对刘备也少不了有人另眼相看。刘备的本家刘德然、同学公孙瓒、老师卢植，便相当看好刘备的将来，尤其是刘德然的父亲元起，确凿无疑地断定刘备以后能成大事，原话是："吾宗中有此儿，非常人也。"（《三国志·蜀书·先主传》）

大概是因为刘备小时候说过一句大话，他曾指着自家院子外面的一棵桑树说："吾必当乘此羽葆盖车！"啥人才有资格坐"羽葆盖车"？唯有皇帝呀，吓得本家叔叔赶紧捂住他的嘴，怕被连累灭门啊！

其实这不过是小孩子的一句戏言，没有什么大不了的。

说过这句过头话的刘备在行为上却是朝相反方向努力的，据史载："先主不甚乐读书，喜狗马、音乐、美衣服。"看见了吗？倒像个纨绔子弟的行径，创业之主一般不这样，都是成天吟着"埋骨何须桑梓地，学不成名誓不还"过日子的。

像曹操一样，是大贤良师张角给了刘备出人头地的机会。和陈留时的曹操一样，刘备也遇到了两个钱多、人傻的马贩子，一个叫张世平，一个叫苏双。得到了这两位中山大商的慷慨解囊捐助，刘备才得以拉起了自己的一支小队伍，跟着校尉邹靖打黄巾军去了，也没经过什么大战事，跟着立了点小功，好不容易才混了一个安喜县尉，也算是脱离了黄土地，当上了朝廷干部。

可惜年轻时的刘备脾气火暴得很，碰见了一个前来检查官员是否称职的巡视员督邮，刘备上门拜望，那督邮竟然不予接见，是否意在索贿不好说，但把刘备列入了精兵简政的对象是显而易见的。

那刘备干的虽是个肥缺，却不是个见钱眼开的贪官，也没有贪污受贿的恶习，哪来的闲钱堵上司的嘴？于是，一怒之下，竟然将这位上级检查团的头头捆绑了起来，招待了二百棍子，挂印而逃。

万幸运气不错，被全国通缉的路上遇到了大将军何进的部属都尉毌丘毅去丹杨招兵，刘备灵机一动带着自己的弟兄们入了伙，并且替他们赶跑了一股拦路抢劫的小蟊贼，就此得以免罪复职，又干上了下密县丞，政绩不错，刘备偏又辞职跳槽了，去高唐干上了县尉，后来终于凭政绩加运气熬上了县令职务。谁知人不能总是吃运气饭，一帮黄巾军的余部来高唐骚扰，刘备当然要出兵"剿贼"，结果竟然被这群"蟊贼"给剿了，官又做不成了。

无奈何只得投奔少时同窗公孙瓒，人如果有一线之路也不会去自己的老同学那儿丢人现眼的，各位注意了：一旦有老同学上门求助于你，千万不要轻易拒绝，这时候，你肯定是他唯一的希望，不到走投无路他是不会登门的。

老同学的确是非同寻常关系，独霸幽州的公孙瓒此时正与袁绍分庭抗礼，当即便委任了刘备一个别部司马的带兵实缺，让他代表幽州部队与青州刺史田楷去搞统一阵线，以对付势力日渐强横的冀州牧袁绍。其实这青州刺史田楷本来就是幽州刺史公孙瓒任命的（稀奇吧？刺史能任命刺史！别急，那年头，稀奇的事儿有的是，看下去会更多），这次运气又回来了，对袁作战刘备基本上没有败过，实是仗着自己的军功登上了平原相的位子。

仕途虽然艰难，却是刘备凭着自己屡败屡战的毅力拼杀上来的，官虽不大，也算是一方太守，最主要的收获还有以下两点：

一、打出了自己的一帮铁哥们儿，这帮哥们儿对刘备绝对是忠贞不贰，这里面就包括日后成为刘先主麾下五员虎将的关羽、张飞，这两位牛人的事迹容笔者后文专篇细讲。

二、赢得了一个好名声，这点最重要，这也是刘备唯一强于曹操的地方，据史载："郡民刘平素轻先主，耻为之下，使客刺之。客不忍刺，语之而去。其得人心如此。"注意，人心可不是那么容易获得的，那是需要从无数件小事一一做起的。

田楷接到陶谦的呼救，邀刘备共援徐州，刘备审时度势，决然前往。对此，大部分朋友不以为然，甚至包括收留并成全他的公孙瓒，为援助一个素不相识的陶谦，不惜与强大的青州军正面为敌，值得吗？再说了，能达到救援的目的吗？击败曹操的概率基本为零，这不是在申请一个殉葬者的名额吗？

虽然如此，公孙瓒还是慷慨地借给了刘备几千由流浪饥民组成的部队，并派自己得力的勇将赵云（字子龙）统领，开向了徐州。但公孙瓒心里通亮，这是一笔不良信贷，十有八九会由国家给予注销负担了，但为了同窗之谊，值得。看来白马将军不是一个小家子气的人。

刘备自己其时仅有步骑各半的一千多士兵，分别由他不是兄弟、胜似兄弟的铁哥们儿关羽、张飞率领，加上公孙瓒的援兵，总数不超过五千，替陶谦去阻挡曹操的数十万虎狼之师，无异于自杀，刘备就这么傻吗？

凡英雄做事，必然有与常人的不同之处，刘备究竟怎么想的？这一点，自认为已是英雄的曹操看得比谁都清楚。

刘备创业二字真诀

与刘备邂逅陈留，曹操隐隐感到这织席贩夫绝非常人：自己流离失所，无家可归，却替朝廷操着如何中兴的闲心，非世间英雄谁能为之？不过英雄惜英雄那都是成了哥们儿以后的事，战场上一般是英雄宰英雄的。既然你刘备站错了队，那就先拿你开刀吧！

刘备真是为挣这点虚名才来援陶抗曹的吗？应该说这是其中因素之一，出身寒微的刘备实在太需要出名了，那年代招兵也好，做官也罢，都是需要大家看得起的，刘备凭什么？就凭成天挂在嘴边上的皇族身份？天下姓刘的多去了。张王李赵刘，走遍天下稠。哪个姓刘的不能引经据典地自称是皇帝的本家？更何况，单是已经割郡霸州的确凿皇族刘姓就四五个了：荆州刘表、益州刘焉、幽州刘虞……指望傍皇族身份当明星，成效不会有多大。

PK 至今还无敌于天下的曹操！这种想法一听就能让人热血沸腾；更何况被见义勇为的对象还是一个大州的州牧，想一举成名天下知，此乃千载难逢之良机也！不过对于刘备来说，这只能算是一个附带收获，刘备真实的意图不在博名。

有侃史专家说，刘备援徐州乃醉翁之意不在酒，在乎于鸠占鹊巢也。这纯粹是以小人之心度君子之腹，谅一个不起眼的平原相怎敢对徐州牧有非分之想？论资排辈也轮不到刘备呀，手头这点兵守一城尚难，别说割据大州了。

纵观刘备一生作为，便可以得到正确答案了。说刘备一生多么忠于东汉皇朝？笔者看倒未必，老刘家的子孙们把他这个本家逼得靠编席度日，凭什么要对这个始作俑者的政权效忠呢？虽然一杆汉旗打到底，那只不过是在狗肉摊上挂只羊头罢了，为的还是忽悠全国人民。

但刘备却有个信念贯穿终生：远恶趋善，坚守仁义。

就连再怎么贬刘的史家也难寻出刘备欺压良善、作恶多端的明证，最多指责几句"大耳贼"虚伪，不过笔者认为，若能将这种"虚伪"贯己一生，应该是十分难得了。

有人指责刘备晚年狠心斩义子刘封是其不仁，其实不然。且不论刘封该不该戮，刘备是否大义灭亲，笔者认为这正是刘备在面临他追求了一生的"仁义"二字出现了冲突时的痛苦选择，杀子是为了保留那个"义"字,仁为义让了位,此中关节以后再细说。

很明显,曹操一征徐州时杀戮无辜人民的行为在刘备心里印下了一个"恶"字,而陶谦以往居官的名声及其目前弱者的地位在刘备心里留了一个"善"字,亲善驱恶,符合刘备追求的"义"字,一旦能平息战火便是实实在在地救了万千人民的生命,符合那个"仁"字,所以只能知其不可为而为之了。

孔子曰仁,孟子曰义,"仁义"二字实是孔孟之道的精华,也是中国人思想中的灵魂,中华文化能顽强地延续至今,应是"仁义"二字的功劳。

仁义能当饭吃吗?能顶多少部队的战力?这一点刘备清楚得很:慈不掌兵,仁义不能却敌,战争与仁义无缘,真想击败曹操,还是要靠士兵们血腥地拼杀,更重要的是要靠主帅的智慧。换句实在的话,就是阴谋诡计。

饿虎遇到了小羊羔

人最难忘的是什么?是在你饿了三天的时候有一个人推给你一碗米饭!这碗饭值多少钱?不大好说,要看你对义字的理解程度而定,两元钱也合理,百万元也合情。

陶谦现在就是这样,尤其是这碗饭不仅是在自己饿了三天的时候送的,而且送饭的人自己也已经饿了三天了,把仅有的一碗饭分给陶谦一半,摆明了准备与自己一起饿死,能不令人感动吗?陶谦认为,刘备就是个这样的人。

且不论这碗饭对延续自己的命能起多大作用，仅这份情谊就能给人继续活下去的勇气！怎么对待这种甘同生死的情谊？没说的，共命运吧！先把自己所有的保命存粮拿出来分了再说。

陶谦现在还有多少保命粮——部队呢，虽经上次的彭城大败损失不少，但估计还有步骑十万左右，应该说力量还不是太弱，只是因为曹操这个敌人太强大了，青州军久经实战历练，主帅曹操又是个从人血里滚打出来的战场奇才，青、徐二军相较，实在不是一个重量级的对手。

还有，当时徐州的管辖地也实在太广，东至大海，南接扬州，北邻青州，西面就是拥有三十万大军的兖州了。大小城池六七十座，十万部队相对来说是杯水车薪，顾西肯定顾不了东，所以大战未开，中部的琅邪、东海等城已沦落曹操之手，曹操依旧进行了鸡犬不留的屠城！大概曹操认定：这种超恐怖的手段必然有利于将来的军事行动，它能摧毁防守方抵抗的意志。

这种上规模的恐怖行为有效吗？从短期上说，九成以上是有效的，但眼光放远的话，那则是百分之百的自杀行为，恐怖岂是立国正道！

陶谦的十万步骑中有一支威名远扬的特种部队，那就是陶谦从自己老家带来的子弟兵：丹杨军。陶谦是丹杨人，家乡以盛出勇卒闻名（大家还记得当年大将军何进专门去丹杨招兵吗？），这支部队规模不大，总共才四千人，由陶谦的亲信徐州名将曹豹率领，陶谦毫不犹豫地把这支保命精锐拨给了刘备指挥，以增强刘备部队的实际战力，刘备带来的那点儿兵也实在是太不像样子了。

紧接着又从政治地位上给刘备来了一次突击拔高：上表给不

起作用了的朝廷，推荐刘备为豫州刺史，在东汉末年军阀们割据一方的年代，已形成了这样一种潜规则：以陶谦这样的地位与身份，只要公布一份推荐文告，被推荐人就算是到任了，根本就不用朝廷批准与否，你中央政府批不批那是你的事，反正这个官是当定了，大家对此都是承认的。

这样的皇帝当得实在无趣。

刘备没推辞，这就意味着从此以后刘备成了与陶谦身份地位接近的贵宾，刘备一下从幽州来援客军的身份变成了豫州友军，跟幽州的公孙瓒、青州刺史田楷脱离了隶属关系。

对刘备来说，此意义非同寻常，刘备仗还没打，便一步跨入了军阀的行列，大家现在都是刺史，接近"牧"那个级别了。

可是，恶仗还是不可避免地要打，曹操不会因为你刘备荣升刺史而变得态度和蔼的，反而会打得更狠一点儿。

现在刘备指挥的是一支地道的杂牌军，总数不足万人，原属三家，而自己的嫡系部队反而是最弱小的一股，也就那么千把人，就算是拧成了一股绳也无法拦住曹军的千钧之力。现在的问题是，如何把这三股强弱不同的绳坯拧成一股？

可怕的是，刘备根本就没有想过要把这三股绳坯拧成一股，因为刘备做事有他的准则：政治第一，军事第二。考虑的是仁义当先，军事上的胜负是排在第二位的——真是迂腐得连笔者都替他着急！

请看他的仁义作战部署：现在守的是郯城，曹操上次便是未克郯城而归，此次兵锋重到，势必得之而后快；而与骑兵为主力的强敌作战，坚城是唯一的依托，集中全部兵力于城内应该是唯一的选择，但刘备却是这么想的：

赵云所率的幽州部队是借来的，一旦有什么不测，如何向老同学公孙瓒交代？再说那赵云也是他早就欣赏的将领，不能让他跟着我让曹操给一勺烩了，去守下邳吧，那儿不是主战场，相对安全些。

刘备的这种做法感动得赵云热血欲涌，泪几出眶，只恨自己福薄，未能于投效公孙瓒之前早逢刘刺史！

曹豹所率的丹杨兵，是陶谦唯一的精锐看家部队，怎能消耗损失于自己之手？危险的野外战事不能由他们作为主力，于是便令曹豹率该部据城死守，曹豹及丹杨兵人人心里明白，这是刘刺史在照顾自己，况且守的是自家的城池，有什么理由不以热血洒城头，与城共存亡？

刘备自己仅带本部千余人与关、张二将，扎营城外，屏障郯城，简直如同把一只羔羊送到了饿虎嘴边！

而曹操呢？对刘备的郯城防守兵力是清楚的，万人而已！小菜一碟。那刘备政治眼光虽远，却又懂得什么兵法？手下的关羽、张飞二将倒是轻视不得，其勇早有所闻，但在数万铁骑面前，一两个勇将又能顶什么事？

曹操大军顺利地开到了郯城，前锋紧急来报：

"情形不对！郯城守军并未如州牧所料，固守高城，而是当道立寨，阻住了去路。"

曹操听报简直不敢相信，于是便亲临前敌看个究竟，立马远望，心中大疑：这刘备莫非暗藏后招儿？或者前方那小小的营寨只是一座虚营，并无大将驻守？营内分明有人把守，士兵们也是人啊，哪能这样送战士入虎口？向闻刘备仁义，不会这么不体恤士卒吧？

这刘备大仗没听说过有什么值得炫耀的战绩，但零星小仗倒是打了不少，实战经验肯定是有的，此时的布阵难道有什么花活儿在等着我！必须弄清了再做大举动。对，为将者应先谋而后动，万不能半世英名污在这织席贩夫手里。

于是，曹操当即吩咐曹洪出动两千轻骑，试攻敌营，发现苗头不对立即撤回，不准恋战强攻；夏侯惇率一万重步兵负责接应，另由李典、乐进指挥一万弓弩以备不测，马上开战！

就这么糊里糊涂地败了

轻骑动出，战马如风。

时正中午，烈日当头，即将沸腾的战场丝风全无，闷得披甲的战士有点儿喘不过气来，铁甲经骄阳直射已感发烫，人裹在里面如同钻进了一个小型烘炉，士兵们额头上的汗珠已穿眉入眼，但握刀的手又无法及时抹拭，只能摇头挥汗，聊以睁目，连战马都刨蹄昂首，显得急不可耐，急于投入能使一切生物兴奋的拼杀。

终于，曹洪挥动了冲锋的令旗，士兵们松开了马缰，战马乍脱羁绊，双肋又被士兵马靴上的铁刺磕碰得微疼，几乎同时跃向了正南方向的敌营。突然，进攻者感觉不对劲！此时他们正面对阳光，本来被汗水浸疼的双眼越发睁不开了，这对以弓弩为主要杀伤武器的轻骑兵来说是绝对不利的。

曹洪的战场经验极其丰富，马上醒悟到天时的不利因素，不过曹操的命令是试攻敌寨，真如果需要拔除敌寨是用不着轻骑兵上场的，任务是试探敌人的防守实力，利于速退；但目前部队的行进速度及战术动作却与目的不相符，如此的冲锋速度，两千战马冲起来，哪能刹得住兵锋？及到达敌方的鹿角、木马跟前，岂不是造成无谓的伤亡？先前准备的近得敌营一箭之地，给他一阵骑弩便回的作战方式看来行不通了，敌人有木寨作为防守工事，又是背对阳光，是明显占便宜的。

尤其最令人讨厌的是前面的马蹄扬起的尘土，使得除了最前面的士兵外，其他人几乎都成了瞎子，一片昏茫茫的，只听得马嘶人喊，连气儿都喘不过来，怎么作战？他急忙猛磕马腹，蹿到了部队的最前列，压住了冲锋的速度，同时传令：全体士兵挂弩执盾，谨慎接敌。

这是一次从未有过先例的骑兵进攻方式，曹洪心中没底了。不过他判断敌军肯定会固守寨墙，只要小心箭矢，也不会给自己部队造成多大的直接损失，便压住马速，逐渐接近了敌营。

敌寨的前面是一大块宽敞的平地，极其适应骑兵作战，曹洪吩咐散开队形，阵势向两翼张开。正在此时，突见敌营寨门大开，一支人马竟然杀出寨来！随着敌军扬起的烟尘，一时无法判断敌军的数量，只听得呐喊阵阵，好像人马也不是很多。

突然，曹洪看清了敌人领军的将领：两支敌军，左边的旗号看得清清楚楚，大书一个"张"字，首骑将领威武非常，眼见是敌方名将张飞；右边的竟然是敌军主帅刘备刘玄德！这两人早年在陈留是都见过的，曹洪大惊。

　　敌军主帅不在城内，竟出现在这孤寨之中，这意味着什么？曹洪一时来不及细想，脑海中首先出现的念头就是火速退兵，管他有什么诡计，一走了之，能奈我何？试攻的任务现在其实已经完成，知道了刘备本人就在营内，还犯得上冒险相拼吗？

　　但是，上千骑兵的行进是有惯性的，虽然速度不快，那也不是说转身就能转身的，前面的部队刚掉过马头，刘备、张飞已经杀到了身后，想还手也不可能了，只得夺路而逃。

　　但后面的部队还在烟尘中继续前进呢，曹军自我相撞，立时大乱。而刘备、张飞却正好趁势掩杀，曹军一时人仰马翻，自相践踏，士兵落马的不计其数，试攻敌营的轻骑部队就这样糊里糊涂地溃败下来。

　　幸而接应的夏侯惇部及时赶到，曹军主力才算稳住了阵脚，但夏侯惇闻听曹洪说刘备军的主力在此，却不敢贸然反攻，令刚赶到的弓弩兵断后，全军缓缓退去，刘备、张飞倒也未曾相逼，胜利收兵回营。曹军回来计点曹洪的轻骑，已折损一半有余，其中大部分是伤亡于自己的铁蹄之下。

　　曹操听得曹洪汇报战况，也狐疑不定，刘备在此？这是摆的啥阵势？莫不成刘备准备弃郯城而逃？自己兵多，犯不上冒险，且弄清敌情再战不迟。爱打冒险仗的曹操却例外地谨慎了一回。

　　当晚兵退五里扎营，曹操在军帐中审图分析整个战局，越审越迷惑不解：看不出刘备能耍出什么花招儿来呀？只是那勇将关羽现在何处？倒是个必须弄清的要紧事，明天如何部署作战？曹操犯难了。

　　当晚无战事，也无敌情，多路探马来报，四周均未发现有敌军的踪影，还是那座孤零零的小营寨挡在要道，远看郯城城头，火把倒是不少，估计徐州军主力还是部署在了城内，这刘备难道是生拳乱打的老把式，不懂得基本兵法？

及至天亮，曹操突然醒悟，不由得暗笑自己聪明一世，糊涂一时：敌我兵力几差十倍以上，还用得着管他摆哪种阵势？玩什么花活儿？全军出动，围了他就是，那刘备还能上天入地不成？

当即下令全军举炊造饭，人马饱食，轻重步骑混编成军，四路出动，连城带那孤营一起围了，不准放走一人一骑！刘备，你的死期到了！

煮了一锅夹生饭

世界上好多事都有出现阴差阳错的时候，其结果也经常让人啼笑皆非，这次的郯城保卫战就是如此。一方面刘备的确是凭运气逃过了灭顶之灾，另一方面也可能是"好人必有好报"的古训在暗中显威（大多时候情形是相反的），归根结底是刘备违背军事常识的战场举措帮了自己的大忙，把战场经验老到的曹操一时唬住了。

遍翻刘备在史书中的表现，发现刘备在作战能力上确有常人不及的一手：一生仗没少打，却从未困守过孤城，一般是一看苗头不对转身开溜，看来没上过军校的刘玄德其游击战本领实乃天授。但这次刘备却是误打误撞，好心派赵云去守下邳，从而分散了曹操的兵势。

曹操为防来自下邳方向的袭击，派遣了勇将曹仁带三万铁骑予以监视，没有立即进攻是因为要先克郯城，曹军需要郯城的库存军粮来支持下一步的军事行动。

留曹豹的徐州主力固守城池，曹军的确攻克不易，曹操的屠城行为把陶谦家乡的子弟兵置于了拼命求生的地步；倚仗城池地利，军民同忾，曹操一时只能望城兴叹。

而刘备自己的千余部队此时已借徐州军之力全部配备了战马，利于在城外与曹军机动周旋，千余骑兵又分给了关羽一半，令他去骚扰曹操的粮道，此举不久就会令曹操备感头疼。

刘备昨日出战本来是想略作抵抗便趁乱杀到外线，谁知老天报答好心人，试探进攻的曹洪根本没有恶战的打算，匆忙下达的退军令着实帮了刘备的大忙，让刘备、张飞凭空捡了一场首战大胜。捷报传到郯城，军民士气为之大振，之前的"恐曹症"一扫而空，个别曾疑虑刘备想弃郯城而远走的人在事实面前低下了头，暗怨自己不识英雄真面目，小人却疑大丈夫。

刘备本人心里极为清楚：曹操不会被自己的"兵威"吓得就此收兵，今日的初战告捷纯属侥幸，好事可一不可再，对明日的恶战——不，是被戮——刘备有充分的心理准备，现在就差应急的措施了。

天亮得真快，青州军全部出动时太阳已急不可耐地探出了头，那颜色是血红的，仿佛准备染红这必然要变颜色的战场。

依曹操将令，青州军兵分四路，迂回向郯城四方。曹操本人则带领中军主力直扑郯城外刘备的营寨，这次曹操不那么小心进兵了，如一场狂风卷向了郯城！曹操亲自跨马持刀率军前行，刘备的营寨就在眼前。

营寨显得死气沉沉的。

曹操是什么人？立即脱口而出："织席小儿已退回城内，此空寨也！"

看到左右有些迷惑不解，曹操解释道："卯时已到，军营不见炊烟，岂存人耶？"

众将连忙争相叹服："主公真神人也！吾等不如！"

曹操顾不上体会赞美之词，鞭梢一指，大军冲入了营寨。果然不出曹操所料，军营内空无一人，有军士送上来刘备所留绢书一封，曹操接过，懒得看上一眼，随手扯成两半，扔于马下。

千钧之力的拳头挥了出去，却打了个空，曹操哪还有兴致听敌人唠叨些什么。忍住胸中的怒气，吩咐设帐于敌寨之中，这里就是围攻郯城的前敌指挥部！接着便命部队立即组装攻城器械，争取一鼓而下郯城。

心中正恨刘备之间，右翼飞骑来报：刘玄德正在以轻骑袭击西城的攻城部队，现已稍退，请示是否予以追歼；几乎是同时，左翼的军报也到了：东城准备攻城的步兵抵不住悍将张飞的冲击，已损失将校数员，士兵们无法追击张飞的小股骑兵，现处于被动挨打的局面。

曹操急令暂停攻城的准备，各部严密防守待命。

曹操非常明白刘备骚扰的目的，还是变相守城而已，问题在于一只老虎扑食的时候，尾巴上老是吊着几只老鼠，是很不舒服的。要先解除干扰再说，否则精力难以集中于城下。现在曹操基本上可以确定守城的主将是关羽了，多少兵力暂时还难以判断。

曹操略微沉思，改变了四面同时围攻的方案，吩咐撤围南城，东西佯攻，集中步兵突破北城，围三缺一，迫敌弃城南逃，又命令夏侯惇率三万铁骑设伏于郯城南二十里处，伺机歼敌。

同时命令从东西调回的部队不必参与攻城，各秘密向北方前出十里，待命围歼必然会来骚扰的刘备、张飞，北城的攻城部队也暂时采取虚张声势的战术，吸引刘备来扰。

果然，郯城攻城的号角使刘备沉不住气了，他亲率不足三百名士兵袭向重兵防守的曹操中军，一经接仗，曹操的近卫中军竟然徒有虚名，队形混乱，纷纷鼠窜，刘备略占小便宜心还未满足，竟然继续向曹操的中军营寨接近，那营寨其实昨晚还是刘备的兵营。

正追溃军之时，刘备忽然醒悟：曹操是这么好打的吗？必是诱自己入围也，急令退军，却已经迟了，身后无数的曹军已远远合围，眼见得让人家包了饺子，要想杀出，谈何容易？

刘备仰天长叹，双眼泪珠欲滚：为何天助曹贼？强行突围看来已经没有丝毫希望，环顾身边战士，都是随自己征战多年的亲兵死士，让他们随自己丧命于此又有何益？

伴着不远处"活捉刘备"的阵阵呐喊，刘备正欲下令士兵们弃械投降，自己自尽，忽见正北方如同山啸海涌，一彪军横冲直撞杀进了包围圈中！围向自己的曹军纷纷掉头堵截，队形眼见得乱了。

刘备知道那是张飞拼死救自己突围来了，可是他更清楚张飞所部仅二百余轻骑，一旦也被围了进来，那将是陪自己同归于尽，于事却是无补。所幸曹军阻击顽强，张飞穿透包围圈倒也不易，刘备不由得豪情复涌，急率战士杀向了张飞尚未突破的混乱点。

围击刘备与张飞的曹军事先接到过曹操通报：尽量活捉刘备！所以没有使用弓弩远距离杀伤刘军，又一时弄不清刘备在哪路军中，这下连张飞也跟着占了大便宜，铁石心肠的曹操为何临时佛心突起？实在令人不解。也许是曹操想收服刘备为己用，但更大的可能是曹操欲体验一下接待刘备这位战俘的甜蜜感觉。

不想这则模棱两可的通报却救了刘备的性命，张飞骁勇，刘备拼命，二人竟然未伤毫发地杀出了重围，只是手下的部属折损了大半，令刘备悔痛交加，几欲泪下。也令《三国志·魏书》中添了一笔："谦将曹豹与刘备屯郯东，要太祖。太祖击破之。"

经此一战，刘备再也不敢捋虎须，但仗还是要打的，郯城还是要保的，只得采取打水漂的战术，频繁地突击上去，接触便扬长而去，并不求杀伤曹军多少。

但这不疼不痒的骚扰行动却使曹操大为头疼，刘备这个诱饵太馋人了，几次分兵围捕，都被他滑了过去，使得曹操现在对捉住刘备的兴趣远远超过了攻克郯城，试攻了几次郯城，发现这郯城的防守并不亚于初春那次，甚至守城的士兵更不在乎自己的生命。有一次曹操竟亲眼看着一个守军抱住一名侥幸登上城头的曹军将领一起跳下了城头！这是啥军队？

曹操却从不想这种"人弹"精神正是自己炼成的，连续的屠城实是帮了敌军的大忙。大怒之下，曹操分兵攻克了邻城襄贲，破城之后，照样是鸡犬不留，杀戮一空！

终于有一天，一个更加不好的军报飞骑送到了中军大帐：关羽有了准确消息，带着不知多少骑兵截断了通往兖州的粮道，而曹军围城的部队军粮却即将尽了，现在急切之中得不到郯城敌粮的补充，战事再拖下去，全军将成饿殍，兴许兖州也回不去了！

曹操无奈，只得暗念着君子报仇下次不晚的宽心话含恨撤军。这下可成全了刘备的名声，徐州自陶谦以下全体军民，无不对刘刺史玄德感恩戴德，陶谦索性正式把自己的丹杨子弟兵送给了刘备，并恳请刘备驻军小沛，由徐州供应全部粮饷，以防曹操再来。

曹操何时会杀回来？回到兖州的曹操铁心已定：来年开春，带足粮草，誓踏平徐州，取那陶谦与刘备的脑袋！

在曹操现在的潜意识中，刘备已经成了他的主要敌人，只是他还尚未预料到，这个敌人将是他最难消灭的对手，将与他纠缠终生！

照准屁股来一脚

接受教训，自我修正，是一切生物的本能。

曹操对两次讨伐徐州的无功而返总结了经验教训，那就是出征时粮草要多带，就是没总结出屠城的大错，更没发现自己的战略方向有问题，对三次远征家里没出事倒是得出了结论：根据地安稳得很，官员个个效命，人民普遍拥戴，下次可以倾巢出动了。

兴平元年（194）春，曹操集合了手下的精兵，备足了粮草，怀着灭此朝食的雄心，唱着不破徐州誓不还的军歌，向着徐州出征了！

有句耳熟的话"大军未动，粮草先行"，这句话极易让人们误会，粮草先行说的是后勤工作要先行动起来，绝不是让粮草车队走到大军队伍的前面去，要是那样的话，岂不是给敌人送粮草去了吗？

自己的辎重兵，那是绝对的军事机密，粮草存于何处、辎重部队行军路线，一旦让敌人掌握了，这仗十有八九也就败了。

曹操鉴于两征徐州，皆受困于粮草不济而退兵，此行是竭兖州仓储而动，兖州的原官员、士子看在眼里，气在心里，口里却没人敢表示什么。但表面上的顺从并不等于心里的服从，暗地里开始了反抗行动的不乏其人，东郡太守陈宫已经联络好了陈留太守张邈、颍川太守吕布，就专等曹操的大军出动了，心里盼望的是走得越远越好，能全军覆没于徐州那就更妙了。

徐州牧陶谦很清楚自己的实力，与曹操的青州军对抗是没有什么理想结局的，究其原罪，实是自己用人不当惹的祸端，道歉曹操又不接受，自己实在无能耐赔曹操一个亲爹，向曹操投案自首曹操也未必善罢，无休止的抗战到底只能使徐州百姓多遭杀戮，历来好事再一再二不再三，这次徐州在劫难逃了！

干脆主动内退回老家丹杨吧，将徐州委托给仁义英雄的刘备代管，最起码你曹操打人的理由没了吧？陶谦产生了逃避现实的想法。而现在的刘备呢？不比陶谦轻松多少，借来的幽州兵已经还了，虽舍不得勇将赵云，但那是帮自己忙的老同学公孙瓒的部下呀，本着好借好还的借贷原则，还是打发赵云领兵回了幽州。

临别执手相送，留恋之情溢于言表，弄得赵云险些心酸泪下，内心从此有了跳槽的念头，士为知己者死嘛！至于恰巧途中兄长病逝，赵云借口奔丧，从此脱离了公孙瓒，后终依刘备，此乃后话，暂且不谈。

少了一员大将，又骤减了近一半兵力，面临的又是兵多将广粮足的青州大军压境，刘备寝食难安，不用着忙减肥了。尤其是上次郯城之战的险些自裁于战场，刘备实在没有了与曹操对阵的勇气。但陶谦的盛情又无以为报，在仁义与生命之间作何选择？刘备犯了大难！

刘备也给我们留下了几句名言，其中一句就是："勿以恶小而为之，勿以善小而不为。"在他看来，抗曹贼就是大善，躲避偷生无疑就是大恶。他是这样决策的：先尽力抵抗以尽仁义，再趁机逃跑保住性命。可是，这种鱼与熊掌兼得的打算能不能如愿呢？

从史书中记载的刘备的发家史来看，这哥们儿运气的确好得很，真好像冥冥之中有上天在照顾他：

穷困之时有大款相助，潦倒之时有勇士相随；

丢了个县尉又拾一个县尉，再丢一个县令马上又得一个别部司马；

来徐州之前其实那个平原相也是个空头的，他的平原国业已被袁绍全部占去了，已经随着田楷向东撤退到了齐郡（山东益都一带），实际上是处于无家可归的状态，老天又及时地帮了他一个大忙，徐州又出事了；

冒险来援徐州，偏机缘巧合地守住了郯城；这一次也不例外，正当刘备率弱旅刚接触到曹军的前锋时，老天又不失时机地来照顾他了。

正当曹操指挥大军对刘备准备围歼的紧要关头，一骑加急军报给曹操送来了一声晴空霹雳——兖州全境武装暴动了！国郡八十城已仅剩三城未陷，老窝被吕布给抄了。

陶谦、刘备是打不成了，只好紧急回师，先救根据地要紧，更令曹操肝胆欲裂的是心理上的打击：叛乱的首要分子竟是自己从小便肝胆相照的张邈！主谋竟是自己委以重任、将发家之地相托的陈宫！而他们请来的新主子竟然是以不讲信义闻名天下的吕布！要命的是这吕布的勇武甚至还超过了他寡信的知名度！

到底是天助刘备还是天欲灭曹？曹操现在已经顾不上想了，那吕布岂是容易对付的？一旦出动大军占据泰山险道，我青州军后路被断，粮草尽时，即是全军崩溃之日，万事休矣！

还有那留守兖州的荀彧、程昱、夏侯惇、曹洪，眼下困守三城，能坚持到几时？若回救不及，从此天下虽大也难有我曹某的立锥之地也！

其实现在兖州鄄城（今山东省鄄城县北）、范县（今山东省梁山县西南）、东阿（今山东省阳谷县东北）三座县城的形势要比曹操所能想象到的还要恶劣！他们面对的不仅是天下无敌的吕布及其暴动的兖州军，还有更为凶狠的一刀从背后砍来！

俗话说得好，墙倒众人推，鼓破万人捶。兖州大乱，曹军势危，青州军的主力远在徐州，急切不能赶回，这一切都被现任实缺的豫州刺史郭贡（刘备的豫州刺史是个虚的，从未到过任）看在眼里，有此便宜不占，岂不与傻瓜同罪？于是便尽起豫州的数万大军杀到了曹操暂安家小的鄄城，目的很明确：联合吕布，趁火打劫，劫了曹操的家眷，看你曹操出多少黄货赎回人质？

一州的现任刺史竟想兼营绑匪的职业，虽然可恶，却也会凑时机，曹军真正的危急时刻到了。

挂长的参谋不易当

天上忽然掉下来一个好大的馅饼，一下子掉到了坐在家里的吕布的嘴里。

吕布现还在施主张杨那里吃蹭饭，中央政府不是给了他一顶颍川太守的官帽了吗？其实那是送空头情，就像承认刘备的豫州刺史一样，就是个名誉职务，人家现在的豫州刺史、颍川太守的官都没免掉，还在那儿好好地干着呢，吕布不脸皮厚点儿也没办法。

现在突然有人上门相请去就任一个大州的州牧，实在是等于捡了一张彩票中了千万元的大奖，至于到了兖州需要先跟曹操过招儿，吕布没拿这个当多大事儿，就像中了大奖要缴点所得税一样，打几仗是咱的老本行，小意思。

兖州的政权交接极为顺利，兖州共辖郡、国八个，县城八十座，经张邈、陈宫振臂一呼，几乎全部响应，旬日之内，未改旗易帜者仅剩了三城。看来曹操还没精通"攘外必先安内"的大道理，落了个出师未捷身没死，却使英雄退无根。

剩下的三座孤城也不稳定，陈宫亲提大军去攻取东阿；吕布则派特使氾嶷去说降范县，吕布手里有张王牌：县令勒允的老母、兄弟、妻子都被吕布扣做了人质，不怕你不降！固守鄄城的荀彧、程昱坐不住了。

荀彧对程昱说："现在整个兖州就剩下这三城未降了，一旦陈宫等兵临城下，三城的军心必动，民心也未必向着我们。你在兖州素有民望，老家又是东阿人，现在唯有指望你了！"

程昱哪里用得着荀彧拍着马屁做动员？当即动身回乡安定东阿，路经范县，却听说吕布的招降大使氾嶷已经进了范县城内，程昱立即先去见了勒允，对一个妻儿老小业已落入敌手的人做政治稳定工作不那么容易，唯一的方式就是以诚相待，理解现状，点明结局，能否成功就只有等待了。程昱是这样说的：

"听说吕布这小子把您的母亲、兄弟、妻子都逮去了，作为一个孝子的心情是任何人都能理解的！

"可是现在天下大乱，群雄并起，一定会有命世英雄出现，平息天下之乱，聪明才智之士应该能分辨出谁是英雄来的。跟对人了将来前途不可限量，跟错人了将来会死无葬身之地。

"现在陈宫突然叛变，奉迎吕布来夺兖州，虽然百城响应叛军，好像能成什么事儿，但是你自己看看吕布是啥样的人？吕布，粗野而导致众叛亲离，性刚偏又不懂得任何礼节，不就是个仅有匹夫之勇的莽汉吗？陈宫等人能对他真心实意？兵现在虽然不少，却绝无任何成事的苗头。

"曹使君智冠天下是大家都承认的，这是上天在照应他呀！你只要能守住范县，我去守住东阿，则田单之功就是你的了。如果做人丢掉了忠义二字去助纣为虐，最后的结局必然是连自己带家人都保不住！何去何从您自己决定吧！"

程昱一通忽悠，真就把勒允给忽悠住了。勒允流着眼泪杀了吕布的特使氾嶷，范县算是稳住了。程昱在紧急布防要道仓亭津渡的同时，马不停蹄到了东阿，东阿令枣祗与留守勇将曹洪已率全城军民修城疏池，做好了据城坚守的准备。程昱是当地人，地理熟悉得非同一般，知道一旦陈宫大军兵临城下，东阿必然难保，唯一的幸存之机便是拒敌于国门之外，最有效的拒敌点在哪里？仓亭津渡口！

仓亭津是陈宫大军袭击东阿之必经渡口，只有把守城主力部署在这里，阻渡陈宫，方有可能保住东阿。果然不出程昱所料，陈宫率军到达仓亭津渡口，面对程昱、曹洪指挥的河防军拼死阻渡，竟无良策，东阿也就一直坚持到了曹操大军的回来。

鄄城就不同了，不但要面对吕布大军的直接攻击，背后又杀来了号称十万的豫州大军，一旦两军会师于鄄城，就算曹操亲率大军据城固守，也必不能万全，荀彧非常明白即将面临的危局，但使他更为担心的恰恰是吕布不来进攻鄄城。

若吕布不理睬被困一隅的范、东、鄄三城，径直提军于泰山，截断曹操征徐大军的归路，那才是万事俱废，那就不是能否收复兖州的问题了，而是即将面临全部青州军土崩瓦解的必然结局！

但事情的决定权在吕布手里，荀彧虽有"王佐之才"也指挥不了敌人，还是先顾目前吧。郭贡号称十万的豫州军如何应付？硬打是不行的，由夏侯惇率领的留守青州军数量虽不少，却是些被曹操出征前筛选下来的"菜鸟"部队，先别说什么战斗力，就是现在还没接仗军心却早已乱了，逃兵每日渐增，小规模叛乱不断，成建制的曲部相互抢掠也出现了。

前些时主帅夏侯惇便被吕布派来的诈降部队给绑了票，幸好吕布派的绑匪干公务的同时产生了一点私念，想趁机勒索些金银，没舍得撕票；又凑巧夏侯惇的副将韩浩是个为公能舍得主帅的立场坚定的愣种，声言豁上不要主帅了，坚决打击恐怖活动，才算唬住了贪财更要命的绑匪，成功地镇压了这一绑架恐怖事件，后来被曹操选为案例，列入军规：再逢此事件，依此办理，为杜绝此风蔓延，坚决不管人质生命，镇压决不犹豫！

荀彧只能豁出去了，决定只身去见郭贡，陈明利害关系，趁火打劫你也要看劫的是谁呀？吕布不好惹，曹操就好惹啦？别蹚这浑水了，哪有来虎窝里偷鸡的？就不怕将来反咬你一口？你受得了吗？

郭贡见实质上现在是一州之镇的荀彧毫不畏惧地找上门来，心虚了，一是这老哥说得有道理，二是估计鄄城做好了迎战的准备，干脆暂收贪婪之心，撤军吧。

就这样，三寸不烂之舌，退去十万雄兵，能最后保住三城未陷，荀彧、程昱确实立下了不世之功，总算给曹操保住了这么一点立足之地，不至于浪迹天涯了。

曹操与吕布的单挑

两军主帅的单挑实际上一般发生在战前，而且是各自待在自己的军营里，即所谓运筹帷幄是也。

荀彧的担心是对的，现在的兖州军中也有人看透了这一点，这个人就是陈宫。

军事会议上，陈宫力主将主力部署在泰山险道，趁曹操的青州军被地形所迫拉长队列时给予痛击，泰山道窄而多曲，长达数十里，只要趁曹军半途将彼军最多能容两骑的单薄队列以巨石滚木予以切断，青州军首尾不能相顾，将领无力指挥士兵，则必败无疑！

就算不能尽歼曹军，扼住山道，曹军所带粮草又能撑几日？至于未攻下的三座城池，不足为虑。曹军主力溃散，三城不攻自破，此乃一战定乾坤之良机也！

吕布对此建议不以为然：那曹操兵法纯熟，历经恶战，怎会想不到这些明摆着的不利因素？若其有意拖延过山之日，我伏军岂不要在荒山空等？

守株待兔这个典故说的就是这样的事吧？兖州这盘棋的眼位在哪里？吕布将手指向了军事战略图上的一个位置——濮阳！

应该说吕布所讲的也有其道理：濮阳曾是曹操的主要驻军之地，粮食生产相对其他各郡较为丰足，本身又是连接曹操唯一的盟友冀州袁绍的交通要道。欲霸兖州，濮阳实是必控之地，失去了濮阳的曹操，在兖州也就算是被彻底孤立了。

而控制濮阳也是初进兖州的吕布的现实需要，攻守有据不说，吕布还不想割断与好友张杨的联系。所以在刚进兖州之时，便不惜小败于夏侯惇，而趁机抢占濮阳，实是看准了这个兖州战局中的要点。

再就是吕布对自己的武力指数是相当有自信的，平原作战，除了那个愣种孙坚外，吕布确实还未遇到过对手。面对部队主力成分构成与吕布的手下败将黑山军相似的青州军，吕布无论如何也难以看得起这些还顶着一头高粱花子的农民军。

曹操那两把刷子，也就是能欺负一下黄巾军的散兵游勇，根本不是吕布的对手。

毕竟是请过来做领导的，其意见无论如何是要被尊重的，也就只能任由吕布在濮阳排兵布口袋阵了，可曹操就那么听话到濮阳来吗？

曹操的远征军还未走到泰山。

时任曹军司空军祭酒的郭嘉对将要经过的泰山险道极为担心，未来的太祖看出了他的忧虑，对他说："忧心无用也，我军不过泰山，则必全军尽殇于此，唯有尽快通过，尚有一线生机，无须他疑，只管催军速行便是。"

吕布是否在险道设伏？

天要下雨，娘要嫁人，随他去吧！是如获重释？是表示无奈？还是早已谋定的必然结局？那只有早死了的太祖知道了，历史上故意不解的谜团多去了！

还是天不灭曹！部队顺利通过泰山，未见到吕布的一兵一卒，曹操内心如释重负，脸上却不动声色，只是以确凿的语气对郭嘉说："吕布无能，已占一州之地，却不懂得屯兵于东平，切断亢父、泰山之险道截击我军，而屯主力于濮阳，是其拘泥于书简之兵法，必败于吾矣！"

现在大军向何处去？大多数人的意见是速救鄄城及东、范二县，一旦有失，千里回师岂不是功亏一篑？那里还有曹操的妻妾家小哇！能与留守部队合兵一处，然后徐图进取，当然是最稳妥的方略。

曹操的看法不同：旷乎时日，让吕布在濮阳站稳了脚跟，胜负的天平就会向敌人倾斜了，为了全州的作战大局，进军的目标只有一个，那就是濮阳！

一切都在吕布的算计当中，濮阳城内外，吕布岂止布的是一个口袋，作战方案有正有奇，连聚歼青州军的主战场都设计得天衣无缝，捕捉曹操的陷阱早已挖好，现在就等着曹操送上门来了！

曹操大军竟听从了吕布的指挥，一路浩荡，杀向濮阳，还未曾接敌，前方探马来报：濮阳城西四十余里，有一座吕布军的营寨，只是不知驻军数量多少与领军何人。

曹操心里明白，这是吕布的分军势之计，如不首先清除，又不免成为吊在虎尾上的老鼠，还想学刘备守郯城时一手，也过于小看我曹操了吧？吃一堑安能不长一智，我先提大军毁了他，灭掉吕布的锐气，长一下我军的威风！攻城必先清扫外围，这点儿兵家常识曹某还是有的。

可是具体行动起来却不是像发狠时那么容易，濮阳城中的吕布又岂会坐观青州军的"灭鼠"行动？那边战斗还没打响，说不定青州军已先陷于两面作战的境地，到时首尾不能相顾，战场态势到底有利于谁，可是难说得很。这一定是陈宫的唆使，谅吕布不会玩这么细的花活儿！

解决这个难题曹操没费多少心思，你这不是为明天的大战预伏的一只搅局的孤马吗？那你一定想不到我会今夜就出车杀马，等明天你弄清战况再动出车马炮时，这棋局上已经没有你这只马了，谁去灭这只边马？曹操的决定更出乎所有人的意料，曹某亲自去！不是有句"老将出马，一个顶俩"的格言吗？

谁劝都没有用，怎么？大家想与我曹某争功？小伙子，仗有你们打的，都给我养精蓄锐吧，明天有力气对着那吕布耍去。现在的曹操偏偏疏忽了一点："老将出马，一个顶俩"并不是什么高人的格言，是一顶专为老家伙们定做的高帽，仅是为了忽悠着傻老头高兴而已。

你有高人，我有大傻

　　曹操的身边有一个没有任何文凭的人才：有点傻乎乎的大个子人才典韦。

　　据史载，此人是陈留郡己吾人，"形貌魁梧，膂力过人，有志节任侠"，侠气与傻气本来就难辨别得很，没见现在多少见义勇为的好汉被一些聪明人称作大傻帽儿吗？而典韦的傻气比侠气却又多了几分，称他一声"傻哥"一点儿也不为过。

　　年轻时就耍过一回二愣子：他与襄邑一个姓刘的关系不错，而那个刘某人与睢阳一个叫李永的结了仇，这个李永是个现任富春县长，手下养着会打架的几百人。典韦这哥儿们就揣着刀子找李县长去了，一见面二话没说便来了个白刀子进去红刀子出来，那还没算完，又趁狂劲把县长太太一刀给捅了，你说你杀人家漂亮媳妇干吗？

　　陈留太守张邈招兵，本地人典韦应征入了伍，没等出新兵训练营就以蛮力露了一手绝活：营地的大旗杆被大风刮倒了，一帮人立不起来，典韦傻劲上来了，都走开，看俺的！一只手提起来，迎风而立，任由狂风裹得大旗山响，旗杆纹丝不动，所有的人都傻了眼。

带兵的就喜欢这样的"人才"，司马赵宠发话了：以后扛旗的活路就归你了。

傻人有傻福，都军校尉夏侯惇听说了这事，联系人事部门给傻哥办理了调动手续，典韦就成了夏侯惇前敌司马。你还别说，这下发挥出了典韦的特长，每次上阵就数这不怕死的傻哥杀人最多。夏侯惇向曹操推荐了这个难得的人才，从此典韦就编入了曹操的警卫队，不久被荣升为队长。

对于典韦来说，现在是爹亲娘亲不如曹操亲，典韦能干也能吃能喝，一个人能顶得上几个人的饭量酒量，没当兵时娘老子啥时管过酒足饭饱？而曹操却是酒管够、肉管饱，不为他拼命为谁拼命？曹操当然也没拿典韦当外人，这次曹操去兼职夜袭队长，也照例把典韦带了身边。

与曹操身边的武人才典韦相比来说，吕布现在身边的文人才则更要重要得多，这就是兖州军叛乱的主谋陈宫。陈宫我们前面简单介绍过，其人疾恶如仇，且又多谋善断，尤其是极为熟悉曹操的作战习惯，对曹操本人以及青州军更是了如指掌，现在与勇冠天下的吕布合作共事，可以说是珠联璧合，相得益彰，可惜现在的吕布还未能充分地认识到这一点。

濮阳城里，陈宫对曹操亲率大军来攻濮阳甚为忧虑，他对吕布说："曹操为人奸诈无比，作战经验极为丰富，将军万不可大意，尤其是曹操行事，为达目的向来不择手段，从不知道义为何物，偏又极会收买军心民心，现在他依仗人多势众，来犯濮阳，势必不达目的不罢休，如被他大军围困了濮阳，我军兵力无法展开，局面将大为不利，将军还是及早出城，以将军擅长的机动作战与之角逐于旷野，方是取胜之道。"

吕布不以为然："舍坚城不守，而与敌较脚力，岂非痴呆？待曹操攻城之时，我西部偏师出击其侧背，我提大军迎头痛击其主力，曹操就是天神临凡，又能何为？"

"我担心的正是西部偏师落单，曹操如先以主力围攻，其势必危，一旦将军救之不及，该军休矣！"陈宫还是极力动员吕布出援该部。吕布倒也对陈宫言听计从，答应明天便亲率大军接应该部靠拢濮阳。那曹操远师疲乏，总要略微休息人力马力吧？

谁知一夜未过，天未放亮，西营的少许残兵已飞骑逃回濮阳：该部已尽毁于曹贼也！

陈宫马上意识到：这是曹操本人所为，符合他惯于亲自冒险的性格，但长途奔袭，兵力决不会多，只不过打了西部驻军一个措手不及而已。便力主吕布立即出动，围截曹操的袭击部队，击败曹军，在此一举！

吕布大怒！这曹操也太过目中无人！随即亲率濮阳全部主力，舟马并举，杀向曹军。

而曹操在偷袭吕布的偏师得手后却是大意了，全歼敌军后并没有及时退军，被缴获的敌军辎重耽误了时间。毕竟那也是曹军最为迫切需要的东西呀，等发觉吕布大军已截断归路时一切都已经迟了。

无奈何，只得以敌之残寨为工事，组织士兵尽力防守待援。谁知陈宫早已将重兵部署于曹操大营方向，当地又水网密布，绝不利于曹军的救援突击，一上午的恶战竟然使曹操与主力越离越远，曹操快绝望了。

那吕布偏又发起了狠，亲自跃马持戟，疯狂冲锋，曹军的确无一人是其对手。眼看便要被吕布冲破竭力组织的防线，曹操只得避入来时乘坐的小舟之中，只是两岸箭弩如雨，船上的士兵瞬间死伤过半，小舟却是寸尺难移。

水路是冲不出去了，曹操只得舍舟上岸拼命，自己亲自出马带队冲杀，眼见得越杀敌军越多，自己的残部竟然被敌人围了个水泄不通。那吕布反而更加耀武扬威，胯下的赤兔马竟如血染，来往驰骋，自己的将士遇之无不一招毙命，士兵们越来越少，难道今日的曹操反成了被猎杀的懦鹿？

坐以待毙绝不是曹操的性格！紧急组织敢死队，典韦第一个站了出来，但此时仅能集起十余人而已。

十几名勇士扔掉了盾牌，身披两层重甲，双手舞动长枪，典韦双铁戟开路，全然不顾势若飞蝗的箭矢，径直向前冲杀，挡者无不披靡。有时敌人七八杆长矛一起捅来，典韦情急拼命，一戟扫过，竟然立断群矛，敌军大骇，纷纷避让。

十几人舍命护住曹操且战且走，吕布亲自督军从背后围了上来，众人大为恐怖，急忙招呼典韦回身应付吕布。那典韦正舍生忘死于前面开路，怎能回过身来？就是连回头看一眼也没有瞬隙！

只听得典韦大喊："敌人到十步距离的时候告诉我……"

话刚落音，众人已经齐声高呼："已经十步了！"

"五步时再告诉我！"

左右大喊："已经到了背后了！"

典韦忽得猛冲几步，前敌避退不及，被戮数人，突然转身，手中却多了十数支几寸小戟（袖珍型的？）！随手而发，一戟一命，所追之敌无不应手而倒。别说一般追兵，就是那吕布也不免心惊，不敢近前了。

主帅却步，吕布军士气大为低落，真豁上与不要命的人去拼命毕竟没有几人。曹操万幸随典韦冲出了重围，再加上天色已暗，总算又一次天不灭曹，被曹操逃出生天。陈宫之灭曹大计竟被典韦毁之于一旦，谁说傻哥不是金贵人才？

首战吕布就这样以惨败收场了。当晚就有濮阳的田姓大户派人给曹操送来降书一封，申明在濮阳城中尽受吕贼淫威，征粮索财实难聊生，素来仰慕孟德公已久，愿以献城作为进见之礼，举族投效义师！并约定时间，定好暗号，接青州军入城。

这田氏乃濮阳之大族富户，名声甚佳，不会以全族性命当作儿戏，应该尽可以信得。这实是如同吕布凭空得州牧一样，是个天上掉下来的馅饼，曹操当即决心孤注一掷，以迅雷不及掩耳之势袭破濮阳，速战克敌，夺回这个战略要地！

这其实是吕布给曹操挖好的一个大陷阱，当然还是陈宫的建议：对田家施以淫威是真，却不是征粮索财，而是以田家全族性命为质，迫使田氏送上诈降书信，要骗曹操入城，让曹操自己送上门来，完成不用巡航导弹的"斩首行动！"

而曹操的确是配合了吕布的工作，坚决拒绝了众谋士及所有将领的劝阻，一定要再次去兼任突击队长，连别人替换他都不干，理由是：

"既然有风险，那就该派别人去冒吗？胜败在此一举，我身为主帅惜命不肯冒险，谁人愿意出死力向前？"

尝了一回做俘虏的滋味

濮阳城内吕布的大军早已做好了关门打狗的准备，并专派了见过曹操的士兵盯住了城门，眼见得曹操一马当先率部进了濮阳城东门，万事大吉！开始捕杀行动吧！

曹操刚进濮阳东门便发觉了情况不对，空荡荡的大街上人影也没一个，就算是三更天也应该有守军吧？不好！上当了！亟待掉转马头退出东门，却已迟了，东城门瞬间火起，烈焰顷刻冲天，退路已经不存在了。

耳听得城内呐喊四起，千言万语汇成了一句话："捉曹操啊……"

凶险万分，来时瞬间，来得那么合理，来得那么突然，似春天一声惊雷，唤醒了万虫涌动出土，只不过那是吕布的万千军丁；又如春天里的一把火，火光熊熊照亮了我，只不过此时的曹操最恨的就是东城门的那把火。

关键时刻，方显出英雄本色，危急之时，才考验将军风范。现在最需要什么？是将军的镇静，对生死的无畏！陷入死地的士兵们在看着自己的将军，心胆俱裂的左右在盯着主帅的举止，围捕的吕布大军已经逼近了！现在，曹操你还能做些什么？

别慌乱，要镇静，将士们，濮阳城我们地理透熟，且随我杀遍四城，搅他个地覆天翻！两军相逢勇者胜，将生死置之度外才会更安全，举起你的刀吧，那就是我们的路引，催动我们的战马，让我们共同迎接明天！——还能看见天明吗？

这时候口号喊得再响亮也没用了，树倒猢狲散的普遍现象在此时最易重复续集。士兵们几乎一哄而散，左右的将领瞬间仅剩了几员，曹操心里那个苦啊！

举城喊杀烽火路，满目刀光映天明。

这一刻，曹操看到了什么？是娇柔慈爱的妻子，还是秀色可餐的美妾？或许是年仅七岁的幼子，也可能看到的是徐州十余万百姓的冤魂，更应该看到的是那塞断泗水的浮尸！这一切，都不得而知，只记得：往事越千年，魏武挥鞭，东临碣石有遗篇。萧瑟秋风今又是，换了人间。

好一个将来的魏武，心中只存一念：冲出去！

曹操现在理智极为清楚，什么杀遍四门？待在濮阳城内，自己就是待宰的兔子，连拼命的资格也是没有的。唯一的生机就是从哪里进来的从哪里冲出去，越是烟火弥漫之处，自己趁乱逃生的机会也就越大。不过，如果没有将士们往四门乱突，那也是没有成功的可能的，只要自己这个目标一旦被吕布军盯上，那就只有等死了。

身边还有数名亲信将领，这样更好，人少目标小，便于趁乱接近燃烧的城门。谁知刚掉转过马头，一大批吕布的铁骑便将他们包围了。

"放下武器！缴枪不杀！"——不对，那时候没那玩意儿，是笔者小时看战斗片过多的原因，应该是——"早降免死！曹操在何处？"

随着曹操眼色暗递，几个人抛弃了手中的刀枪。大家都很明白，只要扔得慢一点儿，就会瞬间变为肉泥，首先要活着才有机会，没有人愿意马上变为养狗的饲料。

天色昏暗，吕布的骑兵们没有像曹操在徐州时那样以杀俘泄愤。这时候中国历史轨迹的改变其实就在这几个士兵的一念之间，万幸，大家的关注点都在还不认识的曹操身上，来了个战地突审：

"曹操现在哪里？"

曹操抢先招供："刚离开，那不？前面骑黄马的不就是曹操吗？"

随着曹操手往西一指，大家全体兴奋了，捉住曹操？那是多大的功劳啊？砍下一条腿来也会奖励个将军吧？随着几个性急的骑兵催马而去，没有人能沉得住气了，抢功就是抢官抢钱，谁不争先恐后？必要时连自相残杀也是顺理成章的。

还是天不灭曹那句老话，几个骑兵一哄而去追赶那骑黄马的"曹操"，连在东门放火的士兵也猜到了大家向西追赶的是一条大鱼，不约而同地脱离了自己的工作岗位，一起追向曹操——捞外快去了。

大好时机，此时不走，更待何时？曹操催马直奔着火的城门，急磕战马穿火而过城门之时，一根被大火烧断了的横梁从城上呼啸而下，恰横在曹操的战马胸前，又过不去了！

曹操情急之下，还顾得什么烧伤，什么手疼？以手托住火梁方使战马得过：一种说法是一个叫司马楼异的部将把跌下马的曹操扶上了战马，并且地点也挪到了白天的战场之上。此说可信性不大，战场旷地，何来得专烧曹军的大火？战场经验丰富的曹操岂能连一点防卫纵深不留？任由吕布军这么轻易地突入中军？

还是采用《献帝春秋》的记载：曹操就此突出了濮阳东门，回到军中，才痛心将士尽折，再战吕布就这样以完败收场。

这仗还能继续打下去吗？一因吕布的旧日威名，二因曹军的昨夜新败，众将士的惧意无不显示在了脸上，大家现在考虑的是：能全师而退吗？那勇冠天下的吕布怎会就此罢休？欲轻松地脱离战场，估计只能是曹军的一厢情愿了。

濮阳解围靠"蝗军"

人逢逆境时都会做出本能的反应，至于所采取措施的对错却要另当别论了，大败后的曹操会作何选择呢？

面对将士们对吕布的恐惧心理，曹操忍住被烧伤手臂的剧痛，巡查各营，振作士气。回到军帐，召集谋士、众将，宣布了他明天的行动计划。

将军们实在对吕布有着不好意思说出口的畏惧，谋士们对新败之战局也着实无什么取胜良策，不过大家有一点能够确定：尽快与敌脱离接触，以便整军再战。

用不着与部属们商量，曹操直接宣布了作战命令：全军马上行动，备好攻城器具，连夜出发，包围濮阳，再战吕布！将士们听后几乎晕倒了。

没有人表示反对，军人以服从命令为天职，在没有人能提出更有效的取胜方略的时候，绝对信任自己的领袖就是胜利的保证。有时候人也是需要一点儿盲从精神的。

濮阳城内，吕布摆开了庆功宴。虽然没有达到初战的最终目的，但一场大胜还是极大地振奋了全军的士气，之前对曹操的迷信立马转到了吕布身上来了，吕将军的确名不虚传！大家觉得这次的老板可算选对人了。

吕布准备接受陈宫的建议，不给青州军以充分的休整时间，明天便亲率主力出城，迂回向青州军的背后，待曹操不接受教训再来犯城时从背后给曹军一击，彻底打掉曹操再战的勇气！这个计划是根据吕布的猜测做出的：估计曹军经此大败，非休整三至五天不能再战。

陈宫曾作为曹操充分信任的部属，对曹操的性格、心理及作战方式极为熟悉，他告诉吕布：曹操是不会善罢甘休的，很可能现在就在做再战濮阳的战前动员，不会给濮阳三五天的备战时间的，必须尽早出动，以免陷于不利的被围态势。吕布深以为然，决定遵照兵贵神速的战术原则：天亮就出发！

明天出发，今天总得喝个痛快吧？打了胜仗，怎能不犒赏三军？初次指挥兖州部队，总不能给将士们一个铁公鸡的印象吧？吃粮当兵，过的就是过了今天就没明天的日子，酒宴一开，谁不想今天有酒今朝醉？一时间，除了暗叹着倒霉的守城轮值士兵，全濮阳城如同过新年。

一场联欢，一场痛饮，一觉天亮，一个急报传来，城外曹操的大军已将濮阳围得铁桶一般，敌军啥时到的？谁也说不清楚。吕布的酒意全消。

马上出城作战，奈何刚喝完酒气力未复，胃内如烧，只欲痛饮凉水，手脚俱软，此时上阵厮拼，的确不是时候，先守城再说吧。

所幸青州军不是擅长攻坚的部队，而兖州军却知一旦城破，人人必死，城头上作战都还尽力。曹军忙活一天却未能登上城头，但吕布的部队如再想出城也是不易了，这濮阳保卫战看样子要打成持久战了。

一点儿也不错，这是真正的围城，里面的想出出不来，外面的想进进不去，恰如两只劲头相当的犟牛，在濮阳城抵上了！这两只犟牛这一架抵了多长时间？时间不长，一百多天！

濮阳城内快受不住了，城内的存粮不算少，可是也经不起只出不进哪！城外的曹军也好不到哪儿去，现在的曹军也算是在敌占区作战，当地政府肯定不太合作，老百姓更是不予配合也无力配合。八月大秋，原本是收获的季节，可是今年大旱无雨，庄稼地里禾苗稀疏，老百姓盼天盼地盼神仙，盼来的却是见粮食就抢的青州军。更要命的事又雪上加霜地及时来到了，那就是遮天盖地的蝗虫！一场蝗灾过后，庄稼地里连秸秆都未曾留下，年轻的还能逃荒求命，走不了的妇孺老幼看来只能等待两种命运了：吃人或被吃！

青州军的粮草断了。士兵们开始杀马而食，马没了，开始以树皮草根度日。本来大部分士兵就是为了吃口饭而参加黄巾军的农民，后来为了活命才被“招安”成了政府军，现在眼看饿得性命难保，还等什么？于是，士兵大批的逃亡开始了。

这时候的吕布要是能及时地出城一击的话，肯定会毫不费力地大获全胜。可惜自己的部队也没有余力出城作战了，战马也吃光了，吕布也没有胆量开城门，出了城，士兵们一哄而散了怎么办？

曹操看出来了：再不撤军的话，饥饿的士兵大概能跑光，趁着还能保留点兵力，走了吧。

九月，曹操被迫撤军回到了鄄城，他现在开始感觉到了：养一支庞大的军队并不等于战力就强，打仗首先打的是经济仗，养多少兵要量体裁衣，看能储存多少粮食才能招多少兵，精兵的思路开始在曹操的脑海里萌芽。

十月，曹操将主力撤回东阿，部队急速地大幅度自然减员，令曹操无可奈何。而兖州全境现在又成了他的敌人，三座城池的小地面像群山中的三颗小石子，看不到什么发展前景，尤其是败于吕布之手让曹操最为窝火。曹操的事业到了最低潮的时期。

另一种趁火打劫的方式降临到了祸不单行的曹操头上。远在邺城的临时盟友袁绍看到曹操面临的窘境，决定该出手时就出手，做一回见义勇为的好汉，一封措辞热烈的聘请函发到了曹操手里：要"礼聘"曹操到邺城，共举大业——标准的落井下石！

曹操现在正是根据地丢光，军粮告尽的时候，人穷志短，马瘦毛长，说不起硬气话，有些犹豫了，先跟袁哥干？此想法羞涩地向谋士们漏了一点口风。程昱慷慨进言：

"将军因时局危难而有惧意？此欠深虑也！袁绍虽有并天下之志，然以彼之才智，弗能为之？将军欲甘做庸才之下属？即幸有成，则韩（信）彭（越）之狗烹弓藏必见也！现兖州虽失，尚存三县于我手；精兵良将仍不下万余。以将军神武，当仍可成霸业！望慎思之！"

曹操毕竟胸怀鸿鹄之志，醒酒不用山西老陈醋，当即打消了投靠袁绍的念头，决心以仅存之三县争霸天下。

冬天已经到了，春天还会远吗？

没了诗意的春天

"一日之计在于晨，一年之计在于春。"历来文人墨客对春天都是情有独钟。从远古的《诗经》，到不远的《春天的故事》，几千年来有关春天的诗词歌赋数不胜数，这是因为春天能给人以希望，春天易让人遐想，人们把冬天比作老人，把春天称呼为姑娘。

不仅仅是我们人类，万物生灵都爱在春天兴奋一回，因为春天是繁殖的季节。

但有一类人最怕春天，那就是没饭吃的老百姓，他们经常把熬过严冬后的日子称为：度春荒。春草刚发嫩芽的时候，也是最难找到东西填塞肚子的时候。

兴平二年（195）的春天到了，对于苦挨了四个多月的曹操来说，这是一个没了诗意的春天，自己的"领兖州牧"成了一块只有他自己才承认的空牌子（这时的朝廷还没有予以承认，中央政府更势利眼）；地盘被挤得仅剩了三县之地，连当初刘备的平原相也不如了（平原国有十个城，其中八个是县，两个是侯国）。

自去年十月带全军回东阿休整，军粮的极度缺乏造成了部队的急速缩水，曹操也只能睁一只眼闭一只眼，也难怪，你不管人家饭吃还不允许人家跑吗？不久前的三十万大军仅剩了不足一成，而面对的却是吕布指挥的十余万兖州军；元月，一个更气得曹操牙根疼的消息传来：刘备接手了徐州牧的实职！怎不令人气煞？

关于陶谦病故，遗嘱刘备接管徐州的事笔者以后细讲，此时的曹操即使气炸了肺也无可奈何。因为他首先要面对的是强敌吕布及其兖州的叛臣，兖州的局面打不开，其他的都只能看着，声言必杀之而后快之的仇人的自然死亡，使一家的血仇永远难报是肯定了。徐州这块再大的蛋糕也只能让刘备不劳而获，权当你暂时替我代管吧。

不能等吕布找上门来，越是势弱越是要摆出进攻的姿态，再不打仗，剩下的这点兵也保不住了，曹操集结了所有的能机动作战的兵力指向了定陶。为什么曹操对定陶产生了兴趣呢？大家都认为曹操要以战养战，其实曹操另有他意，只是此时为保军事机密，不宜宣布过早。

吕布去年秋天虽然借"蝗军"打赢了濮阳保卫战，但胜得却极为凄惨，遭曹操三个多月的围困，濮阳全境已是十室九空，官府、百姓、部队已俱无存粮。可漫长的冬春总得度过呀，固守濮阳从各方面来说都失去了之前的战略意义，也不可能了，吕布与陈宫便把全军移到了山阳就食，这里与定陶近在咫尺。

以定陶目前的防守兵力来说，是难以抵挡曹操大军的围攻的，不足万人，而且都是曹操以前的老部下，部队重归旧主也是顺理成章的事。但曹操率军向定陶进发的行军速度也实在太慢了，百里之地，竟拖拉了三日，这哪里是曹操的作战风格？

将领们最为担心的就是山阳城的吕布，他会无动于衷地看着定陶失陷吗？一旦提大军来救，这次征伐岂不又成了偷鸡不成反蚀一把米的差事？曹操究竟想干什么？

曹操等的就是吕布，围攻濮阳失败，使他认识到了自己部队的短处，硬攻一座防守顽强的城池永远是在做一笔不划算的买卖。与去年的攻伐徐州不同，那时是以压倒优势的兵力围而攻之，威慑大于强攻的成分居多，现在与吕布的兵力相比已经称不上强势了，只有打巧仗方能有一线胜机。

吕布擅长的是指挥骑兵野战，但从去冬到今春，由于军粮奇缺，双方的战马都被吃得差不多了，大家现在都是在拼步兵的战力，这点上曹操有不可否认的指挥优势。

从兵员作战素质上来讲，曹军更不弱于吕布军。曹操现在的部队是沙里淘金般保存下来的忠贞之士，而吕布的部队就不免有些鱼龙混杂了。曹操要利用这一点，把吕布诱出坚城，在旷野进行吕布并不擅长的步兵作战，曹操对取得胜利是有信心的。

如果两军阵前单挑厮杀，我曹操可能不是你吕布的对手，斗心眼吗？你吕布又哪里及得我曹某万一？比如现在，我如果是你吕布，决不会增援定陶，径直带兵袭取鄄城就是了，不过我也给你在鄄城设了一个更大的陷阱，那是给狡猾的陈宫准备的，就看你是否听他的了。

曹操的目的还是声东击西，围点打援现在没那么多兵力，全军的目标只有一个：那就是吕布！

吕布得到了定陶的告急军报，关于作战方案又与陈宫产生了分歧。

吕布：趁曹操围攻定陶之时，出动大军包围曹操的攻城部队，与定陶守军里应外合，一举全歼曹军主力于定陶城下。

陈宫：趁曹军主力离开鄄城，明增援定陶，暗袭鄄城，一举掏了曹操的老窝！曹军失根，必自溃。

吕布：曹操奸诈，其老家岂能无备？一旦攻袭鄄城而不克，定陶岂不白丢于曹操之手？

陈宫：主力援定陶，一旦曹操的目标是将军所部怎么办？那曹操指挥作战，向来飘忽不定，又极善冒险，我军无骑兵机动，胜算何在？

吕布：曹操如与我对阵，正是求之不得，公只要替我守住山阳即可，莫要疏忽，成败在吾之一举！

没办法，领兖州牧的毕竟是吕布，兖州军的兵权在他手里握着，陈宫只能把妙计高束，尽心守山阳了。再说，吕布的分析也确实不无道理，后方确实疏忽不得。

其实吕、陈二人所谋都没出乎曹操所料，依了陈宫的方案曹操也几乎是胜券在握。曹操一直在瞄着山阳，一旦吕布军向鄄城出动，曹操将立即转军直扑山阳，先掏了吕布的老窝再说。

现在吕布的大军扑向定陶来了，兵分三路，手下的名将张辽、高顺各领一军包抄向曹军的两翼，吕布自率中军主力直扑向曹操青州军的背后！

一时间，战云密布，风声乍紧，一场血战迫在眉睫！

正是：

你玩儿你的鬼画符，俺拨俺的算盘珠。

坏心眼对付的别人，妙主意留在了俺腹。

没看见？酒桌上行的是将军令，

反倒是：杀人时念的是圣贤书。

也别管他姓孙，且莫论他姓吴。

兵书要看谁读，计谋要分谁出。

谨慎的胆小似鼠，势壮的气吞如虎。

歪打兴许正撞，清醒可能迷糊。

曾多见，郊原万里黎民血，谁看过，离地三尺有神佛？

都羡慕，历代英雄书青史，须知道，一将功成万骨枯。

士兵该的是拼命，将军管的是打鼓。

谁数过？将星闪耀处，撇下或许孤儿？留了多少寡妇？

让人眼晕的定陶战役

这次曹操不是简单地准备围城打援，甚至连击溃吕布军主力都是准备虚晃一枪，当然更不是准备强攻定陶。真实的目的何在？其实还是谋士与将领们先前猜测的：以战养战，为军求食。

不过欲摘的桃子却不是定陶，现在不需要保密了，因为连敌人吕布都已经知道了：挥军扑向曹操的吕布刚接到紧急军报，句阳危急！曹操大将曹仁已经率重兵包围了句阳，攻打甚急，那句阳是定陶的门户，句阳一失，定陶不攻自危。还有，那曹操现在定陶呢？还是在句阳？

说是重兵，不过是句阳守军为了求援的夸大其词，袭击句阳的只不过是曹仁本部仅存的五千余人。不过那曹仁勇猛无比，所指挥的士兵俱都极其骁勇善战，句阳守军难以抵挡倒是事实。

还是抽出点儿空先说明一下句阳、定陶、山阳三城的地理位置，这样大家将更容易明白曹操、吕布定陶之战的大略战场态势及详细的战局发展。

三城大约如同一个各相距百余里的等边三角形，最北面的是句阳，西南方向是定陶，东南方向是距离稍远的山阳。

北面的句阳紧邻曹操青州军占据的鄄城，曹操如从东平出兵直击定陶，则部队左翼必受山阳吕布大军的威胁；绕鄄城犯定陶则必经句阳，曹军走的就是这条相对安全的进兵路线。

原来曹操率部绕过句阳攻击定陶时暗暗留下了大将曹仁，待吕布大军从山阳出动的消息一传出，曹仁便开始了攻击句阳的行动。以曹仁部队的战力与句阳的防守力量相较，曹仁攻克句阳不会费多少时间，但不知是由于曹军忍饥数月的原因呢，还是因为句阳守军的拼命抵抗，曹军的攻城行动进行得并不顺利，两天了，还未能登城头半步。

这恰让运动中的吕布感到了为难：该先救哪边呢？论说句阳、定陶唇齿相依，哪边都丢不得，但现在曹军主力集中于哪边尚不明，如贸然分兵去救更是不妥，不管哪边遇上了曹军主力都有吃败仗的危险；另一边却是要空扑一回，劳师靡粮而坐等另一边失败，这仗还打他作甚？怎么还没开战就好像确定已经败啦？

陈宫紧急来书建议：现在袭向鄄城也还不迟，我军袭鄄城，曹操只有两条路可走：一是全军回救鄄城，将军可对鄄城虚张兵势，主力布于句阳与鄄城之间，伺机伏击曹操回救鄄城之军；二是曹操孤注一掷，施围魏救赵之计，全军犯我山阳，如此宫于山阳坚守，将军回马枪痛击曹军背后，破曹必也！

应该说陈宫给曹操布了个曹操非跳不可的陷阱，是真正的用兵大手笔，可惜吕布有吕布的看法：冒险行兵岂是用兵正道？应该首先集结三路兵勇，救定陶或句阳一处，即使一处城破，另一处也可以围歼曹军一部相抵，总之是：即使吃亏也不大，一旦围住了曹军主力，那就是中彩了，两座城池兴许都不会丢，还能一举大胜曹操——现在吕布真的是在赌博了。

先救哪座城呢？吕布暗暗转了一枚铜钱，大喝一声："天佑我也！"仔细看时，向上的一面是字，才想起来：忘了先暗自确定花、字各代表哪座城了——两个代表落了空。那就让字面代表句阳一次，又试，竟是花面，没确定花面向上代表定陶呀？算了，军机大事，怎能如此儿戏？都让它是空吧。

还是实事实求地分析一下是正理：击定陶则句阳必丢，但将来有反攻收复的可能；击句阳就算定陶丢了，却堵住了曹军回鄄城的归路——能使敌人踏上不归路，当然不能说是坏方略。就这样吧，全军转向句阳。

句阳城在望，却不见有任何战事，急传县长问时，才知曹仁大军畏将军虎威，一天前已鼠窜退去，莫非退回鄄城去啦？

正疑惑之间，定陶的加急军报到了：原来曹操、曹仁都聚在了定陶城下，已经开始攻城，定陶城破在即，盼吕将军火速驰援，共歼曹军于定陶城下。

这下不用犹豫了，全军向定陶急赶吧，历来古人有句：好事多磨。这次出兵磨了这许多天，看来将要碰上的肯定应该是好事了。

曹操也不是不想一举攻克定陶，但他深知眼下是不可能的，为诱吕布来救，他也真真假假地攻了一天城，发现那守定陶的济阴太守吴资（定陶乃济阴郡治）却不是个好对付的角色，在定陶城内政治动员工作做得非常到位："曹军在攻掠徐州时已有明文成例：但凡围城，献城投降也定屠全城！我等弃守则必死，死守尚能求一生，大家跟我死战求生吧！"

不用再多做动员了，曹操将他们置之死地而后生，自然是同仇敌忾，徐州的杀戮暴行在这里得到了报应。

不服气就接着较量

应该说，部队的战力是随着战斗行动的进行而发生变化的，能付出极小的代价，大幅度地消耗敌方力量的就可以称为战术大师，反之则是不折不扣的匹夫之勇了。曹操在这方面也堪称大师，遛吕布这头野牛他甚至连牵牛的农夫都没用派。

但在定陶城下，面对定陶城中的军民一心，据守城头，死战不退，令他却是有些迷惑：软柿子怎么也能变成硬核桃？幸而曹操志不在取城，也没有尽力强攻，饶是如此，造成的伤亡也不算小，佯攻的部队已折损过半——打得不真实点儿，那吕布能调得动吗？

吕布的五万步兵，从山阳强行军至定陶半途，又急赶向句阳城下，未曾休息又转身跋涉往定陶，恰如同转了一个大大的 S 圈。那长途可是用士兵的两条腿一步步量出来的呀，未曾见到曹军的影子，部队士气却已极其低落了。看来，带出一支能打硬仗的部队虽不易，但如果与培养出一支能吃苦耐劳的部队相比，前者却容易得多了。

　　士兵人困，将军马乏，前面离定陶还有不足十里，吕布全军想的却是：一头钻进定陶城里好好地睡上一天，这种愿望连吕布本人都在心里挥之不去。将军也不是铁打的呀，再说了，前出的探马早已从定陶城下折回，一路并无曹军，估计又是被吕将军的声威给吓得鼠窜了。

　　至于曹军现在的动向与准确位置，吕布实在懒得去想，一切都要等大军吃顿热饭再说了。天已过午，士兵们早饭还没混到肚子里，现在宿营举炊却万万不是时候。不管敌军在哪个方向，反正离此已经不远，最好那曹操能发一次善心，容俺们先进了定陶城饱餐一顿再说。

　　战场上的曹操偏是个最爱落井下石之人，现在就不失时机地趁饿打劫来了。后军急报：大批的曹军从后方袭来，后卫部队请示吕将军：是回师与之厮杀呢，还是保持防守姿态，且战且退？

　　这正是吕布犯难的地方，两天的艰苦转圈行军，还不就是为了捕捉曹军主力？现在曹军露面了，却来得不是时候，部队极度疲劳，士兵腹内无食，怎能厮杀？

　　就此避让，就等于被曹操赶进了定陶城，大损部队士气不说，弄不好又是一个濮阳保卫战的定陶版，那句阳却是必丢无疑了，这是下下策，行不得。

　　以疲师饿兵去战以逸待劳的曹军饱汉？胜算不大，可也是无奈之举，两害相较选其轻，全军转身向来路攻击吧。士兵们哪个乐意呀！没奈何，主帅只能以身作则了。吕布打起精神，催马奔向后卫部队，但愿能尽快扫荡来犯之敌，让部队赶到定陶城下去休息。

吕布就是吕布！仅有的骑兵就是自己的侍卫队，但一经出动，敌军被迫纷纷避退，等自己的步兵赶上来了，曹军偏又保持在一箭之地，不离不弃；自己稍退他们却又粘了上来，吕布大怒：这是啥无赖战法？

战地紧急动员，号召战士们宁可累死，不能被气死，宁愿走着死，不愿躺着生，围上去，追上去，灭此朝食！下午啦？朝食倒是真的。

军中战鼓齐擂，号角都吹，却也有部分傻大兵被忽悠起了最后一点气力，迂回的迂回，冲锋的冲锋。毕竟人多势众，曹军终于支撑不住了，开始败退了，围上去，全灭了他们！他们身上都带着干粮呢！搜他们，保证！面包会有的，牛奶也会有的！

自古道，皇帝也差不动饿兵，美好的前景填不饱眼下的肚皮，将来的牛奶面包与现在前心贴后心的小卒们有啥相干？士兵们实在走不动了，忽悠得过了也就没人信了！白丁们也不都是傻子。

吕布的动员令没起多大作用，曹操的动员令却对吕布军展示了巨大威力！用什么动员的？亮剑！

吕布大军现在的后方，也就是定陶城方向，鼓角争鸣，八音齐奏（不是管弦乐队奏得那种八音），轰鸣起了令人心胆俱裂的声音，夹杂着海涛般的人喊马嘶，就好像忽然从地平线上冒出来无数的人头，比人头更引人注目的是高粱秸般的长矛，雪亮的军刀！

曹操真正的主力出动了，不用作过多的描述了，吕布大军水到渠成地败了，五万大军瞬间崩溃，没有人做真正的抵抗。所幸人到了生命危急时能爆发出难以置信的超常体力，众军逃命的速度还不算慢，再加上曹操的部队也大多是步兵，无能力实施长距离追歼行动，吕布才带着他的半数残兵逃回了山阳。

出乎曹操预料的是定陶守军的顽强，他们并没有因为吕布大军的溃败而减弱抵抗意志，反而更加坚决了。试探攻城无效，苦心诱降也无效，曹操破城的意志反而动摇了，再拖时日，军粮又将耗尽了，还是抱憾退兵吧。

一场大胜，却无收获，曹操此时品咂着苦涩的滋味，是否悟出个中因由？笔者不得而知。此战事唯一的收获便是回师时攻克了孤单无援的句阳，竭全军之力猎鹿，也算收获了一只瘦兔子。

大家都来做强盗

特定的时期米比钱还金贵，曹操现在就深刻地认识到了这一点，三伐徐州的无功而返都是因为这个"米"字；濮阳之战、定陶之役又是因为乏粮退兵，看来将来的战略部署、战役设计都要在这个"粮"字上动点心思了。

夏天将到，小麦将熟，谁能把老百姓田里的小麦抢到手里，谁就立于了不败之地，抢粮工作是一切工作中心的中心，一切要围着这个中心开展工作，下一仗就是要围着粮食打！可吕布也肯定是清楚这一点的，他也会积极参与抢粮行动的，对！这正是双方的软肋，谁先认识到了这一点，谁就会是下一场战争的赢家。

现在知道兵锋该指向何处了：钜野！

钜野由于辖地有大野泽而得名，正因水源充足，小麦才能得以大面积种植，素有兖州的"小粮仓"之称。抢粮食当然要到粮仓去抢才能使效益最大化。关键在于吕布决不会任由自己的粮仓被抢，更不会旁观粮仓被占，这就是战机，就是歼灭吕布之有生力量的可乘良机。

趁麦未熟，先攻钜野，这就是攻吕布之必救，能在吕布来救之前攻占钜野最好，即使不能如愿，也必能形成反客为主的有利态势，处于以逸待劳的有利地位。原样"克隆"定陶战役就是了，至于具体战斗，那就需要临机应变了，看一个将军是否称职，看的就是这点能力。

吕布与陈宫是怎么盘算的呢？巧了，跟曹操想到一块去了，想一劳永逸地击败曹操，不付出点代价是肯定做不到的。但主动进攻曹操，吕布经定陶惨败，已经没有了那个胆量，陈宫也认为胜机渺茫，欲胜智者，必与其斗智，智者千虑，总有一失，解决问题的关键，在于制造那个让智者一失的机会。

想钓大鱼，诱饵必重。吕布为曹操准备的诱饵就是钜野。

对钜野即将丰收的小麦，吕布都几欲嗅到香味，曹操又岂能闻不到？按陈宫对曹操的判断，曹操必攻钜野，让鱼咬钩容易，问题在于怎样将过大的鱼拖上岸来。凡是嗜好垂钓的人大概都经历过让大鱼连饵带钩给拖走的尴尬，但被鱼吞掉钓鱼人的事情却是闻所未闻，所以吕布与陈宫大胆地给曹操放出了诱饵。

被吕布认可的陈宫之钜野战役计划如下：

副将薛兰、李封分一半兵力屯于钜野，以吸引曹操的主力，吕布则率剩余部队随时准备接应；等曹操上钩来攻钜野之时，吕布从侧翼给予痛击；在曹军全力应付吕布大军之时，薛兰、李封全军出动，置钜野城而不顾，包抄曹军后方，两军首尾呼应，一举击溃曹军。

曹操按陈宫的计划来了。不过曹操本人可没认为自己是一条来咬钩的大鱼，他是以钓鱼人的身份来的，他也放出了自己的诱饵：由曹仁指挥的万人攻城部队。所钓的目标就是大鱼吕布。

两个渔翁、两条大鱼就要对决于钜野了，谁会成为渔翁？谁会沦为大鱼？现在还不得而知，反正都认为对方上钩了，一切还都要看战局的发展，决定于两个渔翁或者说两条大鱼的临敌应变，说谁即将成为胜利者都为时尚早。

正是：

> 三军早盼饱餐之，
> 五月粮熟待有日。
> 渔翁诱饵迷心处，
> 硕鼠狸猫扑朔时。
> 将军善谋何辛苦，
> 百姓多灾哪觅食？
> 才书太祖英雄谱，
> 掩卷吟出怨鬼诗。

再过一把杀人瘾

薛兰、李封乃吕布手下大将，是被吕布的战场风采所迷住的铁杆"粉丝"，当然也极得吕布信任。吕布军经定陶大败，全军能机动的兵力仅剩三万有余，这次一下分出一万五千来交给了二人，让二人十分激动。

对于上次在定陶的惨败，二人有着共同的认识：这是偶尔失手，谅曹操如何是威震天下的吕将军的敌手？不说别的，就那赤兔名驹，你曹操有吗？二人决心替自己的偶像找回这个"场子"，只要你曹操敢来，就让你理解那句古话是怎么传下来的，哪句？——强将手下无弱兵！

二人刚发了狠，曹操的大军就开到了钜野城下，领军大将正是从不离曹操左右的曹仁。二位将军心里打鼓了：难道曹操亲自来啦？将军斗智不斗气，别贸然出城驱敌了，一旦有失，岂不有负吕将军重托？还是先遵照约定，给城外潜伏的探马发信号吧。请吕将军前来共同解决曹操。

吕布其时早已等得不耐烦了，闻听探马报告曹仁正在钜野，立即做出了曹操也在钜野攻城部队中的判断，此时不予奔袭，更待何时？一切都在预料中！就你曹操敢冒险吗？今天也让你领教一次吕布的豹胆虎威。全军出动，奔袭曹军！

现在吕布能出动的部队是多少人呢？陈宫已带领五千人马去守东缗，山阳总不能人去城空吧？所以总兵力不过万余而已；曹操这次来攻钜野出动了多少兵力呢？吕布还是按照春天定陶之战的估计替曹操算的账：除去他留守三县的必要兵力，最多能出动两万人马，自己与钜野的守军配合作战，战斗力强于曹军，包他的饺子没问题。

其实别说隔年的皇历看不得，今年的皇历也看不得，从春到夏，曹操的部队已翻了两番，势强者人附，这就是定陶大胜后的最大收获；还不仅于此，与吕布兵力的此长彼消，使其他观望中的兖州诸城看出了门道，还是老州牧厉害呀！纷纷与曹操联系再反正的事宜。

而吕布的兖州军虽号称十万有余，实际上现在的吕州牧能指挥动的不多，只他手头掌握的这三万多人而已，而曹操这次带来的机动部队就倍于吕布的全军还多。所以说，仗虽未开打，其实胜负已定，今天的曹操才是真正的渔翁，吕布这条鱼现在已经来咬钩了。

兵贵神速，长途奔袭打的就是这个突然味道。几个月的休整，吕布也总算给自己的部队半数配上了马匹，但这种运动战却使步兵们跟不上了战争的脚步。吕布一狠心带着五千多骑兵先开拔了，让步兵在后面慢慢地磨吧，要紧的是迅速咬住曹操，别放跑了他，击垮他！看来后面的五千步兵只能来打扫战场了。

由于是连夜进军，前锋行至半途天才微亮。

夏夜薄雾马蹄碎，
三更露水湿征衣。
莫道天明君嫌晚，
应因树暗鸟鸣迟。

吕布于赤兔马上尽力远望：怎么前面人影憧憧好似有人涌动？正疑前方的斥候兵为何不来禀报，却听后面忽然杀声迭起，两边树林里箭石如同蝗群般向自己的骑兵队列飞来！

稳神看时，前面的道路早已被巨石乱木堵死了，此路不通！而且更密的乱箭让自己的前部人仰马翻，士兵们乱了，吕布明白了：中埋伏了，这仗又败了，现在最紧要的是决定怎样脱身，稍有迟疑，今日必丧命于此！

丰富的战场经验使吕布对四周的敌军有了准确的判断：仅左右前方的敌军就不少于三万，自己是钻到人家口袋里来了。往回冲吧，最起码后面还有自己的五千步兵能接应一下。

马上他就推翻了自己的决定，后面远远的呐喊声使吕布更准确地判断出了战场形势：步兵完了，一人也不会留下的，敌人对付自己步兵的是骑兵部队，在没有固定阵地做倚仗的情况下，步兵只能是待宰的羔羊。

只能拼命了，吕布舞动画戟，远拨箭矢，近退强敌，直向左后方冲去，至于身后能跟上来多少战士，已经顾不上留意了，心中唯有一个念头：冲出去！冲出去才有继续活着的可能。

不愧是天下第一名将，真敢与之过招的敌人少之又少。吕布手快马疾，长戟扫时，伏军纷纷落马，铁蹄踏处，敌人望风披靡，一路血飘风雷动，单骑耀武鬼神惊！抬头看敌军已寥，回眼望部下何在？孤身一人冲出了敌人的包围圈。

真英雄大丈夫焉能苟且独活？吕布勒回赤兔马，没有丝毫犹豫地杀回了刚冲出的炼狱般战场！这下还真出乎了曹军的意料，立时伏击阵地一片混乱，被围住待戮的吕布军一见主帅回马相救，顿时勇气大增，数千骑如一人冲向了一个方向。曹军的铁桶伏击圈终于被撞出了一个口子，大队人马会合了吕布，逃出鬼门关。

可惜也不是多大的大队，吕布粗略估计，最多千骑，再打下去是没资格了，无奈含恨噙泪逃向了陈宫固守的东缗，又要让这个爱多嘴的家伙在心里嘲笑了。

伏击吕布得手的曹操却没就此罢手，仅留下了少量的部队打扫战场，近六万大军人不下鞍，马不停蹄地扑向了钜野。

又是一个凑巧：准备在吕布援军来时露上一手的薛兰、李封一直在盯着城外的曹仁部队，天快亮时发现曹军纷纷撤围东去，二将明白了：吕将军到了，敌军要溜！那还行？将军建功立业正在今日，哪里走！

一万五千人马早就做好了出击的准备，城门大开之后，全部争先恐后地追向了鼠窜的曹军。越追越远，眼看骑弩就能射及逃跑中的曹军的后背了，那众多曹军却四下哄散。薛兰、李封立即随敌情变化分兵，追捕逃散的曹军士卒。

看着自己饿狼般的部队猛扑羊群似的敌军，薛兰、李封感慨万千，阵阵豪情涌上心头，原来诗人是这样诞生的？大老粗逢此波澜壮阔当然也会诗意盎然，闻名于世的曹操也有遇到我们两人的一天！

正感慨间，钜野方向飞骑来报：大事不好！曹仁已趁城空之时袭占了钜野。二将顿时目瞪口呆——原来呆若木鸡的成语是这样造出来的！

就在二将一愣神的工夫，二人发现那四散的曹军竟然有组织地围了上来；抵抗的军令还没来得及颁发，正前方突然像从地平线上涌来了一线海潮，势若滚滚，淹没一切，那潮水是人组成的，要命的是由敌人组成的！

将军愤怒了，这莫名其妙的战局怎么啦？怎么像六月的天、小孩子的脸，一会儿数变呀？为报提携拼热血，且催战马酬将军，杀呀！可惜已经没有人理睬号令了，万人齐崩溃，士气一旦消。人人都看出来了：抵抗是没用的。

喜好杀俘的曹军这次又爽了一把，放下不放下武器都是一样的结果，对叛乱者的痛恨使曹操变成了铁石心肠，薛兰、李封的脑袋献上来了，但并没有平息胜利者的怒火，后面又摆了一万五千颗！曹操气还未消，鞭梢遥指：

——荡平定陶！

曹操说，咱去逛徐州！

每个人的内心深处都有这么一个"暗结"，平常自己绝对是避而不谈的，甚至是有意无意地躲开想它，但在作决定时却又怎么也离不开它的影响。

这个"暗结"的形成随人而异，各有不同，甚至自己都不一定认识到有这个"暗结"的存在。据说大多数人只有到了临告别这个世界之回光返照时，才会突然清楚这个"暗结"是什么。

能提前意识到自己"暗结"为何物的人大概就是所谓的"高人"；能洞察别人"暗结"的人就是大师级别了；能发现所有的人心中"暗结"的人就是所谓"圣人"了。

其实所谓"暗结"无非是由下面几个字组成：恩、爱、情、仇、妒。当然，因为体验过"辱"字的也有，出于自鄙心理的也有，不过这种心结大都不能贯彻终生，自己的境遇一变，也就不自觉地淡了。至于人人都畏惧的死亡，那不能算是"暗结"，只是因为人类过于明白了，所以才畏惧它。

明白到了极处反而成了糊涂，都知道躲不过那一刻，但还是尽全力拖一会儿是一会儿，正如那句名言所说：好死不如赖活着。

曹操现在的"暗结"是什么？表面上看是那个"仇"字，其实应该是那个"妒"字，他念念不忘的是徐州，内心深处"妒"的是刘备：凭什么？一个织席贩夫竟然白捡一个大州！我空费了军马钱粮，你这个大耳朵得利？这话对部下们是不好意思说出口的，曹操说出来的话就成了深谋远虑：

"欲得天下，必先据荆州！荆州虽四战之土，亦英雄用武之地，钱粮丰裕自不必说，其势乃中原之虎首也！东胁江南，西威巴渝，揽益豫而按江淮，衔越岭且踩并司，扬威则南天畏伏，收势则北地入囊，吾必得之！然徐州伏我腋肋，欲染荆州，非先收徐州不可。现被枭雄刘备窃据于此，久之必酿我大患，今吕布、陈宫势弱已成小疥，吾欲趁势席卷徐州，众以为如何？"

的确，刚刚结束的钜野之战，基本摧毁了吕布的主力，随之定陶等城指日可下，兖州全境表示归附的十有七八。曹操的青州军现在的兵力又恢复到了十万人马出头，对徐州这块肥肉不能不产生想法了。

决策拍板的关键时刻，荀彧站出来说话了，由于史载原文过于冗长，笔者变一下文风：

"汉高祖守关中，光武帝营河内，无不尽心以至蒂固，竭力乃而根深。虽进可逐鹿中原，退亦割据一方，然也曾窘迫一时，却就百世霸业。

"将军依兖州为本，数次平乱，百姓无不悦服。黄河之滨乃天下要地，如今虽遭灾略显破僻，然自保尚有余也，此即将军之关中、河内，怎不先定？

"今我雄师初动，斩薛兰，戮李封，克钜野，摧定陶，兵威无以复加；理应东逼陈宫，宫必胆寒，我借机收麦以充军粮，则将军出兵初衷达也，军食足则败吕布必，吕布败则兖州固，后可传檄扬州，结交江东，共讨袁术，如此两河之间，飘扬皆我旗旌；淮泗大地，驰骋尽我铁骑。

"若弃吕布而东向徐州，留军多则讨伐少力，留兵少则吕布横行，留守之众保城尚难，又怎维持农桑？且民心唯三县能固，余郡谁保不异？万一徐州不克，将军安有所归？

"陶谦虽新亡，徐州克未易：昔年屡败遭戮，如今必将死守，若彼坚壁清野。攻城不拔，则不出十日，我十万大军将陷于不堪。前征讨徐州，威罚并行，丧父兄之子弟未必忘恨，断难踊跃归降，即攻克城池，收人心怎易？如此难算城池属我。

"事有大小，情分缓急，安危在乎将军一念也！望将军慎思。"

一席话说得有情、有义、有理、有据，曹操不得不打消再伐徐州的念头，重新关注抢粮工作，笔者给曹军冠以"抢"字，非是贬曹，试想：老百姓辛苦一年了，全指望新麦保命，不用武力硬抢，谁会踊跃贡献"爱曹粮"？

刀把子在谁手里攥着，谁就有吃的，历朝历代皆然。

曹操做事向来狠绝，抢粮也不例外，一下子把所有当兵的全部赶向了农村广阔的天地，让大家在老百姓的麦地里大有作为去吧，大营里仅留下了千余卫队及不适应做农村粗活的病号、女眷。

东汉版《奇袭白虎团》

"故上兵伐谋，其次伐交，其次伐兵，其下攻城。"（《孙子兵法·谋攻篇》）

吕布被曹操打败后，收拢自己的残兵，带上山阳的留守部队，逃到陈宫固守的东缗，合兵后一统计，还有万多人，还能派啥大用场？

陈宫老辣：曹操新胜，军中定然无备，将军索性倾全力连夜去掏他的老窝，强似在此坐以待毙。

这建议被吕布虚心接受了，于是一万军马——吕布的全部家当——连夜出动，对曹操实施了东汉版的"斩首行动"！

东缗位于现在的金乡，离钜野不足百里，吕布这次发了狠，连夜催军直扑曹操所在的钜野城，等曹操得到吕布大军离此不远的消息时一切都来不及了。

部队还都在不知哪家农民的麦地里，现集合都不知道到哪儿喊人去，跑吧？钜野城丢了不说，一旦被吕布的赤兔马给追上，那就算是丢大人了！

好一个曹操！面不改色心不乱，一面安排人手分头召集部队，一面将所有妇弱留在城内，自己带着千余亲兵在城西吕布军的必经要道扎下了营寨，是不是受到在郯城时刘备的启发谁也不敢说，反正那次曹操是谨慎从事了，这次能否唬住吕布那就只有靠运气了。

吕布率军疾行，远望到曹操的孤寨时心里犯开了嘀咕：这座孤营挡在要道，南邻一长堤，堤后树林密布，是藏兵的好地方，莫不是奸诈的曹操给我布的一个诱饵吧？等我主力到了小寨，欲退怕是都来不及了。知己知彼方能百战百胜，先驻军做知彼工作吧。

退军五里扎营举炊，又派出侦察分队趁夜潜近探明敌情，吃一堑就要长一智，不能重蹈上次钜野之战的覆辙，再不胜一场的话，实在是没脸见那啥事儿都警告自己的陈宫了。

曹操在军营里熬了一夜：做不做俘虏，心里打着鼓，不怕吕布兵法熟，就怕是个二百五，但愿心细别心粗，你要心粗俺命苦。

天亮了，曹操的部队回来上万了，曹操提着的心随着逐渐赶到的士兵逐渐落到了地。分出一半去，就隐藏在昨天唬得吕布没敢靠近的堤南树林里，这一半于堤北寨前列阵，等那吕布来补吃后悔药。

天亮了，吕布的侦察兵探明了曹操的实底：满算千余兵，那曹操就在这军营里！悔得吕布恨不得抢自己两巴掌——错过了他这一生中最后一次逮住曹操的机会！亡羊补牢犹未晚，马上出兵是否迟？

吕布亲率大军出击了，顺东西大堤直扑曹操的军营，发话了：给我连人带寨，踏为齑粉！

大堤挺宽阔，车仗鼓角以外还能并行几骑，吕布挥手示意：轻骑兵随我来！摧毁曹军人数有限的战阵，其余人等包围他的营寨，万不能放跑了曹操！抓不到活的，死的也行。

士兵们紧随着吕布冲下了长堤，曹军就在眼前；长堤上随着又上满了人，那是树林里的曹军出动了，曹军就在背后！吕布差点儿喊出了口：又上当了！

一方胸有成竹，一方惊慌失措，人虽差不多，仗却没法打，吕布军认为自己是将身入虎口，曹操军认为又逮住了一条大鱼，根本没形成什么混战，立即变成了溃败。

一方全神贯注逃命，一方竭尽全力追赶，《奇袭钜野城》让吕布给演成了《魂断蓝桥》，终于无奈地做了《流浪者》，带着残部投奔了刘备，准备排练下一出《战徐州》去了。

吕布没戏了，曹操的戏还没唱完，怎能轻饶叛乱者？"铁哥们儿"张邈跟吕布跑了，可他的兄弟张超在雍丘哇，张邈全家老小也在张超做太守的雍丘避祸，你能避得了吗？张邈虽有大恩，今天也只能先报仇了，路线斗争历来讲究的就是残酷无情！

兴平二年（195）八月，曹操挥师围了雍丘，谁也未曾预料，这一仗打了将近五个月！

到了报答"铁哥们儿"的时候

曹操与张邈之间既无私怨也无公仇，实际上张邈对曹操于公于私都有大恩，从二人都声称忠于东汉朝廷这一点来说，两人还是同一阵营里的战友。所以，对二人之间的恩怨纠葛，只能称之为路线斗争。

曹操对张邈在路线斗争的关键时刻站错队绝不能原谅，出动大军围攻张邈弟弟张超任太守的雍丘。张超倒心不太慌，因为他知道，有一个知己好友肯定会来救他，此人便是笔者于上卷中提到过的臧洪。

臧洪在任广陵郡功曹时曾大大露了一脸，大家还记得吗？关东联盟在讨伐董卓时有一个酸枣会盟，当时被公推出代表五大州牧宣读誓词的就是臧洪。一篇誓词朗诵得慷慨激昂，读得声泪俱下，令听者热血沸腾。

臧洪现在正给袁绍打工，做的工作与陈宫相同，都是东郡太守。大家要问了，怎么一个郡还要两个太守吗？不止，同时期还有一个夏侯惇呢。那年代官帽乱飞，每个州头们打下一个地方来就赶紧封自己的官，就是没弄到手里也都是先派了干部再说，比如刘备的豫州刺史、吕布的颍川太守、夏侯惇的东郡太守……多去了，臧洪的东郡太守也属这类的虚官，其实不过是个武阳县令的实职而已。

臧洪与张超的关系非同寻常，由神交到心交，进而生死之交。接到张超的求救信之后，果然悲愤异常，徒跣号泣——也就是光着脚大哭——整顿自己的部队，立马就要出援，但谅一个小武阳县能有多少兵马？想突入重围救出张超，无异白日做梦，没奈何，只得去向上司袁绍借兵救友。

在臧洪看来，自己与袁绍也是莫逆好友，为朋友赴汤蹈火应是在所不辞。可他偏忘了，现在袁绍与曹操是一条路线上的线友，路线斗争的铁律就是六亲不认，袁绍怎会因为朋友得罪线友？

无论臧洪怎样表现得义薄云天，说得唾沫喷天，哭得眼泪流干，袁绍都毫不动心地拒绝了臧洪的请求，使得臧洪肝肠欲断地眼睁睁看着张超被困雍丘。从此臧洪对袁绍伤透了心，再也不愿与袁绍交往，但袁绍又岂肯白丢一县？于是，一场更为惨烈的围城战开始在酝酿之中。

雍丘整整被围攻了五个月，城内军民早闻曹军破城后的一贯作风，所以不抱任何幻想，齐心守城，宁可战死城头，不愿降曹偷生，马拉松式的攻坚战使曹军吃尽了苦头。

两军征战，百姓何罪？二人恩怨，连累全城。对曹操的这种为报私怨屠戮人民的行径，挂名的朝廷能装看不见吗？不能。围雍丘后的第三个月，兴平二年（195）十月，东汉中央政府变相表态了：正式任命曹操为兖州牧——免掉了一个"领"字。

终于，在兴平二年（195）十二月，兵乏粮尽的雍丘城被攻破，张超及在此避战祸的张邈全家被俘。

其实被俘的还有张家的全族、雍丘的全部活着的守军、全城的百姓，曹操用最简单的办法做了处理：全部杀光！张邈的家族最可恨，灭他三族吧。

张邈也没多活多久，他随吕布投奔刘备以后，因见吕布兵少，便带了几个亲信部下去向曹操的宿敌袁术求救。谁想亲信的意思就是：让你亲身体会不可信任。途中被亲信所杀时他才明白了这个道理。

奉天子的西进序曲

围攻雍丘之时，曹操的主力部队并没有闲着，几路分兵，东进南下，收复叛乱各城。等到雍丘被破时，兖州全境已全部光复，又姓了曹，而且现在的曹州牧非比往日：已经不再是地方聘请或自己封的官，是由朝廷正式任命的兖州牧了。

兖州经过一年的战乱，天灾加人祸，元气大伤，各郡县生意凋零，土地荒芜。并且有黄巾余部趁势重举，官难以守土，民难以聊生，实是百废待举之时。

论说现在曹操应该趁名正言顺之时，尽心经营兖州，巩固住这个唯一的根据地，则进可以争天下，退也足以自保。当前最紧要的工作无疑是战后重建。

不过谁都清楚这活路不好干，即使兵力、财力强如美国，对一个被打烂的伊拉克也感到力不从心，又何论历经战争消耗得不到任何外援的曹操？像美国人一样，曹州牧现在只对剿匪感兴趣：这类的仗打着轻松，又是名利双收的事：贼抢了百姓，我收编了贼，缴获自然要归公，既得民心，又得实惠。

很快，境内黄巾军俱降，治安大见好转，曹操的青州军又眼见得胖了起来。不过现在的曹操却对治理兖州失去了兴趣，兖州的叛乱令他太寒心了，对又投降过来的兖州的官员、士子、豪强，甚至人民，曹操都信不过了，谁知道你们哪天再把刀劈向我的后背？

曹操要另找一块保险点儿的地方做自己的根据地，至于兖州，虽也算是老根据地，但毕竟背叛过自己，背叛过的人还能相信吗？

他把目光瞄准了豫州陈国（治在陈县，今河南省淮阳县）。陈国在闹黄巾军时未遭兵祸，据《后汉书·孝明八王列传》记载："黄巾贼起，郡县皆弃城走……国人素闻王善射，不敢反叛，故陈独得完，百姓归之者众十余万人。及献帝初时天下饥荒，邻郡人多归就之。"

曹操看中的是陈国未遭兵燹，能为其提供给养，借以稳定军心，保存实力，建立一块替代兖州的后方基地。尤其是便于实施之前毛玠建议的"奉天子以令不臣"的政治大略，但现在的豫州境内还有袁术的势力和黄巾余部，现在去"迎天子"？《三国志·魏书·武帝纪》中说："诸将或疑。"

曹操有自己的想法：青州军将领的中坚由来自豫州谯沛的亲族构成；身边重要的谋士，被称之为"吾之子房"的荀彧来自豫州的颍川，颍川荀氏是士林名族，对于豫州士人具有极强的感召力。对于曹操来说，能通过荀彧而获得士大夫的信赖，尤为重要。

而陈国与兖州陈留郡、豫州的沛国、颍川郡接壤，曹操选择陈国作为进入豫州第一站就成为必然了。对于诸将领的疑虑，荀彧有一番说辞：

"晋文纳周襄王则诸侯景从，高祖为义帝缟素而天下归心，欲成霸业，史为今鉴。奉天子有三益：一得民心；二服俊杰；三致英俊。得民心为立足之本，服俊杰则傲视群雄，致英俊乃尽揽英才，今天子急需匡扶，社稷正盼铁柱，岂能因小利而弃大义，求暂安而失良机？时机错过犹流水不复，欲追难返，如不决断，悔已迟矣！"

荀彧细化了毛玠的"奉天子以令不臣"政治纲领，而曹操与袁绍不同，历来对大事不含糊，荀彧所描述的"奉天子"后的美丽前景，的确令人向往，曹操当机立断：大军西进，掌控天子。

也就是说，皇帝还没回到洛阳，就已经有人在算计他了，而且算计他的还不止曹操一人，冀州的袁绍也在打他的主意。

袁绍也在密切关注着皇帝的东归，他的使者郭图已经出现在了河东。皇帝的成功东返，使袁绍与曹操不约而同地认为，控制中央政府的时机已经成熟。

袁绍开了一次以"迎驾"为论题的辩论会，辩论会出现了正反两种意见：

正方，以原来就建议过"迎大驾于西京，复宗庙于洛邑"的谋士沮授为代表，他现在发展成把天子"迎"到邺城，在这里建都，进而"挟天子而令诸侯，畜士马以讨不庭"。

反方，以郭图和淳于琼为代表，理由也挺充足：汉家王朝被取而代之是迟早的事，如果把天子迎过来，得不偿失——听他的，自己就说了不算；不听他的，就会落个骂名，这不是自找不自在吗？

评委袁绍拿不定主意了：你们辩出个输赢来呀，我咋听着都有理呀？

沮授做了最后的努力，直接给评委袁绍递话："如果能把朝廷置于邺城，不但能让朝廷听你的，天下人也感激您的仁义之举呀，这步棋您不早下，一定会有高手先走的。做大事万不能犹豫啊。"

袁绍琢磨来琢磨去还是难以决断，主要是他自己也有一个现在还不好意思出口的"暗结"，那就是：他自己也想当回皇帝。把皇帝的宝座安在自己的家，请他人来坐，自己还要天天给他磕头，实在是不爽啊。

熟悉袁绍的人对他有个评价："迟重少决，失在后机。"在他掂量来琢磨去的痛苦日子里，沮授的预言出现了：新任兖州牧曹操开始了抢皇帝的果断行动！

不过硬抢的话，曹操凭现在的实力还做不到，曹操用的是连骗加偷的歪招。

曹操的"风水宝地"

对于曹操来说，豫州绝对是他的福地。

自初涉军旅，便在豫州的颍川爆了头彩，讨董卓汴水全军覆没，是豫州谯国的子弟兵让他东山再起；乍肥之后，便又在豫州追得袁术闻风而逃；现在曹操又提大军进入了豫州陈国，是否运气仍然眷顾？

五行循环，生生相克。对于袁术来说，曹操就是一个标准的克星，笔者不知道二人各属哪个字的命，反正袁术在没遇到曹操之前是很牛的，纵横天下，极少败绩，自从与曹操交上了手之后，就开始走背运，尽管实力并不弱于曹操，可算兵多将广，地阔粮足，可就是不能跟曹操照面，交手就输，恰似老鼠与猫的关系。

现在曹操又打上门来了，豫州陈国是他袁术的地盘，郡治武平，国相袁嗣，本来是能够抵挡一阵子的，可现在的袁术正在寿春大会群下商议怎样登基做皇帝呢，哪能顾得上这点边境小事？袁嗣求救无望，曹操又兵临城下，只得战场投诚了，史书上记载的是投降，笔者觉得根本就没有与曹军刀兵相见，还是用投诚这个词准确些。

占领了富饶的陈国，曹操又轻松地控制了颍川。本来颍川汝南的黄巾军何仪、刘辟、黄邵、保曼等余部已聚众数十万之多，形成了割据一方自食其力的局面，现在面临曹操久经战阵之青州军的围攻，初战便折了黄邵。何仪没有了抵抗的勇气，被迫放下武器，接受了改编。难解的是东归途中的小皇帝因此嘉奖了曹操，加封曹操为建德将军，看来流浪中的中央政府也没停止办公。

曹操并没有对他的升官沾沾自喜，整天想的仍是要对皇帝采取行动。现在最难办的就是怎样见到皇帝，事实上曹操连皇帝掌握在谁手里都不清楚，天各一方，通信落后，只知道皇帝已东归到了河东。看来上头没人办事是极难的。

在军事斗争与政治斗争中早已历练得炉火纯青的曹操就没有做一点儿准备工作吗？不是的，自打"奉天子"工程立了项，前期工作就开始了，只不过"通天"的路子历来难走，不是有钱有势就能轻易实现的，想跻进权力中枢不是那么容易。

所幸有句"天不灭曹"的老话，曹操的运气好得出奇，关键时刻总会有人帮一把。

曲折婉转通天路

实际上早在曹操收复兖州之后，他便向河东派出了使者，不仅如此，在这之前的初平三年（192）四月，也就是董卓死于吕布的长矛之下、曹操本人刚"领"了兖州牧的时候，为了使自己的官当得名正言顺，就数次遣使向朝廷表示效忠，不过一直未能如愿，因为当时的河内太守张杨不买曹操的账，拒绝给曹操的使者王必签证。

后来张杨身边的一个人提前发现了曹操这支绩优股，认为趁低买进正是时机，帮了曹操的大忙，这个人就是张杨身边的幕僚董昭。

董昭是兖州人，原本是袁绍信得过的"红人"，因为董昭的弟弟董访是张邈的手下，袁绍在有了干掉张邈的想法后对董昭也有了这种想法。董昭发觉苗头不对，便离开袁绍去长安发展，中途被河内太守张杨挽留做了幕僚。

这事发生在兴平元年（194）兖州事变爆发之前，曹操和张邈那时还是过命的交情，董昭当然对曹操也不陌生，或者说对曹操很是倾慕。董昭生逢乱世，却能审时度势，那时候讲究"变通之世，君臣相择"，董昭对曹操向长安派使者的举动，很是佩服。他劝说张杨：

"袁绍、曹操是暂时的联盟，蜜月肯定长不了。别看曹操现在还很弱小，但据我看他是一位真英雄，与他多亲近没有错。现在他的使者到了这里，我觉得您不但应该放行，还应该在天子那里推荐曹操，曹操以后岂能知恩不报？"

张杨经过琢磨，认为董昭的话也有道理，便放行了王必，董昭干脆好人做到底，以曹操的口气给长安城中的李傕、郭汜等人写了封信，并且自掏腰包给这两位领导送了两份大礼。

王必来到了长安，谁知李傕、郭汜认为曹操此番通使必定有诈，反而扣留了王必。

曹操的运气又一次显了灵，黄门侍郎钟繇不知为何做了曹操的说客，他对李傕、郭汜说："天下大乱，谁还会想到天子？曹操能派使者来，就足以看到他的忠心，如果得不到应有的信任，天下人岂不是会对我们失望？"

经过对李傕、郭汜等人多方面做工作，朝廷终于承认了曹操通使效忠皇帝的行为。但在实际行动上却给了曹操一闷棍：不但没承认曹操的领兖州牧，反而钦命了一位兖州刺史金尚前来兖州就职，被曹操赶了回去，这时候朝廷的拳头已经没有曹操硬了，只能默认。

曹操真正从朝廷得到任命已经是兴平二年（195）十月的事了，这时候皇帝刚离开长安踏上东归之路。

那年头又没有什么电话、电报之类的信息系统，曹操对朝廷高层的内斗乱局是不可能清楚的，所以在陈国要想打皇帝的主意还是要依靠董昭。

董昭现在已经随张杨来到天子身边援建洛阳，做这种事他可以说是驾轻就熟，他又一次帮了曹操的大忙。董昭极清楚当前朝廷的政治格局，攥刀把子的是有着"白波"背景的杨奉、韩暹等人，他就挖空心思以曹操的名义给杨奉写了一封字里行间都为杨奉打算的信。

信中对杨奉倾尽仰慕之情，并对杨将军的功绩大肆赞美了一通，转而说："现在事务那么繁重，将军一个人可忙不过来，需要帮手啊，现在曹操愿意帮你一把，你有兵，我有粮，你我二人可以互通有无，相得益彰，何愁大事不成？曹操愿与将军生死与共！"

杨奉感动了，经董昭点拨也看到了联合的实惠，终于表态：国家需要曹操这样的人！立即上表皇帝，让曹操做了镇东将军，并且继承了他父亲曹嵩的爵位——费亭侯。

而国舅董承呢？更急切地盼望着曹操到来，董承与韩暹不和，直至发展到火并，韩暹打败了董承。现在董承想假曹操之手，还韩暹以颜色，为自己出口恶气。

实际上是他们的不和，为曹操通过"和平"的方式来完成"奉天子"的大业提供了可能。

杨奉是个从战场上滚打出来的将才，部队很有战斗力，当时屯兵于洛阳以南的梁县（今河南省汝州市西南），现在既然把曹操当作了朋友，曹操的部队也就经颍川顺利地到达了洛阳；董承负责洛阳的防务，自然不会将曹操拒于城门之外。就这样，费了不少暗劲，曹操终于回到了阔别七年的洛阳。

虽然来到了洛阳，却并不等于可以立即实现"奉天子"的既定方针，其中的变数还大着呢。

第二章
挟天子以令诸侯

偷走皇帝——曹操真是太有胆了

小皇帝刘协今年正逢十六岁花季。

九岁之前的童年生活很幸福，当然是沾了会敛贪玩的老爸灵帝的光，灵帝撒下了一帮寡妇孤儿一崩了之。刘协本来是交了好运的：异母哥哥封他做了陈留王，坐享一个郡的赋税，不用工作也能玩乐一辈子，那还不美得上了天堂？可惜造化弄人，碰到了个胡管闲事的董卓，硬是赶着鸭子上架让他做了皇帝的工作，从那以后可就倒了大霉！

再不能唱着"小呀小儿郎，背着书包上学堂……"，又难以"昨晚光顾捉迷藏，一觉睡到大天亮……"，每天还要装神充仙地端坐在那里等人拜，那难受味绝对惨于道观里的老君，人家可是泥巴做的呀，让一个活蹦乱跳的顽童正襟危坐几个时辰，你去坐两天试试？

问题是还要在那么多看不懂的竹简上签字画押，时刻要偷瞧着大人的脸色，他们叫封谁就得封谁，让封啥官就得封啥官，后来干脆还不管饭吃——这是李傕、郭汜他们干的损事——现在想吃饱又没多少东西可吃了。

越枯燥乏味的活路越容易干成熟练工，现在都锻炼成封官专业户了，谁送点吃的来，官名顺嘴就出，现封不赊账，免得过后忘了谁是救驾忠臣。

今天要见一个从兖州来的曹操，此人带来不少兵，好吃的也不少，不光有急需的粮食，还给自己带来了私人礼物：篷帐2顶，丝线10斤，山阳郡所产的甜梨2箱，稗枣（一种青黑色的枣）两箱。饿极的时候这些东西比万两黄金都宝贵啊！看来又得大封特封一气了，没关系，光封官不发工资，赔不了什么。

曹操见皇帝极为庄重，披挂好全部行头——除了脚上，见皇帝要光脚丫的——听宣而进，趋步低首，三拜九叩，垂袖待询。

皇帝的第一感觉挺好，多懂礼貌啊！先夸句吧："闻卿竭智治理兖州，百姓安居，朕心甚慰。"

曹操脸有些微红，心里说：连年战乱，民不聊生，哪来的安居乐业？这肯定又是有人给添好话了：

"国逢圣主，中兴有日，臣理应尽心，以报皇恩。"

皇帝："朕年方幼冲，朝政事巨，诸事还尚劳卿勤谏，有明见但奏无妨。"

小皇帝也不过是说句客气话，意思是没事咱这觐见就算结束了，你已经是大州之牧、镇东将军、费亭侯了，再往上封个啥官倒要真费点儿脑筋。曹操可不是这么听话的，让说吗？那就先停建了你的安乐窝再说：

"陛下既有诏问臣，臣不直奏是为不忠也，容操直言：自黄巾乱世，董贼误国，朝廷仓储遗尽，日用危坚，四方州郡，截钱粮而自肥，三公居朝，欲果腹而不得，国费拘谨，人民涂炭，而洛阳遭董贼焚毁，已成断垣残壁；宫阙敝废，以至荆棘丛生，如重筑造，所费必巨，且非数载不能竣工，于此国难当头之时，大兴土木之举，臣以为不妥。"

皇帝有苦难言：第一，这不是他说了算的事；第二，总不能老借住在臣子家里呀——现在皇帝是暂借住在原来的中常侍赵忠家里。再说，张杨不过建了所大房子，也就是起个扬安殿名字罢了。七月回京，八月建好了新宫殿，估计是搭了个连"豆腐渣工程"都不如的东西。

曹操继续说下去：

"臣蒙圣上重托，执一州军政，总须回籍以尽职守。离京之后，虽时能稍供圣需，奈沿途甲兵盘剥，恐滴水难达京师，臣实不忍旁观陛下与朝臣复蹈饥寒，是以寝食难安。"

这里曹操有点儿不厚道，不动声色地损了杨奉一下。但曹操却敲到点子上了，皇帝确实给饿怕了。一听说曹操要走，顿时慌了，早就听说曹操打仗是把好手，没想到还是个做经济工作的专家，又难得如此忠心耿耿，不依靠这棵大树，上哪儿再找阴凉去？

"卿忠君忧国之心可嘉，且留朝中录尚书事、假节钺，领司隶校尉。"

皇帝这次大方极了。录尚书事：即总揽朝政；假节钺："节"即符节，是古代帝王派遣将相委以重任时用作凭证的一种信物，有了它就有了斩杀违犯军令者的权力；"钺"是古代一种像斧的兵器，这里指帝王所专有的、代表征伐之权的一种斧钺，有了它就有了总统内外诸军的大权；领司隶校尉：就是说把整个京师的防务交给了曹操，换句话说也就是把东汉的中央政府及自己的性命一起交给了曹操。

现在的洛阳内外全是曹操的驻军，韩暹见董承引来的曹操军势强壮，估计对己不利，预先溜了。虽然现在皇帝封官不封官都是曹操说了算，但毕竟这是皇帝亲封的，名正言顺，"奉天子"的战略方针初见成效，曹操从名义上已经成了当时的中国第一人。

与董昭虽然是初次见面，曹操没有怎么客气，连谢也没说一句。大家心里都有数，直截了当地请教下一步该怎么办："虽然来到洛阳，但往下该如何走？先生教我。"

董昭成竹在胸，认为久留洛阳多有不利，应该移驾颍川郡的许县（今河南省许昌市东）。虽然这样做，众朝臣免不了有意见，但"行非常之事，乃有非常之功"。

曹操同意了董昭的看法，但现在是做不到的，移驾许县，杨奉肯定不答应，如果遭到他的阻截，怎么办？难道大事还没行动，先与杨奉的精锐部队刀兵相见？

董昭似乎早就想到了这一点，马上替曹操策划了一个绝妙的计划，那就是：把皇帝偷走！

在实施董昭的计划前还有一个工作要做，需要摆平那些都自认为官不小的众朝臣。否则一旦行动起来，你插一腿我挡一杠子的，那就啥事也办不成了。曹操做了三件事：

找了个小罪名杀了侍中台崇、尚书冯硕，谓"讨有罪"，实际上是杀鸡吓猴；

封董承、伏完等十三人为列侯，谓"赏有功"，实际上是塞一颗蜜枣堵堵嘴；

追赐射声校尉沮俊，谓"矜死节"，当然是表示自己极崇忠义。

对杨奉，曹操按董昭的策划，送上一笔厚礼的同时，又亲笔写了一封态度极为诚恳的感谢信，答谢杨将军此前对自己的帮助，但现在洛阳粮食短缺，要暂且移驾鲁阳（今河南省鲁山县）就食。

奥妙之处就在于声称去鲁阳：鲁阳在荆州，去鲁阳，要经过杨奉驻屯的梁县，杨奉觉得也没什么，等你到了我的地盘再表态去留也不迟。

曹操做事向来不拖泥带水，当即通知皇帝准备移驾鲁阳。皇帝也不敢承担饿死公卿大臣的责任哪，实际上在曹操没来之前，好多公卿、大夫早就每天去田里挖野菜充饥了，要么就只有等着饿死，其实饿死的已经不少了。所以必须支持曹操让中央政府集体去就餐的意见，于是，就在曹操进入洛阳的第九天，文武百官奉着天子，曹操大军拥护着整个朝廷，开向了鲁阳。

杨奉没有等到朝廷的车驾，运动中的东汉朝廷在接近梁县时突然转向东行，等杨奉得到确凿消息时，朝廷已经在许县安了家，并且改名为许都。从此以后，东汉朝廷就再也没有离开过那里。就这样，皇帝以及中央政府，就在杨奉的眼皮子底下生生地被曹操偷走了。

皇帝的安家许都，至少引起了三四方的关注：冀州的袁绍，寿春的袁术，徐州的刘备、吕布，关注的用心各有不同：

袁绍是突然后悔莫及，这么一条大鱼自己怎么没先捞？

吕布关心的是：抓紧上表祝贺，兴许朝廷或者是曹操一高兴，正式承认自己的徐州牧身份——现在吕布已经跟刘备交换了工作岗位。

刘备呢？现在仅是被吕布委任了个豫州牧的空头职衔，能否借都城新迁朝廷大喜之时得到一个实职呢？有关刘备与吕布的故事咱下文再细讲，先了解一下袁术的态度。

袁术则不同，认为上天赐给了自己机会。东汉末年，谶语乱传，其中就有一句"汉以许昌失天下"。袁术极信这个，尤其是还有一句："代汉者，当涂高也。"袁术字公路，他认为公路与当涂合辙，既然汉家到了许，那么天下是肯定要失了，上天又提示了由近似"公路"的"当涂"代汉，自己再不积极做皇帝，岂不有违天意？

就是这个天下最难干的职业，也是最操心、最危险的工作，让多少人神志昏迷？这个名称的背后实际上就是权力的黑洞，为了投身于这个黑洞之中，多少英雄宁可搭进去全家老小，不惜杀戮手足，诬陷同事，残害功臣，置亿万生灵于水深，快一己内心之火热，最终恶名垂青史！

袁术一心要戴上自做的皇冠，他当然意识不到那是个大内特产"血滴子"，是专门搜集它下面的人头的！谁说天无二日？民无二主？东汉末年的这一特定时期，中国就出现了两个皇帝，也许预示着将来还会更多。

现在袁术的情况恰相反，披黄袍的前期工作做得不如赵太祖，当皇帝的想法一出口，立即遭到部下的集体反对。看来大家都清醒，迷糊的唯有一人，可惜就是这个人官最大，袁术的皇帝还就是当定了。

一石激起千层浪，八方反应一锅粥。不忙叙述袁术的御前会议，先说说各方的表态，声讨最强硬的有两家：袁绍与曹操；采取行动最果断的也是两家：袁术自己的下属孙策与领豫州牧刘备。摇摆不定欲攀附的仅有一个人：吕布。

刘备现在是只软柿子

陶谦确实了不起。在东汉末豪强割据的年代，自己所占据的州郡实际上已被认可为个人的私产，那是可以合法继承的。朝廷大多都给予承认，不承认也得默认，不默认人家的官也照当不误。

但陶谦在临终时并没有将徐州传给自己的儿子，而是交给了刘备。刘备的运气在兴平年间简直好到了极点，先是稀里糊涂地守住了郯城，继而莫名其妙地逼退了曹兵，现在一个大州又出乎意料地送上门来，他差点儿想咬咬自己的手指头，这不是在做梦吧？

徐州新丧主人，刘备这哥们儿觉得自己如果先取州牧，未免有乘人之危的意味，还是要推辞一下。再说，自己这点儿兵，如果得不到原徐州军民官吏支持的话，别说接掌一个大州，就连能否在小沛安稳地待下去，也是不好说的事。

转让也要选对人，这是一门学问，曹操不用提，那是徐州的头号仇人；另外必须要选个能讲得出口的，还要比自己实力强的，关键是还要众人都烦厌的，不能冒弄假成真的风险。

他推荐的是袁术。这家伙在任南阳太守时横征暴敛，口碑甚差，虽然也与曹操打了半年的仗，符合同一个战壕里战友的条件，但徐州人是不会接受他的。

果然，徐州的别部司马、陶谦遗嘱的执行人，东海朐人麋竺（字子仲）与典农校尉陈登首先反对。

陈登是刘备的旧友，对刘备早就暗自倾慕，曾多次私下对人说："雄姿杰出，有王霸之略，吾敬刘玄德。"他义不容辞地要替刘备竖架梯子，让刘备光彩地从推荐袁术的台阶上下来：

"袁术骄横跋扈，哪能是乱世中的好主人？现在能为你增添步骑部队十万多人，进可成霸业，退可割徐州，这件事我们不能听你的。"

当时正在徐州的北海相孔融说得更直截了当："袁术是那忧国忧民的人吗？一架荒坟中的枯骨而已！现在是百姓请你，上天赐给你的好机会啊，不顺天道、承民意，可没地方找后悔药吃呀。"

话说到这份儿上，再推辞就显得虚伪了，刘备也就勉为其难地就任了徐州牧。当然，也要以徐州军民的名义给已经开始流浪的皇帝上道恳请表章。现在的刘备十三分天下已据其一，事业陡地升跃到了高峰。

所有的人生旅途都是呈波浪状态的，有时还免不了有旋涡，刘备也躲不开这个怪圈。尤其是以仁义作为行为准则的人，更是如此。

"仁义"二字一般是用来挂在嘴上的，真依它行事，吃亏的时候居多。

天下第一名将吕布带着陈宫等人投奔刘备来了，虽素不相识，但总是杀了国贼董卓的人，现在落难了，哪能不拉一把？刘备收留了吕布一帮丧家之犬，划了一块地方供他们休养生息，并且提供军粮给养，让他们驻扎在小沛，权当养了条守门犬吧。

这时候刘备偏就忘了，那吕布在不讲信义方面一点儿也不亚于他武功的知名度，是只地道的喂不熟的饿狼，哪里是什么守门看户的良犬？缓过劲来先咬的就是喂它的主人。

刘备凭空得徐州，憋屈的并不仅是曹操一个人，更难受的是已经缓过劲了的袁术。曹操经荀彧规劝暂时放过了刘备，袁术就没那么好相与了。

袁术被曹操赶到九江以后憋了一肚子委屈，转头把气撒在了自己以前任命的扬州刺史陈温身上，杀人夺地一气呵成，自领了扬州刺史。又宣布兼任徐州伯，趁曹操无暇南顾，倒也又折腾出了一番气候。看来山中无老虎，猴子确能称大王。

有时候招牌是很唬人的。这种现象也有着悠久的传统，连东汉时期的西凉武人也不例外，对袁术的四世五公的牌子也是迷信的。

李傕、郭汜杀入长安，看中了袁术那块四世五公的招牌，欲结袁术为外援，便授袁术以左将军，假节，封阳翟侯，并派了当朝太傅马日磾去举行授予仪式。持节就可以代表皇帝，被袁术相中了，对太傅说借过来看看。马日磾是个老实人，就把节仗递给袁术看了一眼。没想到袁术是个标准的无赖，接过节仗拔腿就跑，抢走再也不给了。

马日磾一看没办法，只得欲归长安，袁术索性把马日磾给关了起来，官职接受了，把来封官的人给扣起来了。尤其那失节可是大事，想当年那苏武牧羊塞北，几十年都没丢那根秃节。马日磾给连气加辱，一命呜呼。

就这么个无赖，怎容得刘备占这么大的便宜？论资格也排不到你这个织席小儿呀？点起十万大军，替老天去打这个抱不平，咱也见利勇为一次。

　　袁术大军直捣徐州南部边境盱眙、淮阴，刘备留张飞守下邳，带领全部主力上了前线。谁知道袁术还有暗的一手，背地里早就跟吕布通好了信息：说吕将军威名震天下，怎么能委屈在刘备肩下？那刘备是干吗的？我怎么从来没听说过这个人啊？将军连年攻战，军粮苦少，今送米二十万斛。这还不算什么，只要将军占了徐州，兵器战具，要多少我给多少，无不从命。

　　那吕布本来就是个见利忘义的大师，哪能见得袁术下这么大的本钱？当即便趁刘备大军在外、留守下邳的张飞又正好与下邳国相曹豹发生了矛盾，提兵偷袭了下邳，掳走了刘备的妻儿。

　　刘备正在前方打仗，听到后方老窝给人掏了，自己的老婆孩子也被吕布给抢走了，赶紧从前方回军。与吕布较量了一下，别看吕布被曹操打得那么狼狈不堪，但欺负刘备还甚是轻松的，一仗把刘备赶到了广陵郡（广陵郡的郡治广陵县，是今日的江都）。谁知袁术的大军正以逸待劳在那里等着呢，兵力差距太大，又吃了一次亏，只得撤军到海西县（东海县南）。

　　在海西县也活不下去了，粮食没有，军心已慌乱。思来想去，只有向吕布求和一条路，其实等于倒过来向吕布投降。吕布占了上风，大概是良心略有发现，也可能是想体验一下让刘备当看门狗的感觉，便慷慨地派车马迎刘备回到下邳，把小沛指定给刘备与他的部队驻扎。当然，刘备的妻小也完璧归刘了。

　　追求仁义的刘备理所当然地屈居了下风，刘备的"徐州牧"现在成了吕布的，吕布礼尚往来，也请刘备担任所谓"豫州刺史"。两个人从官衔到辖地，正好相互交换了一下，刘备找到了那个把冻僵的蛇救活了的农夫的感觉。

这时候，竟然是曹操给了刘备一个最大的精神上的支持。吕布请求朝廷承认他徐州牧的身份，没有人理睬，反而是刘备被曹操推荐为镇东将军，并封宜城亭侯。看来是不打不成相识，估计是刘备在郯城保卫战中的表现给了曹操深刻的印象。

应该承认的是，曹操更显示了腹内能撑船的宰相肚量，不只是显示宰相肚量，就实际权力来说，马上就会比宰相还要宰相了。

圣旨是曹操的撒手锏

任何事情出现以后都有它的两面性，曹操"奉天子"方略的实施也带来了两面性的后果。

一方面的确能以皇帝的名义向全国发号施令了，先把全国的大官们重新封一遍，你要是接受了，那就是说服从分配了，下一步自然也要服从管理了；如不接受，那你以后的官就当得不合法了，我打你时自然也就是名正言顺地"剿匪"了。这一手还真让各地豪强一下陷入了两难。

另一方面却带来了直接的军事威胁，嫉妒的、不服气的大有人在。先别说超级军阀袁绍，就连"招安"将军杨奉、韩暹之流也公开组成"救驾"联军，公开声明要讨伐许都的曹操。那可是强悍的并州军，不是那么容易对付的。

尤其是杨奉、韩暹二人，当时被封的官比曹操还要大得多。杨奉是车骑将军，韩暹是大将军，领司隶校尉，皆假节钺。在洛阳时曹操就明向献帝参奏过，指责二人持兵扰民、干预朝政。那皇帝念着二人的护驾东归之功，下诏一切勿问，可现在皇帝说了已经不算了。

杨奉是有点儿窝火，在眼皮子底下被曹操把皇帝给偷走了，这口气换谁也难以下咽；而韩暹好不容易趁皇帝东归，随意封官之时混到了大将军的武将最高位，可这曹操一来反而被赶得无家可归了。两人决心与曹操势不两立，见个高低上下。

等着二人打上门来？新搬家的朝廷中真心实意向着曹操的没有几个人，若等到兵临城下之时，内部说不定还会出多少个"张邈、陈宫"。曹操决定主动出击，讨伐逆臣。

大军并没有直逼杨、韩二人盘踞的梁县，杨奉、韩暹二人有些不明白曹军的意图：为什么曹操的部队放着近路不走，反而要南绕呢？两人都是战场上的悍将，但对战前驱兵取势这种高深学问却不甚明了。

不管你从哪边来，仗总得打吧？兵来将挡，水来土掩，提军出城，迎头痛击便是。只要战场上赢了你，还怕你玩什么花活儿？遂留副将骑都尉、都亭侯徐晃守梁县，二人率手下精锐并州铁骑南出迎敌。

及出城南十里，杨奉突然醒悟："韩将军，我已明曹操意也！"

韩暹驻马听杨奉继续说下去，杨奉确凿地说："曹操定是已知我等与袁术合纵之事，欲先切断吾与扬州联系，此乃其一；我军粮草皆由荆州鲁阳而得，断我粮道，我等则无力守梁县，此其二也；向闻曹军不善攻城，实欲不战迫退我军。"

二人一商量，既然知道了曹操的意图就好办了，那我们出击迎敌就是决策对了，击垮你的断道部队，不就一切主动了吗？于是二人急催兵马，直扑估计不远的曹军。

越走越远，只是不见曹操部队的踪影，二人有点儿沉不住气了，莫非曹军行动迟缓，还没有来到？如此正好休息马力，以逸待劳，等曹军远来疲惫之时给予痛击！

部队扎营举炊，杨奉、韩暹向东、南两方向均派出了探骑。此处地势平坦，正适应骑兵作战，二人不想再动地方了，这里就是全歼曹军的好战场。

消息来了，是梁县老家络绎不绝的败兵到了，那曹操竟然以绝对优势的兵力袭破了梁县！骑都尉、都亭侯徐晃已降曹操。那梁县怎么会这么容易就破？从梁县突围的士兵解开了谜团：原来曹军一到便向城内喊话，说杨奉、韩暹已率部逃往扬州，找袁术去了，你们被丢弃在这里，想抗拒天子之命吗？

是啊，曹操确实是带着朝廷的诏命来的，那诏书绝不是假的，徐晃又偷派飞骑追赶杨奉、韩暹大军，谁知竟然回报：追不上了，杨、韩二位将军已经走远了。那还指望什么？谁不明白一个简单的道理：与政府对抗是没有出路的。

军无战心，城破当在情理之中，徐晃带大部士兵主动归降了曹操的中央军。杨奉、韩暹目瞪口呆，面面相觑，怎么办？打回去？谁也没那个胆量了，现在已经彻底明白了：曹操可不是那么容易对付的！

只好将错就错了，去扬州投奔袁术去吧，曹操看来在梁县城下没骗守军，杨、韩二位将军真的去投降袁术了。

几乎兵不血刃，曹操驱走了杨奉、韩暹，拿下了梁县，又收了一名勇将徐晃，可谓得志。但大军回到许都，一个更大的麻烦来了：那实力、兵力均远超曹操的袁绍开始闹事了，原因就一条：嫌朝廷新封的官小。

在这次普遍封官运动中封了袁绍什么官呢？其实是军职所能达到的最高位置：太尉！那袁绍为什么还嫌小呢？就因为上边还有一个曹操，曹操封了自己一个名誉职务：大将军。

这下袁绍烦了：那大将军是比太尉还要荣耀的称呼，你曹操算什么东西？要不是我多次出兵救你，你哪来的今天？不行就战场上分个高下吧！——其实他仅是在曹操以压倒性优势兵力首伐徐州时，派一个叫朱灵的部将带了三营士兵象征性地为曹操壮过势，从来也没有出兵救过曹操，曹操与袁术作战的时候出兵声援了一下的事是有的，曹操兵败濮阳于吕布之手时想趁火打劫也是有的。

不过不管黑道白道，历来是谁的拳头硬谁就是老大，现在的曹操还惹不起袁绍，那时的中国军事实力最强大的“巨无霸”就是冀州的袁绍。

袁绍的简明发家史

补续一段袁绍的发家史就不能不先说说公孙瓒，说公孙瓒又不能不先说说幽州牧刘虞，当时的人们都知道，刘虞是个好官。首先是作风过得硬：

一、坚定的政治素质。极为忠于东汉皇朝，不谋私利，几次被人劝进当皇帝都不干。

二、艰苦朴素的生活作风。身为一州之长，却整天穿得像个要饭的，破衣烂衫，连鞋都得用麻绳绑在脚上才不至于掉下来，并且是粗茶淡饭，不过节连肉星都见不到，所以史载：敝衣绳履，食无兼肉。

三、机动灵活的战略战术。守边数年，邻近的几个小国没有敢犯境的，天下都闹黄巾，唯独他那个幽州闹不起来，光接受邻州的难民就达百万余口。倒不是说他打仗多厉害，主要是善于利用他人灵活多样的战术。

公孙瓒就是他在朝廷派兵征乌丸时发现的一个将才，被他留在了幽州任骑都尉，率领幽州的部队，对外族作战打出了威风。公孙瓒的白马义从使外敌闻风丧胆，支援内地的平黄巾战争又是所向披靡，破敌三十万，俘虏七万余，公孙瓒因此被官拜奋武将军，封蓟侯。

董卓之乱后期，公孙瓒受袁术明请，袁绍暗邀，攻入韩馥的冀州，一路凯歌，逼得韩馥让位于袁绍。从此刘虞便渐感公孙瓒不服节制了，挑着个幽州刺史的衔，竟然委任了冀、兖、青三大州的刺史，那他这个幽州牧还算个干啥的？

公孙瓒的兵一贯喜欢抢老百姓，对此刘虞大为不满，可公孙瓒照样我行我素，刘虞也毫无办法。终于有一件事成了二人火并的导火索。

刘虞的儿子刘和在皇帝那里为侍中，皇帝东归前暗派他回幽州带兵接驾。谁知走到南阳被袁术给扣住了，写了封信，让刘虞派几千士兵来同刘和一起西去迎驾。公孙瓒了解袁术的为人，劝刘虞别上袁术的当：那家伙从来就说话不算数的！

但刘虞救子心切，没听公孙瓒的，还从公孙瓒部下硬调了几千骑兵去接刘和。公孙瓒大为不满，索性暗递话给袁术：别放那小子。结果导致骑兵让袁术给收编了，儿子还照样关在袁术那里。

万幸刘和从袁术手里逃了出来，谁知走到袁绍防地时正赶上袁绍与公孙瓒翻脸开战，刘和又被袁绍给扣起来了。公孙瓒却不管州牧的少爷在袁绍手里，对袁绍照样穷追猛打，差点儿没把袁绍给灭在冀州，刘虞对公孙瓒彻底寒心了。

正好公孙瓒兵败界桥，退回幽州蓟城，重整旗鼓，欲待再战。刘虞却对战胜袁绍没有了信心，坚持不让公孙瓒私自用兵。这时候的公孙瓒又岂肯听刘虞的？照样提兵南下，与袁绍战渤海、争青州，一场马拉松战争打了二年有余。

后来双方的粮食吃完，就去抢老百姓，老百姓抢得无可抢了，就只有去荒地挖野菜充饥，最后直到搜刮得田野里连青草也没一根了，这仗才实在打不下去了。双方默契退兵，青州让给了袁绍。

刘虞再也无法容忍公孙瓒的穷兵黩武了，就卡住了公孙瓒部队的军粮不予供应，公孙瓒干脆纵兵去百姓那里去抢，本国的抢干净了就出境到国外去抢。刘虞在皇帝那里告公孙瓒纵兵为匪，公孙瓒就去告刘虞有意饿死三军。

这时候的皇帝自己都饿着肚子呢，哪会管得了这种闲事？

刘虞一看中央指望不上了，就自己集结了十万杂牌部队，准备除掉公孙瓒。公孙瓒的兵正好都去抢粮了，老窝蓟城仅剩了亲兵卫士数百人，根本就无法守城，只好从东城挖地道准备溜出城去。

刘虞的部队趁机攻进了蓟城，哪知人虽多却不大会打仗，巷战中打得甚是辛苦，有人建议顺风放火烧了公孙瓒的那点兵，刘虞一看四周全是民房，那哪儿行？要以民为本嘛，怎能纵火烧民房？

公孙瓒也发觉了刘虞的这一弱点，就带人偷绕到上风头，放起了大火。刘虞的十万大军被一把火烧蒙了，公孙瓒趁乱率领自己的这几百精锐直捣刘虞的中军，一路杀去竟然如入无人之境，直追杀到刘虞的中军所在居庸，反而把刘虞给活捉了。

这下全幽州都降服了公孙瓒，不过因为刘虞的名声实在太好了，朝廷和邻近州郡的要人名士都来替刘虞求情，说上天有好生之德，公孙将军怎么也要留这个上天都会可怜的人一命。

公孙瓒来了个黑色幽默：时正大旱，天空万里无云，他在一个空地立了根木柱，把刘虞绑在了上面，说："这刘虞以前与袁绍合谋篡夺帝位，罪在不赦，如果他真的有天子的福分，那老天肯定会下雨救他的。"

结果老天没那么灵验，一个雨点也没掉下来，所以刘虞的脑袋也就自然掉下来了，被送到了京师，还有一句话跟着：不能怨别人，是苍天没救他。

公孙瓒在拿刘虞的生命开玩笑，但实际上他也是在拿自己的生命开着玩笑！

杀掉刘虞，使他在幽州民心尽失，部队也失去了昔日强悍的战力，偏又有邻国的乌丸峭王素感刘虞恩德，率鲜卑七千余骑南来迎接刘虞的儿子刘和，为刘虞报仇。袁绍也就及时地放归刘和，并遣兵十万助战，共同攻向幽州。

兴平二年，公孙瓒大败于鲍丘，自此仅困守在易水现筑的新城易京一地，实际上幽州全境已落入袁绍之手。

及至建安元年（196）九月，曹操把汉献帝从洛阳迎到许都后，袁绍已控制了青、幽、冀、并四州之地，手下数十万强兵悍将，已不是曹操所能惹得起的了。

问题是惹不起也要惹，如果就此被袁绍吓住，不但会引起他的得寸进尺，身边的朝廷重臣也不会拿曹某当回事。初掌朝政，如果连一个袁绍都对付不了，又如何威服天下呢？

曹操用的手段极简单，就是爹妈对付顽皮孩子的一手：先打一巴掌，然后赶紧往嘴里塞一块奶糖。

曹操的软硬兼施

软硬兼施一般用于平等的对手之间；恩威并举则大多用于官府对小民、上级对下级。

不同的领域有不同的叫法，反正意思都差不多：在武术技巧中称刚柔相济，在中医理论中称阴阳调和，哲学上叫矛盾的统一，政治上叫革命的两手，在军事部署方面叫虚实变幻。

曹操对袁绍就先来硬的，以皇帝的口气给袁绍来了个点名通报批评：

"……据四州之地，敛兆民之财，拥百万之众，营一己之私，只见擅自征伐邻州，不闻秉忠兴师勤王，结党自树，卿欲何为？"

袁绍心知肚明，这是曹操在假皇帝之口骂自己呢，这诏书皇帝就未必见过，可这嘴官司还不得不打，反驳还要称"上表"，还无法同曹操直接对骂。袁绍初次体会到了没把皇帝攥在手中的不便。

所幸手下有个文笔极佳的陈琳，辩得乱理，作得好文，替自己辩护倒不用费自己半点心思，于是，一篇洋洋千言咋说都有理的辩护词送到了许都。可这挨了一大棒却无法还手的滋味太令人不爽了！

还没等到袁绍调兵遣将以刀枪代替语言的时候，曹操的意见送上来了：曹操自感德寡才疏，当不起大将军之荣称，坚辞不就，并推荐由德高望重的袁绍来接任，曹操愿接任袁绍所遗太尉之职——二人换了换。

这下袁绍没啥说词了，接了这个大将军封号吧，可怎么也觉得味道不对，咋这大将军像是曹操高风亮节让给自己的？不管怎么说吧，最起码是证明你曹操怕了我袁绍，这口气先给你记着，总有一天要喷到你脸上！

曹操现在心里最清楚，什么大将军？什么太尉？纯是个哄小孩的东西。现在最要紧的是抓紧稳定朝局，对皇帝当然要敬而恭之，礼节上万不可废，自己敬皇帝几分，大家就会敬自己几分，自己是榜样，这点上曹操是明白的。

再就是生活上对皇帝格外照顾，吃喝玩乐，都要替他想周全了。天子嘛，只要你不干政，咱就当天敬你，连"子"字省了也没关系。

现在的小皇帝对曹操是满意的，或者说是感激的。

七年的傀偏生活早就习惯了，长安及东归一路的九死一生给他留下了永久性的记忆。尤其是近一年的饥寒交迫，令他回想起来就不寒而栗。皇帝也明白：是曹操让他懂得了什么是幸福生活。

来到许都后，曹操对他关怀备至，经常进献四时瓜果，美酒肥羊则更不必说，连属下陆续搜寻到的一些宫中流失的器物也及时地送进宫来。其中还有一些曹操的私人物品，包括桓帝时赐给他祖父曹腾的家藏器物。

除此之外还有对曹操的佩服：谈笑间粉碎杨奉、韩暹的梁县兵祸；又主动辞去大将军一职，消除了袁绍的敌视；结果连太尉一职也不争，而改任司空，非清高忠贞之士谁能为之？

曹操通过皇帝封董承、伏完等十三人为列侯（无具体封地的侯爵）算是祭出了软的一招，借皇帝施了恩；硬的一招也及时出手，短期便立威朝堂：首先向最有影响力的三公发难，罢免太尉杨彪、司空张喜；其次诛杀议郎赵彦——"其余内外，多见诛戮"，其结果自然是"百官总己以听"。

皇帝闲起来了。

二十年的官场暗斗，十二年的戎马倥偬，曹操总算攀到了他仕途的制高点，更是混乱的中国政局的制高点。

人生的小船被命运的浪头卷向高处时，也就是骤落的开始，高明的弄潮儿会挥篙劈开迎面的水幕，驾舟飞上另一个浪尖；平庸之辈则不可避免地跌入旋涡。能驾驭自己命运的人才能自称为英雄，从而不被历史据来作笑料，要想被历史这辆车上的所有乘客都仰慕为英雄，那就需要另说了。

这就是所有人最难做到的：战胜自我。

白天忙于处理政事，夜晚曹操不免要回思刚刚过去的一年多：这是腥风血雨的经历，告别了友情，收获了背叛，刀光剑影中不仅有激情，也有懦弱；金戈铁马上吼出的是豪情，也有沦落；权力的黑洞与人性的质朴发生了碰撞时，谁是胜利者？

三伐徐州之无功，曹操收获了一个字，那就是：粮！

一年的兖州战役，曹操又多收获了一个字：人！

曹操漏掉了一个字：义！

等他醒悟丢了一点儿什么时，离现在已经很远了。

人与粮，曹操的注意力眼下集中在这两个字上。他发现了用错人的可怕，他也感受到了用对人的庆幸，不仅觉察到了人才对于自己的可贵，也隐隐意识到了缺乏。人有的是，关键在于选拔，选拔之后的关键是什么呢？管！

他开始构思一套管人的机构：必须是有效的，大前提对自己必须是忠诚的，必须是直接对自己负责的，除自己外，权力可以无限大，手段可以不择，道义可以不顾，时效性应该重于准确性，威慑力应该大于影响力。一个类似于后世的粘杆处的组织出现了朦胧的轮廓，后来曹操把这个付诸实践的时候，给它起的名字叫"校事"

人应该分为两种，一种是要尽量招揽进来，一种是尽量不要招惹，关键的学问在于分辨他们。

人也可以这样分为两类：一类是可以杀的，一类是绝不能杀的，关键在于如何区别他们。

同时进行吧，不招进来怎么用？如何管？更谈不上杀与不杀了。

粮，从所有曹操经历的战役来看，该胜没胜的仗几乎都是因为军粮，该胜而败了的仗更是因为军粮，庞大的青州军迅速垮掉，也是因为粮。四周军阀虎视，理应扩军备战，没有粮，扩了军怎么养？说白了，战争一多半打的是粮食仗，谁手中握有粮食，谁就会是最后的胜利者。

早在初平三年（192），谋士毛玠就向曹操提出了"奉天子以令不臣，修耕植，畜军资"的战略性建议，曹操深以为是。现在"奉天子以令不臣"基本上实现了，"修耕植，畜军资"也该实施了，但实施需要条件，地哪里来？农具哪里来？最必不可少的耕畜哪里来？

这时候曾因固守东阿而立下大功的枣祗给曹操上书了个建议：现在已有条件实施屯田方略，屯田所需要的一切条件已经准备就绪。

土地倒好说，战乱造成人民流离失所，荒芜的农田有的是，以国家的名义圈占就是，连补偿费都不用付的，但农具能从地里长出来？耕牛能从天上掉下来吗？

最大最狠的地主

东汉时期朝廷向百姓收粮有定例：两汉赋税制度，除恒帝、灵帝增加亩税十钱以外，一般通行"十五税一"或"三十税一"的实物地租。另外还有"算赋"，即凡年15岁以上至56岁，不分男女，每人每年征112钱，谓之"一算"。对于商人与奴婢则加倍征收。

这基本上称得上"轻徭薄赋"，但也不难估计出，靠这点赋税养一个庞大的军队是不可能的。就算人民都能安居乐业，也难养得起曹操的十几万大军，更何况大部农田都已弃耕。

枣祗在随曹操剿灭汝南黄巾军余部时，对起义农民亦战亦耕的做法产生了兴趣，从中受到了启发，关键是曹军夺得了一大批耕牛、农具和劳动力。枣祗的建议是利用这些农具，在许昌一带开垦土地，实行屯田，以解决粮食问题。曹操采纳了他的建议，并任命他为屯田都尉，全权负责屯田事宜。

枣祗首先将荒芜的无主农田收归国有，把招募到的大批流民，按军队的编制编成组，由国家提供土地、种子、耕牛和农具，由他们开垦耕种，获得的收成，由国家和屯田的农民按比例分成，大致是五五开，用政府提供的耕牛的话，那农民就只能得四成了。

大家注意到了吗？这个时候的农民已沦落为了国家的佃户，在租种国家从他们手中夺走的土地，而向以曹操为代表的国家上缴的田租却是今古奇高！

很明显，曹操所代表的国家是最黑心的地主，实际上是直接把农民奴隶化了，而且是用法律把农民绑在了土地上，究竟是奴役了百姓还是解救了百姓到现在也争论不断。屯户们也未必就对政府感恩戴德，起义反抗也一直不断，当然也一直不断地被坚决镇压。

最大的害处莫过于曹操开了个最没人性的先例，创造了"屯户"的屯籍，贻害相当久远，只是名称不同而已。

不管怎么说，屯田政策的实施成功了，第一年，就"得谷百万斛"（《三国志·魏书·武帝纪》）。于是曹操就下令，郡国都置田官，招募流亡百姓屯田。后来又接受枣祗的建议，下令军队屯田，屯田制得到广泛的推行。

屯田制的实施，不仅为曹操解决了令人头疼的军粮问题，而且还为他争取了大量的人口，从而加快了曹操称雄中国北方的进程。枣祗也因此被提升为陈留太守。但可惜的是，枣祗不久就因病去世。事隔多年，曹操对枣祗仍念念不忘，追封枣祗为列侯，并让他的儿子袭其爵位。

曹操的"农垦""军垦"事业蒸蒸日上，而他将来的主要对手刘备却每况愈下，连暂安小沛也不可能了：袁术落井下石，非要痛打"落水狗"；吕布态度变幻莫测，亲疏莫辨。三家提前上演了"三国演义"。

徐扬二州预演"三国演义"

扬州袁术一方独大，徐州吕布新位未固，小沛刘备忍辱安身，两州三方的政治态度可以用三个成语来概括：刘备在仰人鼻息，吕布是朝三暮四，袁术纯粹是落井下石。

这三个成语大概不用解释，看字面大家也都明白啥意思。如想切身体会一番，前两个还好说，最后的落井下石需要说道一番。

落井下石不需要理由，因为一般后面紧跟着的是趁火打劫，那个"劫"字，就意味着利在其中。袁术对刘备就是如此，想躲在吕布翅膀下面过幸福生活？想得美！先灭了你，那吕布也就该向我递降书了。

可是吕布会看着现在已经成了他部属的刘备挨打吗？得先解

决这个问题。怎么解决？袁术用的是历史上常用的老办法：政治联姻。

不用花费多少军费，仅一个媒人，姓韩名胤，韩媒人要给吕布的女儿和袁术的儿子牵红线，让吕、袁两家成为亲家——用的是萝卜蘸黄油的软手段。

吕布对袁术要求的政治联姻就非常感兴趣，敢明争帝位的目前还只袁术一人，自己的女儿嫁过去弄不好就是个太子妃，将来保不齐就成了皇后，不能误了孩子的前途吧？再说了，女儿一过门两家就是亲家了，再仗着人多来打仗就总多点顾虑吧？稍一掂量，就答应了韩胤。

吕布那头搞定了，袁术便派大将纪灵率大军三万，杀向了小沛，而刘备其时仅有不足两千残兵。

吕布的第一感觉就是唇亡齿寒，他极清楚袁术是醉翁之意不在酒。那时候还没出现欧阳修的美文，不然定会喊出：袁翁之意不在刘！不用犹豫，救刘就是救己——有时候吕布脑子也极清楚。

纪灵大军压境，刘备心如火燎，他更清楚，兵力悬殊太大，开战无胜机可寻。忽听军报，吕布率千余人马在沛西南一里扎营，刘备心内稍安。他知道，吕布为了他自己也不会坐视袁术攻占小沛。

果然，吕布请柬送到，相邀去吕军帐赴宴，刘备慨然带关、张前往；与此同时，纪灵也接到了吕布的邀请，虽然狐疑，但也不得不往，吕布与主人袁术书信交往密切，又是主公的亲家，再加上天下第一名将的牌子，这个面子还是要给的。

三个心怀鬼胎的人凑到了一个酒桌上，刘备与纪灵五内坎坷不安，哪有心思品味美酒？这吕布意欲何为？吕布却谈笑风生，只管劝酒。酒过三巡，菜已五味，吕布满酒一杯，放在桌中央，正色开言：

"吕布向来热爱和平，讨厌战争，对超级大国驻军全球早就看不惯了，今天来主持你们两家的和平签约仪式，希望大家不要腻歪个没完没了，谈得成就谈，谈不成就打，老浪费国家的经费算什么事？"

刘备心中暗喜，纪灵大惊失色：奉命杀伐，哪能你说和就和？

吕布眉头微皱：怎么，小子不给面子？突然像被什么提醒："这样吧，此离军营门口约三百步，把俺的长戟立在那里，如果我的箭能击中戟头小枝，你们就签约和平；如果射不中你们就开打，听天由命如何？"

纪灵心想：数寸小月牙枝，三百步看见都不可能，怎能射中？哦，这是向大耳儿卖空头情呢，先答应，等你射不中咱再说。

刘备心里暗怨：战和大事，岂能如此儿戏？万一失手，我军休矣！

长戟已立好，只见吕布微微一笑，离座起身，左右递上弓来，吕布轻舒猿臂，张弓满月，看似不经意，实乃靶在心，只听得口内一声"着！"。弓弦一声响，长箭犹流星奔月，直中小枝！众军一片欢呼："将军天威！真神人也！"——真个不是白吃干饭！吕布把精确制导武器的问世时间提前了两千年。

刘备如释重负，纪灵目瞪口呆，心里却在急速盘算：吕布这等绝技，翻脸厮杀，我肯定不是对手，不说别的，战阵之上，他如专挑我瞄准，我性命怎保？再说了，一旦他出兵断我归路，这仗定败无疑！

随他去吧，总归他是主公的朋友，又是刚定了亲的儿女亲家，国人一贯的德性：孩儿哭抱给他娘，有问题交给领导，咱也尊重一次传统吧。

一场兵祸，消于一箭，那袁术却怎肯善罢？先拾掇你这向来不讲信义的吕布！

强吕布也成了"乖孩子"

政治联姻古来有之：汉代有昭君出塞；唐朝有文成和亲；清朝的皇后大多是蒙古格格。这些其实都属于政治联姻。

袁术对与吕布的政治联姻有了失败的感觉，现在有点儿恼羞成怒，马上与吕布开战！不，好像还缺点儿什么，对，先把你的女儿弄到手再说，到时候看你还能这么不讲信义吗？还是派的韩胤一个人去徐州，这次是娶亲来了。

早订好的婚约，没有理由不嫁女儿啊，吕布其实也有以后做当朝国丈的欲望，就痛快地答应了韩胤。那韩胤却是个急性子，一听吕布应允，马上就要带人上路，吕布也怕夜长梦多，便把女儿交给了韩胤，带走吧。

看来武人做啥事都痛快得多，不像现在，恋爱啦、明确恋爱关系啦、举行订婚仪式啦、拿到了结婚登记证书还不算正式的夫妻，还要举办隆重的婚礼、豪华的婚宴。

女儿刚上了路，扒媒的就上门了，来的是陈登的父亲沛国国相陈珪，老头说得挺透彻："曹操现在恭奉着天子，决定着国策，眼见就要以朝廷的名义平定四海了，将军应该向他靠拢，徐州才会安如泰山。如今你与妄想篡位的袁术结亲，天下人必然会认为将军同他一样不义，将军今后的命运如同累卵啊。"

吕布一想，对呀，这袁术上次许给我的二十万斛米还没兑现呢，咋忘了这家伙也是个不讲信义的主了呢？把女儿送入虎口，他要再来灭刘备，我护着就害了女儿，不护就害了我自己。不行，趁生米还没做成熟饭，我得先把完整的女儿抢回来。

将军向来做事果断，亲自出马从半道上劫回了女儿，索性一不做，二不休，捆了媒人韩胤，送到许都向曹操邀功去了。韩胤被拉到许都街头砍了脑袋。

曹操一看这个过去的敌人迷途知返，大为高兴，浪子回头金不换嘛，应该鼓励一下，便以朝廷的名义拜吕布为左将军，封平陶侯——对吕布最想得到承认的徐州牧还是没理睬。

不仅如此，曹操还自己家出黄金给吕布铸制了一颗平东将军金印——小皇帝在东归途中就向吕布求过援，并封吕布为平东将军，不过因为太穷了，刻不起金印给吕布，就是现在朝廷又能去哪里弄金子？

不仅如此，曹操还解下自己的紫绶赠予了吕布，仇人变朋友也就是眼睛一眨母鸡变鸭的事。只不知那些兖州之战中牺牲的士兵们是怎么想的？可怜那些战场上的炮灰，惋惜那些被当作工具而化成的冤魂。

那"左将军"地位非同小可，位同上卿，金印紫绶，掌京师兵卫及戍守边隘，讨伐四夷。平时加诸吏、给事中等号，得以宿卫皇帝，参与朝议，决定国家大计。

不过这些现在与吕布还不相干，那也不能是个空头的吧？曹操给吕布找了个活路，交给他了一张国家通缉令，让他替国家缉拿下列政治犯：公孙瓒、袁术、韩暹、杨奉。

吕布接到封号大喜，尤其是那张通缉令，这些以前他认为的大人物，现在竟然成了自己受朝廷委托擒拿的罪犯，能不得意吗？于是便向朝廷写了个决心书，派陈登为使，去许都向曹操表决心，谢皇恩——其实还是惦念着朝廷承认他徐州牧的职务。

陈登回来了，自己被朝廷正式封为广陵太守，老父亲陈珪增加了秩中二千石。吕布大恼，气得甚至挥戟砍断了自己的书案："你老爸劝我归伏的曹操，毁了与袁家的亲事；现在我一样实职没得到，你们父子却因为卖我都当官了，你替我办的事呢？"

那陈登却气定神闲，等吕布发够火了，才慢慢地开了口："我见了曹操时是这样说的：'你对待吕将军跟养老虎差不多，必须拿肉喂饱，老虎不饱就会吃人的。'曹操回答我说：'不是你说的那样，对吕布便如同养鹰，饥则能为朝廷捕杀袁术那样的狐兔，饱了就会飞走不回来。'那曹操就是这样说的，将军你看着办吧。"

吕布一听反而高兴了，认为这是曹操看得起自己，比兔子高了一个档次，能不高兴吗？是否从那就留下了"甘为鹰犬"这个成语？

没用吕布飞出去替曹操逮兔子，那兔子自己找上门来了。袁术是什么人？哪能容忍吕布这种无赖行为？悔婚、杀媒！不教训他个狠的，那以后还不反天了？正好韩暹、杨奉二人带了部分并州军前来投奔，袁术便派出大将张勋，率军十万，联合韩杨，兵分七路，杀向了徐州。

吕布现在有多少兵呢？三千左右，其中仅四百余骑兵，这下形势真的像陈珪所预测的那样：危如累卵。

实际上真实的要害还不在于看得见的外敌，那陈登这次的许都之行对吕布来说才是更危险的，陈登已经被曹操收为两面间谍，这次回来就是来做曹操的卧底，曹操交给他的任务就是要想方设法搞垮吕布！按曹操的话就是："这是只喂不熟的狼！"

军事上吕布毫无成算，内心大悔：听你陈珪瞎忽悠干吗啦？先找你算账去，看你能退去袁术的十万大军吗？

没曹操吕布也称雄

不论是古代还是现代，战争双方的主帅最怕的就是前敌指挥员临阵倒戈，要不怎么会有那句感叹：打虎还是亲兄弟，上阵还是父子兵。最起码不会出现临阵倒戈的担忧。上阵倒戈的现象一旦出现必将是致命的。

袁术的前敌统帅张勋就尝到了这种滋味。吕布找陈珪去算账，被陈珪一番指点恍然大悟，回去后马上实施，立见成效。

他给韩暹、杨奉写了封信，大意说：我曾立铲除董卓之大功，君也有护驾东归之伟业，我等皆为国家功臣，何故相残？袁贼张狂篡国，暴虐人民，天下共愤，举国声讨，败亡明鉴，英雄岂甘为虎作伥，助纣为虐？二将军再立新功匡扶社稷，正逢其时也！

关键还是最后一句话：所有缴获我吕布不取分毫，全部归二位将军。

韩暹、杨奉更是见不得利的主，那还犹豫什么？战场上吕布的弱旅开始向张勋的大军接近。

古时候人都实在，开战前都习惯来场大辩论，大概是先文斗后武斗的意思，离得远了当然搭不上话了，倒没有史载有谁突施冷箭射杀对方的主将，估计双方也都小心着对方，盾牌早就预备好了，箭弩的射速又比不得子弹，安全是有点儿保障的。要是碰到现在的机关枪那就不成了，谁先开火，一阵突突，这仗也就不用打了。

双方的部队接近到不足百步时，张勋开始清了清喉咙，准备抢先开骂。忽然自己的两翼就乱了起来，韩暹、杨奉的部队突然就动了手，刀砍的全是袁军的将领。瞬间十余人已经横尸马下，方乱间，吕布的骑兵开始了冲锋，这仗还打他作甚？

张勋掉头就跑，部队紧随，后面再紧随的就是吕布了。韩暹、杨奉也不甘落后，以后的场面就乏味了，两军开始了无休止的长跑大赛。追上也不容易，韩暹、杨奉的部队还要抢东西呢，过一路抢一路，克一城光一城。别说是政府的财物，就是老百姓也全是家底翻尽，寸草不留，要草干吗？还得喂马呢。

吕布率军与韩暹、杨奉所部杀向寿春，水陆并进，所过郡县无不掠空。等到达钟离时，光抢的东西就带不动了，这仗再打下去就没啥动力了，满载而归吧。临走时也没忘了损袁术一通，吕布留书：

"足下不是常炫耀军势强盛吗？一直要吞这个灭那个，可吓坏我们了！我吕布可不如你骁勇，来到淮南，不过是一时兴起，来闲玩儿一圈罢了，哥们儿却像老鼠似的缩进寿春城，不出头了。你的猛将武士呢？闲养着他们干吗？哥们儿惯于说大话骗天下人，可惜天下还有不受你忽悠的人啊！"

看来只要不跟曹操作战，吕布也能称雄。

那袁术却是个非常之人，吹得了牛，也受得了气，手头上没你硬，嘴官司也不跟你打，只要你走了，啥俺都能受了，你回你的徐州，俺还是当俺的皇帝！此谓：大丈夫能伸能屈也。

吕布为什么不围攻袁术的寿春？一是兵力不足，二是那年代攻个坚城的确不易。比如，袁绍在幽州打公孙瓒，围攻一个小小的易京，一仗打了一年多，硬是进不了那不算太高的城墙。

公孙瓒自鲍丘兵败，困守易京一境，却也坚持得住，这主要得益于两点：一是部队劫掠中外，甚有积蓄；二是打仗没忘了生产，粮食能勉强供应全军消耗。而从兴平二年，幽州大旱，蝗灾肆虐，硬是把袁绍的大军给饿退了，但幽州全境已皆尽降袁，公孙瓒也无力收复了。

不仅如此，由于杀刘虞之后的众叛亲离，他变得不能信任任何人了，包括跟随他征战多年的将领、自己的亲兵卫队，甚至侍候的男仆。只相信谁呢？女人。

他采取了令所有人瞠目结舌的措施：在易京城中又建了座小城，名高京，以铁为门，永不开门，办公的文书一律用绳子给他提上去，城内留了哪些人呢？七岁以上的男性一个不要，全是女的，就他一个是男人。

舒服是舒服了，但这样的日子焉能长久？所幸部队都是跟他多年的老兵，袁绍的口碑在公孙瓒部队里又是出奇的差，大家都能够自觉地守城。袁绍一时也无可奈何，看来不调动大军，消灭公孙瓒也不是件易事。

这直接让曹操受了大益，袁绍无暇南顾，给曹操多争取了近五年的时间。这期间曹操除了整肃内部之外，对邻近的独立势力开始了逐个定点清除工作。

卧榻之侧岂容他人鼾睡

整个朝廷现在已握在曹操手中，但曹操觉得好像比以前并没好多少，似乎更麻烦了，现在一只眼睛要盯住朝中的大臣：人们肚子吃饱了总要找点儿闲事的，端起碗来吃肉，放下碗来骂娘的人多的是；另一只眼睛却不够用的了：西面新收州郡未安，东面宿敌吕布虎视，北边是强大的袁绍，南边是时刻找点儿麻烦的刘表，实际上是四面不安，三面临敌。

尤其是这刘表与袁绍，说他们穿一条裤子有点儿过，却恰如一个人的两条裤腿。北边的袁绍只要一有点儿动静，南边的刘表准有点儿动作，这许都还是一片平原，四面都无易守险地，要想安全唯有保持进攻态势，若等别人的钢刀拍到了城门上，那就恐怕连打的资格也没有了。

但曹操选的就是这个不怕打仗的地方，粮食能持续地供应比什么都重要。所幸袁绍正与公孙瓒缠斗不休，无暇南顾；吕布新夺徐州民心未服，与刘备面和心不和，暂时无力来犯；西面已派钟繇去坐镇长安；现在必须要及时解决南边的隐患。

南边的隐患是谁呢？便是现在依附于刘表的张绣，现驻军三百五十里外的南阳郡治宛城。几次出兵骚扰豫州，打了就退，严重威胁屯田各部，不彻底解决后患无穷。

而曹操心里瞄准的恰是荆州，现在荆州门户已开，出击宛城实是大势所迫，内心所愿。

张绣是张济的侄子。张济自于陕郡联合李傕、郭汜，击败杨奉、韩暹之后，部队军粮已尽，又见那李傕、郭汜也不是什么值得长久合作之人，便率部进入荆州地界，为军求食，但在攻穰城时为流矢所中而死。

这时候被攻打的刘表表现出了实在了不起的一手：当部下兴冲冲地向他报告这个喜讯并表示祝贺时，他正色而言："张济是穷极来求食的，是我这个做主人的失礼没有招待周到，至于双方交兵，本来就不是我这个做州牧的原意，我只接受吊唁不接受祝贺！"

不但如此说，做得也极漂亮，派人去协助办理丧事，送去慰问军粮，一下把张济的西凉余部给感动得投降了。那时正由张济的侄子建忠将军张绣带领着部队，刘表便划给他宛城让他屯驻养军。不战而屈人之兵，看来刘表深得孙子兵法精髓。

之后张绣得到了一个极重要的人物：贾诩。贾诩这个人看人处事像个琉璃猴子，自投奔段煨以后，心里越来越不痛快了，为什么呢？段煨对他过于客气了，成天当贵宾的滋味告诉他：主人有意识与你保持距离，不是什么太好的事情。

适逢张绣闻名来请，贾诩转投了屯据宛城的张绣。张绣果然对贾诩的到来极为重视，因为贾诩与张济是旧交，张绣便以子侄辈自居，不仅态度恭敬，而且言听计从。贾诩这回找到了被真正尊重的感觉，相比之下，那个中央政府的尚书实在算不得什么。

人生在世，能被周围的人们认识到自己的价值，那才叫心满意足。

曹操大军压境，兵临淯水。

张绣反复掂量双方的实力，认为获胜的希望不大，决定缴械投降，也好争取个起义或投诚待遇？贾诩认为不妥：不把曹操打疼，过去之后能被重视？

投降的时机也是有大学问的，兵临城下的被迫起义或投诚，连敌人也会看不起你。可张绣这次没有采纳贾诩的意见，认为还是不欠曹军血债的好，免得将来逢到运动就拉清单，历史的旧账算个没完。

张绣主动向政府靠拢令曹操大为高兴，简直把张绣当成了自己的亲侄子；不是简直，是真把张绣当作亲侄子了，并且把自己当成张济了，都不是外人，合到一块过日子吧！

不是与张绣合到一块，是与张绣的小婶婶——也就是张济的媳妇合到一块去了。

张济是皇帝亲封的骠骑将军，媳妇长得当然错不了，有多美？就是能让曹操见了也有想法的那种程度！

张绣的寡婶儿有没有想法呢？年轻独居，又不能主动再找个男朋友，岂不空叹自身美貌？如没有想法才是不合情理呢。

美女倾国倾城也倾军

那张绣岂是聋子瞎子？俗语说得好：好事不出门，恶事传千里。张绣得知曹操竟然染指自己的亲婶子，不由得又羞又怒，便向贾诩请教如何立报这污婶之仇。

贾诩也得了一个不准确信息和一个准确信息：前者是据说曹操已经知道了张绣不满意让自己代理他叔叔的未竟事业，欲对张绣采取措施；后者是经过调查核实的：曹操十分欣赏张绣的贴身亲兵胡车儿，暗送给了胡车儿不少金银。

曹操意图何在？

不能再犹豫了，先下手为强吧！张绣便依照贾诩的计划，第二天向曹操请示：部队最近逃兵不断，为杜绝兵员继续流失，能否移营到中军附近？曹操毫不迟疑地答应了。第二个请示：部队的辎重挺多，大车载不下，移营时士兵的盔甲能否穿在身上？曹操又毫不犹豫地答应了。

次日移营，张绣的士兵铠甲整齐，全副武装开进了曹营。接近曹操中军时，突然如山洪暴发，刀枪并举杀向了曹操的中军大帐。事出突然，那守卫大帐的典韦及部下亲兵毫无防备，这怎能抵挡？

曹操现在正干吗呢？还是"诗圣"的描绘最形象：

好雨知时节，当春乃发生。

随风潜入夜，润物细无声。

野径云俱黑，江船火独明。

晓看红湿处，花重锦官城。

曹操正如唐人李商隐诗句"紫凤放诞衔楚珮，赤龙狂舞拨湘弦"之时，忽听得外面突起厮杀之声，曹操心知是张绣捉奸来了，只得钻出后帐，上了爱驹"绝影"，正待走时，那良马却中箭倒地。与此同时，曹操右臂也中了一箭，危急时刻，长子曹昂将自己的战马让给了曹操，曹操单骑得脱，儿子曹昂却丧命于乱军之中！

典韦身边的亲兵死士瞬间即真成了死士，典韦力拼，张绣军无人能从帐前而入。怎奈帐后已围进来敌军，猛虎难敌群狼，典韦戟折刀卷，竟提敌军两具尸体做兵器厮杀，最后还是死在乱矛之下。

曹操的侄子安民同时遇难，次子曹丕侥幸乘马逃脱。曹操大军乍逢事变，主帅又不知生死，难以形成有组织的抵抗，均被张绣军杀得七零八落，说全军覆没也不为过。

曹操一直逃到舞阴才停下脚来。得知典韦战死的消息，不禁为之泪流不止，更痛子侄均丧，此时悔恨自己荒唐为时已晚，那张绣追兵即将来到，还是先解此燃眉之急吧。

兵败之时，平时的严明军纪自然抛到九霄云外，尤其是那些青州老兵，竟然趁乱抢劫起自己战友来了。

各部均混乱，只有平虏校尉于禁，带着原泰山兵数百部属且战且退，虽有死伤，却始终不曾离散。张绣军攻势减弱后，于禁进一步整理了队形，然后鸣鼓而还。得知青州军抢劫之事，于禁大怒，行进间，马上围剿青州兵，逃脱的青州士兵当然要找曹操，告于禁已叛乱，正在杀戮自己的战友。

于禁退到舞阴后，并没有马上去见曹操，而是首先安营扎寨。部下建议于禁："青州兵肯定告了您，您应尽快到曹公那里分辩哪！"

于禁回答："追兵还在后面，随时都能追来，如不事先做好准备，到时怎能对敌？曹公明断，哪会轻信别人谗言呢？"

一切安顿完毕，于禁去见曹操，详细汇报了情况。曹操大为赞叹："淯水之难，被我弄得被动异常。将军在混乱之时，能保持队伍齐整，并筑坚垒应付追兵，即使古时名将，谅也不过如此！"

果不出于禁所料，张绣率领骑兵追赶了上来，曹操立即命令于禁等迎击。由于预先有了准备，张绣被击退。曹军乘胜反击，攻占了章陵等地。张绣退守穰城，曹操惨然回到许都。

曹司空的自我批评会

一个军事集团也好，一个国家也好，最忌讳的就是两线作战，俗话说，顾东顾不了西，就是这个意思。

曹操征张绣，就是欲彻底解决这个两线作战的问题，袁术称帝在即，吕布有奶便是娘，到时两人一联合就不是小动静了。自己作为国家的代表，不出兵讨伐是说不过去的，但大军一东出，咫尺之遥的张绣岂会坐视许都空城？

现在初讨张绣失败，曹操倒也不是揽功推过的主帅，诚恳向部下承认错误，只不过曹操也是避重就轻，只检讨表面过失，骨头里的错误还是难以承认的。

"接受张绣投降没错，关键在于没有及时取得张绣的人质，以致弄到这种局面。这就是由于我的失误而造成失败的原因。大家看着，我曹某吃一堑长一智，这样的错不会再犯了！"

曹操的这番话与其说是检讨，还不如说是狡辩，付出了沉重的代价，不仅伤亡了无数将士，失去了长子侄儿，连自己也差点儿丢了性命。

但有人却绝不能原谅曹操，那就是曹操的正室丁夫人。

因为此战而丧命的曹昂自小便由丁夫人抚养（生母刘夫人早逝），没有生育过的丁夫人一直视如己出。曹昂阵亡，丁夫人痛哭之余实在不能原谅曹操：等于为了一个别人的寡妇把自己的儿子杀了。这应该是任何一个做妻子的都受不了的。曹操无奈，只好把她打发回了娘家，以求家庭暂时安定。

丁夫人自此再也没有回到过曹操身边。

不是有"自古英雄爱美人"之说吗？曹操当然也不例外，具体数目无法详尽，但仅知道有名号的就有丁夫人、卞夫人、尹夫人、刘夫人、秦夫人、李姬、孙姬、周姬、刘姬、赵姬、邹氏等十余人，没有留下姓氏名号的当会更多。至于他最喜爱的歌舞伎就无法估计了。

不过现在的曹操还顾不上偎红拥翠，张绣的问题不解决还是不行的。就在曹操盘算着怎样解决这块难啃的骨头时，军报传来，自曹操北返许都后，已经收复的南阳、章陵等县又全部反叛，重归张绣了。

经过了兖州叛乱的曹操对翻来覆去的郡县极为痛恨，正欲亲提大军再征时，却又闻东方陈国来急报：那袁术"御驾"亲临陈国，骗杀了其王刘宠及国相骆俊，现正驻军蕲阳。陈国有失，许都与兖州的联系便被切断，而从黄巾军手里夺来的汝南也将不保。且袁术现已公开称帝，建号"仲氏"，摆明了要与曹操所保的献帝争天下。

张绣这头怎么办？曹操决定亲讨袁术，由曹洪负责率军对付张绣，收复叛乱各城，最担心的两线作战终于避不开了。

可那张绣又岂是好对付的？何况又有贾诩襄助，即算曹操亲征，也未必有把握必胜，遣曹洪前去独当一面，实是无奈之举。

果然，曹洪提军杀到南阳时，那张绣依贾诩之计早已坚壁清野，城门紧闭。曹洪无奈，只得将骑兵后撤，用步卒强攻坚城。谁知步兵攻城刚欲展开，那城内的张绣骑兵却反而杀出城来，步兵遭突袭，只得放弃攻城，结阵固守。等曹洪的骑兵扑上去之后，那张绣的部队却又撤回城内坚守不出，点计步兵伤亡已是不少。

曹洪的骑兵只得压阵掩护步兵攻城，一来二去，早已折腾得人困马乏。曹洪求战心切，却疏忽休息马力，而城内的张绣部却是西凉铁骑的老班底，战斗力极强，对骑兵作战经验尤其丰富，趁曹洪欲收队扎营之时却突然出击了。曹洪的部队士气已呈低落，马力亦疲，怎能抵挡张绣生力军的冲杀？

一败不可收拾，竟被张绣军趁势掩杀，住脚不得，至此曹洪已无力与张绣野战，只好节节败退到叶县。那张绣军却耀武扬威，直逼叶县城下，曹洪无力出战，只得任由张绣军四处劫掠，战局的被动局面一时难以扭转。而曹操征讨袁术的大军所遇到的恰恰相反，那袁术被吕布欺辱得不敢照面，好不容易才算熬走了吕布、韩暹、杨奉等瘟神，袁术一口恶气却要出向陈国，趁曹操战张绣无暇东顾时倒也占了些便宜。现在听说曹操亲临，袁术五内俱慌，本来就是被曹操给打怕了，不早远走高飞还待何时？

要说袁术也浑，你惹不起就别再招惹曹操，既然惹了那就坚决顶一气，就算大丈夫能屈能伸；一走了之也可，那就带全军走呗；他还觉得不打一仗面子上过不去，自己又不敢对阵，便委托了手下大将张勋、桥蕤带李丰、梁纲、乐就等坚守蕲阳，以替自己找回这个场子，自己却先溜之渡淮。

曹操来到蕲阳，深知自己的部队不易久战，尤其担心曹洪那边的战况，但要想迅速攻克一座坚城，却非易事。

巧攻蕲阳斩桥蕤

袁术一走了之，留守的大将张勋、桥蕤实在没有与曹操作战的勇气，不过袁术说得也有几分道理：我现在是一国之君，那曹操是什么身份？交战不对等啊，有失皇帝尊严；张勋、桥蕤觉得身份固然是高了，可怎么咂品这个味道也不对。击败曹操没敢妄想，能否把曹操熬走呢？二人决定：坚决不出战，固守蕲阳城池，等曹军粮尽退兵，这场与曹操身份平等的仗也就算胜了。

这恰敲在了曹军的七寸上，曹操怕的就是这种局面。强攻一座城倒不在于划算不划算，问题是需要多长时间，曹操有那个时间吗？更为担心的还是曹洪那边的战况，一旦有失，许都将直接受到威胁。

第二天试探攻蕲阳城，主要目的在于摸清守军的防守薄弱点，没有达到目的：张勋、桥蕤几乎是在平均分配兵力。曹操心里明白，是没试探出来——对付坚城，曹操的办法不多。傍晚收兵回营，一个更为严重的消息报给了曹操：军中纷纷传言，南阳曹洪已经兵败，现生死未卜。

自古无风不起浪，虽未接曹洪军报，曹操对此传言也确认十有八九，问题在于这不确实的消息是从守城的敌人那边流传过来的，这意味着敌人坚守的意志将会更加坚决。

的确，这消息也同样传到了张勋、桥蕤的耳朵里，而且还不是流言，是自己的探马从荆州的内线那里得到的确实消息，张绣在南阳大胜曹军。

张勋、桥蕤几乎不相信自己会有这么好的运气，曹操这回该走了，这保卫战胜得这么轻松！派人潜出城外，摸清曹操的动向，必要时来个趁势掩杀，痛打落水狗！没想到苍天竟给了他们这么一个扬名天下的好机会。

不多时出城的侦察兵来报：曹营皆是空灯高悬，早已没有人迹，连那值岗的士卒也都是草人穿着衣服。曹操跑了！

那还犹豫什么？当即由桥蕤带领全部骑兵出动追击，张勋率步卒留守城池，二人开始还为谁能出击杀敌发生了争执，谁不想为新朝立新功？最后经过猜枚决定去留，那张勋的运气不如桥蕤，被桥蕤抢得了立功的机会，所幸提前约定好了，不管是谁出击，回来缴获平分，功劳各半，干啥不是工作的需要？分工不同而已。

桥蕤率部点起火把，破夜雾勇追远遁之敌，哪管"山高路远坑深，大军任我驰骋"，不多时追出十里，前面已遥见逃敌引路之火光，桥蕤军令下颁：追上去，缴获一律各自归己，另外每个曹军的脑袋赏黄金一两。

赏虽不重，却也不乏勇夫，众军前呼后应，呐喊壮胆，铁骑无不争先，直扑曹军的后卫，哪里走！留下脑袋来！

眼看那一两两的黄金就要唾手可得，敌人的火把忽然纷乱四散，桥蕤急传令：敌军在四散逃命，追上去，捉住曹操，赏万户侯啊！前面的士兵更加急眼，怎么，到手的金子想溜？

这时候谁甘落后于人？黑夜之中又有谁管什么攻击队形？后面的催前军让开，前军的士兵心里说：哪个傻瓜才让开，你见过赛场上的运动员有让跑道的？一时桥蕤铁骑乱成一片，吵成一片，刀枪一片，火光一片，就是不见敌人一个。

突然，曹军中的火把如同听到口令一般，瞬间全熄，四周立时漆黑一团，那些活动的黄金忽然看不见了，只剩下桥蕤军自己的火把照亮着自己。其实曹军不是好像听到口令，而是真正听到口令，目的很明确：让自己处于暗处，把光明让给敌人。

桥蕤突感不妙，怎么忘了这是跟曹操作战哪，那是个打巧仗、恶仗的祖宗啊！我真是为了立功昏了头了，这样追下去莫非不要自己的头颅了不成？正待下令停止追击，忽听得自己的部队惨呼四起，战马纷纷栽倒，却原来遍地腾起绊马绳索，四周黑影里乱箭几乎同时飞来。

与此同时，后方呐喊突起，不知多少曹军已截住了后路，自己部队的一片火光，竟是为敌人照亮了目标。一片惨呼之中，自己部队的火把渐暗，四周的敌军却突然全部亮起了火把，将一片屠宰场耀得亮如白昼。

呐喊四起，一个声音："早降免死！"大势已去！桥蕤喝止声中，部队却刀枪扔了一片，没有人愿意做无谓的抵抗。不知哪来的一箭，也不知射中了桥蕤身体的什么部位，只看见桥蕤一头撞下马来，瞬间被自己的士兵砍成肉泥，在干什么？抢尸体呀，献给曹军，赏金绝对不止一两！

四更半，一阵暗。蕲阳的张勳听得城外得胜鼓响，城头远望，火把一眼望不到边，早有飞骑前来城下报告：桥蕤将军大胜凯旋，斩获首级无数，缴获辎重无数，现满载也不能归了。

张勳大喜之余，不禁心里酸溜溜的：怎么猜枚时自己没有这么好的运气呀？啥也别说了，天意！开城迎接，去帮着搬运东西去吧。

城门大开，张勳一马当先带军迎出城外，只见桥蕤的鼓乐队前导，大军随后，隐隐约约只看见战士火把高举，却看不见桥蕤得意的面孔。及至走近，张勳突然感觉不对，自己是全军主将，桥蕤再无理也不会稳坐中军让自己去见他吧？

欲待退军回城，却醒悟传令也来不及了，对面鼓乐队已经向两边让开，急速的马蹄声已传入耳中。张勳实是个乖巧之人，立即反应出：回马等于自杀！忙横转马头，狠狠地加了一鞭，斜刺里单骑飞逃。

张勳的部下却是来不及反应，只见"桥蕤"的骑兵蛮不讲理地直冲入城来，迎接的人们避让不及，被马踏无数，有些人至死还以为自己被冤丧于战友马下，大多数士兵当了明白鬼：知道被曹军算计了。

张勋漏网，李丰、梁纲、乐就等皆殒命破城之时，蕲阳城被曹操巧取，曹洪的军报恰好也到了。事情没有流传得那般严重，曹洪军现正与张绣军相持于叶县，张绣本人已率主力退守穰城，以曹洪目前兵力却不便追敌求战。

曹操早闻张绣军师贾诩的名头，知道曹洪非贾诩的对手，即回书嘱咐坚守，等大军回去再雪耻不迟。曹操自己率得胜之师，绕行淮汝，一路浩荡，实乃显示军威，震慑地方，以求长安。

而曹操得意之时，却正是他的宿敌刘备的凄惨之日，刘备现在又处于无家可归的境地了。

古时候的人们对善与恶的分辨就是靠一把"仁"字牌显微镜，对生命的价值的估量就是靠一架"义"字牌天平，当然也有人不遵守这个，却难免要遭到时人的唾弃与后人的鞭挞。

例如：臧洪因袁绍拒绝出兵援救张超，从此断绝了与袁绍的来往，袁绍用大军围了臧洪的阳武城，攻打年余，城中粮尽，臧洪便杀了自己最心爱的小妾供将士们充饥——这也算爱心？——却无法供几千部队吃上一顿，无奈跪求将士们出城自行逃命，但所有将士及城内官吏、士民男女七八千人皆无一人愿活，最后全部相枕而卧，生生饿死。

城破之后，袁绍在审斩臧洪时竟有洪邑人陈容主动求死，原话是："夫仁义岂有常，蹈之则君子，背之则小人。今日宁与臧洪同日而死，不与将军同日而生！"结果二人同时被杀。如果是现代，理所当然要被冠以天字一号的傻瓜，最起码也会被责为"迂腐"。问题是有七千人全部傻瓜、同时"迂腐"的道理吗？

所以，在"孔明择主、陈宫叛曹"等问题上，用"打工仔选老板"追求个人利益最大化的心理去推断古人是不妥的，这是对祖宗的侮辱，是标准的以今天小人之心度古人君子之腹！假如他们真的英灵有知的话，也会被气得魂魄消散。

当然，就像任何地区的人都有良莠不齐一样，任何时代的人们也是善恶共存的，即使同一个人也不例外，极难用好与坏来断言他终其一生的多种行为。比如袁术就是一个从不知仁义为何物的家伙。

但就是这种人也有表现出"仁义"的时候。例如：袁术从蕲阳鼠窜后，势孤兵弱，大将尽折，众亲离叛，再加上天旱岁荒，江淮间人民相食殆尽。这时，袁术交给沛国国相舒仲应十万斛米军粮，舒仲应接到粮食后全部散给了饥民。袁术大怒之下要斩舒仲应，舒仲应说："知道你必然杀我，我宁可以一人之性命，救百姓于涂炭。"感动得袁术立即下马握住舒仲应的手："仲应，足下想自己独享天下重名，为什么不叫上我一起来呢？"——不杀了。

而恃勇击败了袁绍的吕布却是旧习难改，这里说的是他反复无常、不讲信义的旧习。打败了袁术，解除了来自南方的军事威胁，他立时趾高气扬起来，转脸就对被他自己安排在小沛的刘备动手了。因为他听说刘备在小沛挺得民心，部队又恢复到万余人了，袁术的威胁不存在了，也该轮到烹你这条"看门犬"了。

吕布亲率大军杀向小沛，刘备当然要与吕布拼杀一场。无奈还不是吕布的对手，一场接触战便被吕布把刚整训的新兵给打散了，只得带残部退到海西。

恰遇到杨奉、韩暹在海西率部抢掠老百姓，刘备这回来了个另类"仁义"，宴请击败了袁术大军、劳苦功高的二位将军。杨奉、韩暹也是贪吃昏了头，忘记了自己全国通缉犯的身份，在慰问宴会上被刘备砍了脑袋，此举刘备做的是为了百姓的大仁义。

不光如此，这还是为朝廷立了一功，为现掌朝政的曹操除了一害，朝廷——也就是曹操——不是正通缉二人犯吗？现在可以去曹操那里暂栖残部了，虽不能说尽释前嫌，但总不能说是势不两立吧？

此举实在是因为刘备的确无处可去了，依附曹操最起码能对天下人有个冠冕堂皇的说法：我保的是大汉皇朝，依附的是天子献帝，"大丈夫能屈能伸"，此时便是"屈"的时候。

曹操胸怀的确如同海纳百川，像是忘了曾经与刘备在郯城拼过血仗，马上以朝廷的名义封刘备为豫州牧。他不但积极为刘备的部队补充军粮，而且允许他带自己的部队重回小沛，收拾刘备被打散的部卒。当然也是为了让刘备暂时拖住吕布，以便自己对张绣再次用兵。

曹 操

——喋血中原

第三章
挥师荆楚

战前动员会

建安二年（197）十一月，曹操再次率兵南征张绣。值得一提的是，有一个人及时地补充了典韦的重要位置，而且勇猛不亚于典韦，忠诚不亚于典韦，战场谋略、带兵治军却是典韦远不能比拟的。这个人就是曹操在这次巡视淮汝一带时，得到的猛将许褚。

许褚字仲康，曹操的同乡人。据史载身长八尺余，腰大十围，（一围是多长？大概是一拃吧？那也够粗的！需要定作多少腰围的裤子呀！）相貌雄毅，勇力过人。曾拉着一条牛尾倒退过百余步，名震淮汝！

曹操一见许褚，就对其雄毅气概大为赞赏，说："真是我的樊哙啊！"看来曹操任何时候都忘不了把自己比作汉高祖。樊哙是汉高祖刘邦手下之猛将，项羽鸿门宴上想要杀掉刘邦，樊哙当面予以斥责，保护刘邦得以安然脱险，因此名标史册。

曹操又表现了他非同常人的一面，用人不疑，不论新老。当即任命他为都尉，接替典韦做了自己的亲随侍卫。许褚带来了几百人，估计都会些中国功夫，曹操全部任为自己的警卫，并且给他们起了个"超猛"的名字：虎士！

历来好事难成双，就在曹操大军出动南征的时刻，紧急军报到了：那张绣提前联系好了强援（估计又是贾诩的点子），刘表派大将邓济占据了湖阳，如对穰城的张绣用兵，湖阳的邓济必然威胁侧后，看来"临门一脚"又要被迫转向了。

古今中外，大战之前是最紧张的时刻，除了集中物力、分配人力外，有一门必做的功课，那就是政治思想动员工作，这其实就是战前磨刀。

东汉时的曹操当然也懂战前动员这一套：大军行至淯水岸边，让将士整队肃立，曹操亲自把酒，隆重祭奠上次南征时在这里阵亡的将士。酒洒淯水，曹操不由得潸然泪下……部下们看在眼里，感动在心，三军肃穆，复仇之情顿腾于胸。这时候，大家最盼闻到的就是血腥味。

曹操如此，绝不是作秀给大家看，子侄均丧于此，心爱的贴身卫士典韦也魂留宛城，无数将士的鲜血皆是因为自己的失误而轻洒，他内心深深愧疚，他需要宣泄，需要怀念因他而阵亡的将士。用这种方式来加以表达自己的真实情感，当然也能激起将士们的同仇敌忾之情，这就是部队的战前动员，不需要讲什么大道理。曹操在很大程度上达到了自己的目的：部队的求战情绪空前高涨。

尤其是刚投奔曹操的许褚，从周围人的嘴里，他已经知道了自己前任的伟烈事迹。今天亲眼看到曹操如此重感厚意，内心着实热血沸腾，一面暗自庆幸跟对人了，一面决心在自己新主人面前出场头彩，以报曹司空的知遇之恩。

建安二年（197）冬十一月，曹操大军兵临湖阳。初次与荆州军交手，大家心中谁都没数，只听说那驻军湖阳的荆州军主将邓济是名深通兵法的将才，临敌厮杀甚是剽悍。而湖阳城更是地处险要，城高池深，实属易守难攻之地。

最令曹操担心的还不是讨厌的攻城战，而是湖阳城南十里的比水。比水河是淯水的一条支流，河虽不宽，但东流湍急。若邓济出动主力在此阻渡，对曹军来说可是个大麻烦！

历来兵贵神速，但曹操现在却反其道而行之，大军日行不过三十里，摆出了一副步步为营的架势，慢慢地逼向——不是湖阳，而是张绣所据守的穰城。

这是曹操的障眼法，其目的很简单，就是怕邓济于比水设防。实际上在大军明向穰城的同时，真正的主力已经夜行晓宿，暗暗地扑向了湖阳。

大军到了比水，果然并无邓济部队在此设防，曹操提着的心终于落回了胸腔。这邓济看来用兵也属平常，舍天险不用，岂非坐而不会守之辈？当然，曹操对自己明逼穰城暗击湖阳的谋略也甚是得意：这邓济毕竟被自己骗过了！

邓济是真的被曹操的假象忽悠了吗？恰恰相反，其实曹军的一举一动都没逃过邓济的眼睛。毕竟这是在荆州的地盘上打仗，荆州军的探子几乎无处不在，如此规模的大军行动，焉能瞒得住化装成百姓的探子之耳目？

邓济是故意放曹军渡过比水的，在邓济看来，那比水与湖阳之间的十里地势，恰是给曹军预设的陷阱。邓济不想被动地处于防守地位，是欲击溃甚至全歼曹操大军！

"虎痴"来历

湖阳城中的邓济是第一次与曹军交手，对连偏师张绣都能轻易连胜之两阵的曹军，他没怎么放在心上：兵来将挡，水来土掩吗，谁是被吓大的？曹军搭浮桥渡越城北比水时他没有出兵阻渡，而是故意放曹军来到了湖阳城下。

其实邓济是个战场经验丰富的将领，在他看来，这是将曹军逼上了背水结阵的不利战场态势：前有坚城，后有深河，一旦兵败，便是全军覆没的结局，不知那据说深通兵法的曹操这次为何如此大意？

对攻打湖阳，已经顺利渡过比水的曹操也没多费什么心思，至于败了将会如何，他压根就没想过这茬儿，他相信自己部队的战斗力，首战必胜！继而围城，强行突破，打出军威！他不但要攻下湖阳，还欲借此一战而立威，把刘表荆州军的胆气打掉，来保持长时期的边境安宁，那张绣自然就在劫难逃了。

曹军逼近城池结阵，邓济按常规出城迎敌，一切都符合兵法的要求，出城前邓济暗自交代：骑兵在城内做好出击准备，等将军战阵占优，即迅速出动，撕碎曹军的阵形。下一步当然就是追歼残兵，打扫战场了，那些战术动作就是不用交代，战士们也会主动去做的。

还是依照老规矩，先要来番舌战吧？邓济早已打好了谴责曹操不顾黎民死活，擅自挑起兵祸，无故犯我荆州的腹稿。正默念间，对方阵内突然冲出一支百余人的小部队，如一团旋风一般向自己卷来。

那正是许褚及他所带的一帮"虎士"。

眼见邓济出城迎战，许褚率先向曹操请示上阵，曹操也想目睹一下许褚的战场实力，便点头允许。许褚出击的同时，曹操暗传将令：做好全军行动的准备，一旦许褚战况有什么不利，立即出动救他们回阵。

邓济准备的长篇大论看来用不上了，许褚及他的百余人根本没有缓减马速的意思。等邓济明白要先厮杀了再说的时候，许褚已经扑到了邓济马前，雪亮的大砍刀已经抡起来了，只能先招架再说了。邓济催马前冲，但马速却不是立即便能提起来的，力气头上吃点儿亏是肯定了。

两马交错之时，许褚的大刀已劈上了头顶，邓济忙运力用长矛挑向许褚大刀的后部，那里是不着力之处，最易化开对手借马速加刀速形成的巨力。

双方兵器即将相交之时，突然像变戏法一样，许褚的大刀竟然后退了半尺，邓济暗呼不好！这是个厮杀高手！手头已来不及反应，只听得"咔嚓"一声巨响，邓济的长矛已被劈为两段，邓济大骇！

脑子里根本没有来得及做任何反应，二人战马已经并骑，更可怕的事情出现了，敌将竟于瞬间伸出一只巨掌，抓住了自己腰间铁甲的腰带，邓济大脑一片空白！

说时迟，那时快，一眨眼邓济已经被许褚单手擒过了他自己的战马，并且高高地举起，邓济周围的兵将呆了！这还不算，那许褚竟然举着邓济直冲湖阳守军的战阵，像有默契似的，许褚的"虎士"们刀枪并用，掩护住了许褚的两侧。更骇人的事来了，那许褚竟是冲城门而去，这下连城上的兵将也傻了！

放箭、掷石、砸滚木？都不妥，伤着的无疑先是自己的主帅邓济，从来没有人告诉过遇到这种情况该怎么办，谁能当机立断？紧急扯吊桥、关城门也不行，不要出城作战的将士了？那主帅总不能丢给敌人哪？

百余"虎士"瞬间冲入敌阵，如同沸油里突浇了一瓢凉水，遍锅开了花，荆州军大乱，转眼间百余骑已冲过乱阵，战马已踏上了城外护城壕上的吊桥，谁见过这阵势？守护城门的士兵转头就逃，许褚和他的"虎士"们竟然进城了！

一刹那，城外城里一起乱了，这是真正的炸营了，湖阳内外，俱地覆天翻；百名壮士，若虎进羊群。遇人直如砍瓜切菜，逢房便做放火煞神；骤燃的大火烧散了敌人的魂魄，人血的飞溅更引起了战士的兴奋！湖阳完了！湖阳就这样简单地完了。

城外的曹操开始也没明白过来发生了什么，直到许褚和他的"虎士"们扑进了城，曹操还好像是赛场上的观众，没反应过来该颁发什么军令？顿时醒悟：这仗快结束了！连大喜都忘了，鞭梢挥动，全军才像大梦初醒一般，扑向了湖阳城。

一战下来，生擒邓济，仅许褚和他的"虎士"们便斩首万余。一战下来，许褚令全军仰视，举国皆知；"虎士"之威名扬遍四方，许褚本人也落得了一个绰号，被人们敬畏地称为"虎痴"！

湖阳已克，曹操又趁胜横扫舞阴，现在该轮到穰城的张绣了！

啃不动的骨头

连下两城，固然可喜，但曹操心里明白：这都不是此番用兵的真正目的，只不过解除了侧后威胁，曹操的目标只有一个，那就是穰城的张绣。

时已腊月岁尽，如不尽快攻下穰城，大军将被迫在战地越冬。北方的严冬可不是好玩的，不用说士卒苦堪，就是那战马的喂养就是个大问题，旷野无草，树叶落尽，只要作战无缴获，即使胜了，部队也必垮无疑。

解决问题的办法只有一个，那就是以迅雷不及掩耳之势，奇袭穰城。现在大军已拖在湖阳、武阴时间不短了，时间越拖下去，对曹军越不利，这仗是敌人熬得起，自己熬不起，只能兼程赶往穰城，力争打张绣个猝不及防。

湖阳距穰城不足二百里，轻骑一日可达，大军辎重也不会超过五日。曹操临行却犹豫了：大军出动容易退却难，一旦攻城不顺，又不能采用长期围困的战法，那就只有被迫退军，那张绣也不是个普通市民动迁户，你想怎么欺负就怎么欺负。

随即传令：部队主力虚张声势，集结推近，步步为营，日行莫过十里。自己却带五千精骑，连夜直捣穰城，许褚、曹洪、李典、乐进等俱都随自己参加奔袭。

夜半寒风起，天高水月明。铁甲增凉意，轻骑恰似风。

东方欲晓之时，穰城已在眼前，遥望朦胧穰城，曹操心中大疑：

城头怎么不见一盏巡城灯火？别说劲敌不远，就是平素安宁的日子，也不应如此大意？这哪里像号称鬼才的贾诩之用兵？

既来之，则战之，总要向城门突击一下。

曹操传令李典、乐进带一千骑准备突击城门，不过现在还要稍等，等什么？等那穰城开城的时刻。才想下令部队隐蔽，四下一看，地势平坦，哪能藏身？地形倒适应骑兵厮杀，不过曹操这次来却没打算厮杀，五千兵只能用来偷袭，战阵厮杀，分量远远不够。

再等天就大亮了，那时一切都会失去意义，还是小心接近吧。曹军现在离城门不足五百步，城上还是了无声寂；二百步了，还是像座空城；快要接近百步了，曹操突然醒悟：不好，张绣有备！

急传令退军，几乎同时，城上鼓锣齐响，箭石如飞而下！饶是曹军小心，却还是无法避免伤亡，前面的士兵纷纷落马，没得到将令的士兵却不能止步，依旧放马猛扑城门，眼见死伤狼藉。

待李典、乐进收残部退回大队时，千余骑已折损大半，现在该曹操决定怎么办了。

攻城已无可能，现在最危险的就是敌军趁势杀出，自己这点兵力，是没有厮杀资格的，仓皇退军，其损必大。要知道，张绣的看家部队就是那些以前张济留下的西凉铁骑，自己骑兵逃跑的速度未必快于人家追击的速度。

曹操稍一思索，立即传令：人马散开，兵分四路，包围穰城！丝毫不能犹豫，曹操知道，对面的城头上，兴许就是张绣在盯着自己的举动，此时一步走错，将会导致灭顶之灾！

将领们疑惑地开始执行曹操的军令。曹操的第二道命令又传到了：多插旌旗，把战士们分为小队，来往驰骋起来；将军们有些明白了：这是救全军唯一的办法！第三道命令又颁发了：各营分一半军士伐木扎营，其余部队继续处于运动中。

这下不光是曹操的将领们又迷惑了，真正迷惑不解的是城头的张绣与贾诩，二人已经做好了出城突击曹军的准备，不过是要等再给予攻城的曹军大量杀伤之后。现在发现没有达到预期的效果，敌军估计损失不足千人，是否继续执行原订的作战方案呢？

曹军分兵围城时贾诩观察似乎敌军的兵力不算多，那他的主力现在哪儿呢？莫不是就这点人马？虚张声势？现在发现曹军正在伐树扎营，这摆的是围城的阵势啊，贾诩思索间，张绣建议：今夜出城，烧掉他新扎的营寨！贾诩不置可否，现在最需要明了敌军的真实意图，知己不知彼，总难下决断。

张绣毕竟是穰城主帅，在城外曹军伐木扎帐干得热火朝天的时候，张绣待命出击的部队接到了军令：饱食休息，晚上行动！

月黑杀人夜，风高放火天！

现在是月虽朦胧，杀人正瞧见，风不算大，放火也冲天。张绣军于三更时分打开了城门，铁骑直扑曹军新寨，没遇到抵抗，杀到寨前，破了寨门，哪有什么曹军？四城俱是空营，曹军早已远走高飞！

听军回报，贾诩暗叹：曹操活用兵法，看来今后天下无人能阻其称雄。

曹操安全地率部与大队会合，虽然湖阳胜得漂亮，穰城败得精彩，但这次实质的战争目的却落了空。继续进军围攻穰城已不现实，大军所携粮草未必能坚持到城破，一旦退路被刘表派兵切断，后果不堪设想，还是班师回朝吧，就这样，曹操于第二年即建安三年（198）正月回到了许都。

现在有关征伐的战况是不需要向皇帝汇报的，包括最近的这两次出兵，曹操都免除了向皇帝奏请的官样程序。不仅如此，连例行的出征前向皇帝辞行的仪式也省略了，这都是董承那帮吃饱了没事干的朝臣们逼成这样的。

汉时有个旧制古礼：凡三公带兵出征，向天子辞行必须由皇宫禁卫两人，各持戟一把，交叉在领军大将的脖子上，又押在皇帝面前，以示天子威严，也顺便提醒带兵的三公：你永远是一名打工仔，是替我天子去干活的。

这臭规矩不知道都废除了多少代了，现在大臣们想让皇帝体会一下做皇帝的快活与尊严，把这套扔了十八辈子的老礼又翻腾出来了。

曹操第一次出征张绣时就开始了这套能使皇帝高兴的程序，可是曹操能高兴吗？你有尊严啦？我的尊严呢？经实验，曹操的感觉特不好，索性再也不去见皇帝了，这个似乎是专为曹操一个人恢复的老礼也就没有用武之地了。

而且这类事还引起了曹操的警惕：有人在吃饱了找事干哪，目标还是对着我曹操来的！于是曹操便把他构思的"校事"机构尽快落实到位了，从以后这个机构运作的效果来看，还真的很有必要。

北方袁绍又开始了对龟缩在易京的公孙瓒的最后一次围攻；东方的吕布名义上也开始近曹抗袁；西方自派遣钟繇镇守长安之后，韩遂、马腾"各遣子入侍"表示服从朝廷。三个方向都暂时出现了安静，但曹操知道，说不定哪天就会突然闹腾起来，这是一段难得的时间，必须尽快解决近在肘腋的张绣问题，自古道：机不可失，时不再来！

建安三年（198）三月，曹操开始准备第三次讨伐张绣的战争。这时候，有人站出来反对了，这个人竟是曹操手下的谋士荀攸。

难死裁判的散打比赛

荀攸，字公达，是荀彧远支同宗族人的儿子，十三岁时就因为指出过一件谋杀案的疑点而闻名乡里。后来何进征海内名士时，荀攸就是二十余人中的一名，被拜为黄门侍郎。在朝廷素有智名。

荀攸在董卓伏诛后看见天下大乱已不可避免，便主动申请去地方工作，被朝廷任命为蜀郡太守，结果因为道路原因被滞留在了荆州。曹操听得贤名，把荀攸征调为汝南太守，并选入朝中为尚书。

几次接触谈话，曹操大为佩服，对荀彧、钟繇等人说："公达，非常人也，吾得与之计事，天下当何忧哉！"（《三国志·魏书·荀攸传》）当即聘荀攸为军师。

对三征张绣，荀攸提出了自己的看法："张绣、刘表，俱为强豪，然张绣以客军求食荆州，刘表岂能久供军需？合作焉能长久？不如缓用军威而待，亦可利诱收伏；若急攻之，刘表势必相救，于我军不利！"

荀攸发现张绣与刘表联合之后必然势大难图，所以劝阻曹操不要急于用兵，但因初次参政，没有引起曹操的重视，征伐大军还是出动了。

实际上贾诩更知道曹操不会善罢，早就做好了对付曹操的准备，壁垒坚城以外还有战略上的举措：那就是联结刘表，互为唇齿。为与刘表结成军事同盟，贾诩亲自为使去了襄阳，回来后他对张绣说："如果是太平时，刘表倒是一个做三公的人才。但他不善审势，多疑少断，难说能有大的作为。"

曹操大军围了穰城，防守方还是以不变应万变，坚壁清野，固守高城，不与你野战比战力，专在城头拼消耗。城头攻防战永远是守方占地利，任你兵再多，实际临敌接战的还只能是少数的人，无非是你的战力能持久些。但另一方面，人多的一方必然消耗也大，胜负的关键点在于比拼双方的后勤供应能力。

这一点守方的不利因素是无法得到持续补充，有利因素是以逸待劳，储备足就能立于不败之地；攻方的有利因素就是能持续得到补充，但要命的弱点也在这里，一旦被切断后勤供应线，则必败无疑。

怕啥来啥，曹军围穰城两月却无法破城，而刘表接到张绣的告急，做出了派兵北上援救张绣的决定，已出兵准备切断曹军的粮道——曹军的后勤供应线可断不得。

老话常说，福无双至，祸不单行。临到了曹操头上也不例外，曹操又接到了许都荀彧的告急：有反叛过来的袁绍的部属，告密说："袁绍的谋士田丰劝袁绍趁机袭击许都，抢走皇帝，认为这样也就可以挟天子以令诸侯了。"

这下曹操不能等闲视之了，不想走也得走了，便下令解围撤军回许都。可是想走人家反而不让走了，张绣当然出城尾击，曹军只能摆开阵势，步步为营，缓慢后撤，每天挪行几里路，简直比爬都慢。

而这时刘表派来的援军却没那么多累赘，已经在穰城东北曹操回军的必经之地安众，部署好了据险防守，曹操的退路被切断了。现在被置于腹背受敌的境地，而张绣军得知援军赶到的消息，士气大振，曹军越来越处于不利的战场态势。

现在曹操明白到了荀攸劝告的正确性，他对荀攸说："我悔不听你的劝告，以致弄成这种局面啊！"但现在成了明白人还有什么用呢？

曹操自从戎以来，历经恶仗无数，胜滋味品过，败苦酸也尝过，但像这种前临强敌据险卡头，后又甩不掉追兵扯腿的险恶局势还是第一次。大军粮草供应已断，莫非要丧师丢命于此地吗？

将领们心中惶恐，士兵就更不用说了，军心思归，人无战意，粮草日尽，待毙有时！

一狂旋涡谁能阻？两岸萧瑟鼓水簇。

潇洒寻常何处见，渔翁浪里钓江鲈。

荀彧在许都接到曹操来信："贼来追吾，虽日行数里，吾策之，到安众，破绣必矣！"

曹操不是去信安慰荀彧，是经深思熟虑而有了破敌妙策。大军退到安众，果然无法冲破刘表军的凭险阻击。曹操戒备后方张绣骚扰的同时，派军对无法突破的刘表部日夜攻击，却不管收效如何，伤亡多少，这正是刘表、张绣两军所希望的。

忽然一天，攻击停止，张绣军的骚扰竟然成了长驱直入，没遇到任何抵抗的迹象，试探攻进曹军的大营，却不见有曹军的一兵一卒，莫非曹军能上天入地不成？

那时候飞机还没来得及造出来，上不得天，但确实是入地了：曹操在佯攻安众的同时，连夜在险要处开凿地下通道，将部队及辎重全部运送过了险要。刘表、张绣两军全都扑了空。

曹操逃跑了，张绣当然要全军来追，贾诩认为不妥："不要去追赶，去一定会吃败仗的。"

张绣不愿错过这个战机，还是发兵去追了。急赶之中，进入了曹操预设的埋伏圈，原以为轻松的追击战变成了自己的突围战，落了个损兵折将，仓皇逃回。

张绣败回大营，正要对贾诩说些道歉的面子话，贾诩却对他说："赶快再追上去，此去必胜！"

张绣晕了："刚才我不听您的，以致吃了败仗，怎么能还要去追？"

时间不等人，战机稍瞬即过，贾诩来不及详细解释："战场上的事情变幻无常，快去，只要追上了总会有好处。"

张绣平常就十分信任贾诩，现在心里说，你说黑了咱就闭眼吧。立即率残部再次追了上去。

打了胜仗的曹军做梦也没想到，那张绣还敢追上来，猝不及防，部队大乱。再说曹操及主要大将已轻骑赶回了许都，一时人无战心，将难控兵，只得丢弃辎重，落荒而逃。张绣没费多大的力气，便取得了大胜，缴获甚丰。

彻底服气了！但也要明白一回呀！总不能输得糊里糊涂，赢得也糊里糊涂吧？

放下主帅的架子，虚心请教贾诩吧："我先以精兵追击败军，您说肯定会败；后用败兵追击得胜之兵，而您说定胜。结果都和您说的完全一样，请先生教我。"

贾诩也没有必要故作高深："这是明摆着的事，将军虽然善战，恕我说句实话，毕竟也不是曹操的对手。曹军撤退，曹操必然亲自断后，周密部署精锐部队等着将军；我们的追兵虽勇，也必不如对方，所以知道前往追击难免失利；曹操这次作战并无失误之处，突然退兵，肯定是后方发生了我们不知道的事情，所以在击败将军后必定会轻骑先赶回许都，即使留有勇将断后，却未必是将军的对手。之所以先败后胜，就是这些因素决定的。"

曹操赶回了许都，北方的袁绍倒是没玩儿真格的，但东方的吕布却又玩儿得出格了！

无名小辈更不好惹

东汉的建安三年（198），徐州的吕布经过深思熟虑，毅然决定重新投靠快完蛋的仲氏皇朝，向被打成丧家犬的袁术称臣，向势力膨胀的曹操集团开战，这吕布莫非神经出了毛病？

非也，吕布的主要谋士陈宫是与曹操势不两立的，他的思维也不可避免地影响着吕布，曹操现在被张绣纠缠住腾不出手来吕布也是清楚的，但一旦腾出手来呢？自己这个"左将军"还能继续做下去吗？曹操将来对吕布的态度是明朗的：吕布的徐州牧一直没被承认，反而扶植被打趴的刘备重占了小沛，其用意不言而喻。

等着曹操拾掇完张绣以后再无后顾之忧地来拾掇自己？吕布当然不干，还是我先动手吧，先拿已经投靠了曹操的刘备开刀！据报，这家伙在小沛甚得军心民意，时间长了必成劲敌。不过现在吕布还没把刘备放在眼里，自己手下的一名将领拾掇这个大耳朵就足够了，所以才派出了高顺率军进攻小沛。

没出吕布的预料，刘备和他的亲信关羽、张飞加起来也不是高顺的对手，一战便被打得刘备缩在小沛不敢露头，只好向曹操告急，曹操焉能坐视？遣大将夏侯惇率兵增援刘备，那夏侯将军对高顺却不放在眼里，接军令后有了杀鸡用上了牛刀的感觉。

夏侯惇驱大军杀向小沛，在他想来：咱夏侯将军一到，高顺小辈还不得鼠窜？部队离小沛已经不远，夏侯惇觉得该派出探骑去侦察一下高顺逃跑的方向，以便自己抄近路截击，真一仗不打，没任何缴获回去，夏侯惇还确实有点不甘心。

探骑马上回来了，报告说前面五里有高顺军的步兵阻击防线。夏侯惇大喜之余又有点感叹高顺的不自量力，没说的，打吧！昔日在濮阳，吕布就曾败在我夏侯将军手下，又何况你高顺一个区区部将？

果然不出夏侯将军所料，那所谓步兵防线竟如同纸糊的，夏侯惇的前锋一个突击便撕开了一道口子，大军跟进，才发觉不是什么步兵防线，全是些轻骑兵，放了一阵弓弩便上马四散逃去，弄得连一个俘虏都没抓到，更谈不上缴获了。夏侯惇实在不爽，没办法，谁叫敌人的腿快呢？人家一开始就做好了逃跑的准备，不与你拼命，你能怎么办？

大军继续前进，夏侯惇一马当先，决定天黑前进入小沛。前面是一溜高坡，战马跑不起来，夏侯惇干脆让步兵前顶。一名战场经验丰富的将领知道在何种地形使用什么兵种打头阵，一旦有敌人的阻击呢？

夏侯惇的本能救了自己，千余步兵在接近高坡顶部时遭到了伏击。无数檑木顺坡滚下，士兵们避无可避，战场一片狼藉，血肉难分，没有一个哭疼叫喊的，前锋竟全军覆没，无一人幸存！

要是夏侯惇一马当先？那这仗就提前结束了！现在大家该明白为什么长官总是让士兵打头阵了吧？聪明的当官的总是缩在后面大喊："弟兄们，给我上！"

夏侯惇可不是怕死的将军，见战不利，怒火中烧，立即组织骑兵冲锋。可遭遇的与步兵前锋一样，无非又是一阵滚木乱石，战马受地势所限，冲不起速度来，与步兵没什么区别，依旧是死伤惨重，毫无战果。

这仗不能这样打下去了，这是明摆着把士兵往鬼门关里送，大家都露出了怯意。这时候谁接到将令那就等于告诉你："去死吧！"

夏侯惇也不是蛮干的带兵将领，他决定兵分三路，左右两军分别远距离迂回，绕过前面不利于己的地势，抄了敌军的后路。谅一个小小的高顺，怎能阻挡夏侯将军的去路？

刘备的老婆又丢了

不管是古代战争还是现代战争，战场的事前侦察，战时的随机应变，都是取胜的关键因素。

夏侯惇太轻敌大意了，根本没预料可能的战场会在哪里，所以乍逢战斗，立显被动，实是必然结果。尤其是临场应变，不能客观地分析敌军的战局预期，而是主观臆断，一切军令的颁发都是"想当然尔"，更大的不幸也就自然地等着他了。

夏侯惇军三分之二的部队已经走远，忽听得高坡上鼓角齐鸣，大批的敌军骑兵趁地势冲了下来。夏侯惇现在明白了，那高顺不是那么容易对付的，敌人等的就是自己分散兵力的时候。现在自己已处于劣势，一场恶战是躲不过去了。

现在的夏侯惇脑海里还没有出现"失败"这两个字眼，不过为了避开敌军的速度优势，理应把部队后退几里，用弓弩止住敌军的势头，然后厮杀就是了。于是，他传令：弓弩兵集中于阵前，掩护主力后移。

这临场急变的命令无疑是正确的，但不幸也在高顺的预计中。冲下来的高顺军骑兵并没有直接扑向撤退中的曹军，而是驰向两翼，眼见得欲包围夏侯惇的部队，后面跟上来的步骑混合部队盾牌高竖，缓缓逼近过来。

夏侯惇开始感到不妙了，只得再传军令：全军停止后移，骑兵集中到前面来，力争冲垮前面的敌军。现在，胜是不敢奢望了，只求能解除前面的威胁，全师——不，剩下的将士能脱离与敌的接触就算万幸了。

全军开始行动了，前扑的惯性刚形成，后方突然大乱。原来是刚才四散的敌军轻骑早已集结到了自己的后方，现在扑过来了，后面的步兵既无弓弩掩护，又无骑兵反击，怎能抵挡敌人轻骑的猎杀?

而前方的敌方步骑还是老套路,分兵围向曹军,闪开的前方却是那几次都攻不上的高坡,这是明摆着要置夏侯惇军于绝地攻坚。夏侯惇有那么傻吗?但再分兵两面驱赶敌军夏侯惇也不敢了,眼见得夏侯惇三面被围,一面绝地,大败已成定局!

幸而夏侯惇所部都是跟随多年的百战精兵,士气虽然低落,却仍能苦撑。夏侯惇知道自己左右去迂回的部队指望不得,无自己的军令绝不会自行赶回救助,只得集中所有精锐重新向来路冲杀——现在应该是夺路而逃了。

总算冲出了敌军包围,部队也没有溃散,但战损已十有七八,高顺却不依不饶地跟着追杀。夏侯惇实在是无力还击了,只得往许都方向且战且退,途中闻报:左右迂回的两军,稍迟也分别遭到了高顺副将张辽的打击,先后溃退,救援刘备的行动彻底失败了。

小沛的刘备呢?曹军来救,当然要尽力配合,出城接应是理所当然的事。刘备尽起所有主力,亲自带关、张出城接应,未接触战场,消息已经传来:夏侯惇军已被高顺大败,再赶去参战无疑等于前去送死。刘备紧急回军,还是困守孤城吧。

谁知刚下回军令,小沛的留守败军已经到了。那高顺趁城内空虚,突袭小沛,刘豫州的妻儿俱成为高顺的战利品,已经被送往吕布处邀功去了。刘备大恸,这是第二次失去家小,上次蒙吕布宽大,妻儿完璧送回,这次还能归刘否?

刘备还说过一句令历代女同胞痛恨的话:"兄弟如手足,妻子如衣服。"所以,心虽痛却并未伤,大势所迫,只得何以家为了,率残部退向梁国方向。

曹操闻听军报大怒！孤不亲临，鼠辈也敢披张猫皮，待我亲征！但几乎所有将领都表示反对，理由还挺充足："襄阳刘表、穰城张绣，就在我们背后，如果大军远征吕布，我们的后方怎么办？"

这时候荀攸说话了："不会出现这样的情形。刘表、张绣刚遭我军打击，一时不会有所举动。但吕布骁勇为天下所公认，现在又投靠了伪皇帝袁术。如果让他在淮河、泗水之间纵横无忌，必定有其他人起兵跟他呼应。那时麻烦就大了。现在正应该乘他刚刚叛离朝廷，人心未安之时，我们大军压境，必然可胜！"

曹操深以为然。建安三年（198）九月末，曹操举兵东出，杀向了徐州。

吕布是个"妻管严"

还是老习惯，开仗前制订作战方案时的吵一架是免不了的。对于如何迎击曹操亲率的大军，吕布与陈宫有着不同的看法。

陈宫认为，应该集中主力于彭城以东，大军以逸待劳，趁曹军远来疲惫之时，给予迎头痛击，这样也避免了将战火烧到徐州腹地，糜烂地方。

吕布认为，应该放曹军渡过泗水，这样无疑拉长了曹军后勤供应线的距离，曹军的难度增加了，自己的部队切断曹军后勤供应线相对而言肯定容易了，而一旦曹军粮草供应不上，必将大败。那么，曹军所渡过的泗水便反而成了曹军的坟墓，这是能够全歼曹军的唯一方案。

应该说，陈宫的方案有其稳妥之处；但吕布的方案则更具有诱惑力，而且也不难实施，只要吕布亲自出马截断曹军粮道，大胜可期。

还是老规矩，谁的官大听谁的。

曹操的征东大军与刘备的残部在梁国会合了，刘备的兵虽不多，但却大部是徐州当地人，地理透熟，所以曹操将刘备留在身边赞襄军务，而勇将关羽、张飞却不免要成为曹操的先行官了。真是造化弄人，早知今日，又何必郯城的当初？

有刘备的地方部队进行引导，曹军顺利地包围了彭城。彭城守将没有据城死守。这里面与刘备的仁义名声有关，关羽、张飞的勇武传说也起了相当大的作用。可是，大家却都疏忽了曹军的残暴，以及曹操对徐州军民的积年深恨！

尤其是包括刘备都没想到的一点，曹操的那条有关屠城的军令并未废除，还在适用于徐州的郡城：但凡被围之城，降也必屠！

曹军依惯例与几年前的军令进行了鸡犬不留的屠城，谁劝都没有用的。是曹操本人要出这最后一口恶气，也好向世人证明：我曹操是个大孝之人，并没有轻易忘记杀父血仇。

曹操没想到，此举措伏下了一个大大的隐患：这是刘备目睹的屠杀百姓，刘备从此信念逾坚，此生誓与曹贼势不两立！当然，现在还不是时机，还要借曹操之手除去大敌吕布，勉在虎穴暂栖身吧。

屠过彭城之后，曹操的大军向吕布据守的州治下邳扑来。现在该吕布采取行动了，陈宫催促吕布尽快出动截断曹军的粮道，吕布虽决定了亲率骑兵出击，但还需要向一个人请示一下才能走得出门，谁呢？他的夫人。

平素吕布有个花心的毛病，而且他喜欢的还都是自己下属的妻妾们，甚至包括上级的。例如当年董卓的婢妾，就免不了被夫人抓住把柄。所以，吕布养成了个重大问题先请示"领导"的好习惯。

夫人发话了："不行！你出去断曹公粮道？陈宫与高顺向来不和，将军一出，陈宫、高顺能同心守城？一旦有失，将军还有家吗？千万别被陈宫等人给忽悠了。当年在长安你已经丢了我一次了，幸亏庞舒把俺藏起来，今天还想再丢老婆呀？"

完了，再好的作战计划也跟不上变化，吕布琢磨着"领导"说的也有道理，所以自行愁闷不能决断。

问题是曹操的大军可不照顾吕布老婆的情绪，就在吕布犹豫不决之间，大军已杀到了下邳。

兵临城下，应急的作战方案应该出台了吧？陈宫建议："曹军远来，所携带粮草必然有限，其势难以长久。若由将军带步骑出城屯扎，张势于外线，陈宫本人率剩余的将士闭城死守，曹军如攻将军，陈宫即引兵而攻其背后；曹军若来攻城，将军则在外线救援。不出半月，曹军粮食必然耗尽，到时一定会大破曹军！"吕布觉得大有道理。

有道理也没用处，经请示夫人，还是不同意，这次回驳得更绝，目标直指出此方案的陈宫："能信那陈宫的？当初曹操待他如同亲儿子，他反而背叛了曹操；现在将军你待他能超过曹操吗？而且要把城池、妻子都托付给他，你孤军远出，若一旦有变，俺还能是你的老婆吗？"

吕布又放弃出城呼应作战的方案。

那就只有硬打了。吕布只有率军出城，与曹军拼个你死我活了！不知道现在夫人怎么放心让吕布上战场啦？难道是对吕布的战场武力绝对信任的缘故？自古道：将军难免阵上亡，谁敢保险厮杀中不挨上一刀、中上一箭？那时夫人会成为谁的老婆？

依笔者看，说这吕布娶了个曹营的女间谍也不为过，有点儿实施三十六计中"美人计"的味道，目的是索取吕布的性命。运筹帷幄的是巾帼不假，对曹军来说应该是英雄，为曹操建了奇功，却不知曹操将如何报答？

曹操可不是刘备，也不是夏侯惇，在兖州时就曾经以弱旅杀得吕布落荒徐州，现在明显兵力要强于吕布数倍，怎会给吕布一丝取胜的战机？大军密集结阵，稳步推进，只要吕布的骑兵一进入箭弩射程，便如飞蝗一般伺候，吕布几次冲阵，都落了个损兵折将，大败远遁。最近的战斗竟然发现有迂回截断吕布归路的迹象，吕布终于感到恐怖了，只有退军城内，再也不敢出战。

至此，吕布全军被围困在了下邳城，曹军阵如铁桶，吕布突围无望；但曹军若想攻进下邳城内却也毫无良策，现在又到了双方对决粮草供应能力的时刻。

曹操、吕布踢成了"一比一"

如同当年濮阳包围战一样，现在曹操与吕布在下邳又顶上了牛，那一次曹操出动大军二十余万，无后顾之忧，一口气围城百余天。最后却被漫山遍野的蝗虫给打败了，受困于军粮不济，被迫撤围退军。

这一次，粮草是否能供应得上呢？尤其是曹操心里还挂着兵力虚弱的许都老家，北有袁绍虎视，南有张绣强敌。据校事密报：有些朝臣近来不大安分，好像要搞点小动作，在徐州也要拖上一百多天吗？问题在于：现在谁能有把握百天后下邳能破？

同曹操一样，城内的吕布也在盘算着解围的办法，在濮阳那次有"蝗军"给解了围，现在天已十一月份的初冬，哪里还有漫天的蝗虫？死守不是办法，固然曹军的粮食有吃完的时候，但城内的军粮也不是能吃一辈子呀！人逢危难念朋友，现在唯一的希望就是：有外部救兵能来打破重围。

吕布现在唯有指望刚重新投靠的袁术了，去告急也得送人出去呀，没奈何，再拼他一阵吧！送部下许汜、王楷出城搬兵。

吕布抖擞精神，点起千余铁骑，胯下赤兔一马当先，手中方天画戟开路，杀出了城去！谁知曹军的兵将一见吕布出城，就像遇到了商场促销送现金，一窝蜂地黏了上来，层层叠叠，杀不胜杀。吕布只好转身杀回城内，好不容易命没丢在城外，手下出城的铁骑却一半没能回来。

怎么办？好在吕布机敏，趁月黑风高，深夜把许汜、王楷缒下城去，竟然成功潜出了曹军防线。

两人找到了袁术，这下可轮着袁术说风凉话了："布不与我女，理自当败，何为复来相闻邪？"（《后汉书·袁术传》）

许汜、王楷现在是有求于人，不得不忍气吞声，与袁术讲明国际形势："明上（袁术做皇帝后的尊称）今天不救吕将军，是自取败亡啊。吕将军破灭之后，下一个不就轮到了明上您自己吗？"

袁术斟酌之下，觉得还是不能与这不懂事的吕布一般见识，大局为重，决定出兵声援！注意：是声援，不是真打。

下邳城中的吕布心里也有数，在自己的女儿送到袁术那儿之前，那袁术不会发兵的，只好强迫着内心再怎么不情愿的女儿，用锦缎全身包裹，缚到马上，乘夜亲自护送出城。但在突破曹军封锁线时，被曹操军发觉了，强弓利箭射得吕布无法突围，只好退回城中。

袁术那头是没指望了，现在还有最后一线缥缈的希望：那就是自己的好友河内太守张杨，这是吕布一生中唯一的真正的朋友，能在吕布的危难之际袖手旁观吗？

这一次吕布没看错人，那张杨还就是挺对得住吕布，闻听吕布被围下邳，当即尽起河内步骑，杀向曹操的大后方许都。那时的张杨驻军河内郡野王，距许都也就四百多里，也就是不出十天，许都必危，这样下邳之围不救自解。

而曹操的军粮却已见危机，再加上士兵们围城旷乎日久，士气渐惰，尤其是这期间还筑挖了一个绝大的土方工程：围着下邳城挖掘了一圈又深又宽的壕沟，城里的人是再也跑不出去了，可是士兵们也累垮了。

曹操自己也动摇了继续围城的信心，这其实是一次吕布不知道的机会。前一段时间也有过一次机会，在下邳城尚未合围时曹操来书劝降过一次，书中详尽地替吕布分析了祸福利害。吕布曾经打算投降，但被铁心的反曹分子陈宫给说犹豫了，再说那时候胜负的机会均等，就是现在，这场攻守战也不定谁能坚持到最后胜利时刻。

战争到了看谁能再坚持一刻的关头，论说现在是吕布的耐力应该更持久些，最起码城内的粮食还有盈余呢，并且有着濮阳被围百余天的经历。比较而言，要比那时的情景要好得多，而且外有袁术的声援、张杨的真救。

但曹操却不具备濮阳围城时的时间，许都不稳，外敌窥觊，尤其是军粮将尽，这才是无法解决的大难题！

有一种武功叫"忍耐"

两军作战在陷入胶着状态时，需要那股再坚持一下的韧劲儿。虽说那是极不容易的，但无数次惨胜的战例都证明了这样一点：惨胜也比屈辱的失败值得。

对于曹操动摇了再坚持一下的决心，他的谋士荀攸、郭嘉帮他稳住了心神，他们向曹操分析："吕布虽勇猛，但少智，今接连战败，锐气尽丧。大军士气，全仗主帅。主帅已无锐气，其军必败；陈宫虽有谋略，但反应迟钝。现正应趁吕布勇气未复，陈宫谋略未定，强攻必取下邳！"

接着二人向曹操建议引导沂水、泗水（二水于下邳城西合流），淹灌下邳。曹操采纳建议，开始引水灌城，一时大水涌到城下，下邳城四周一片汪洋，仅地势稍高的北门外还有少片干地。又是月余，吕布终于坚持不住了，首先是精神垮了，他亲自登城，对曹操的围城部队喊话："不用你们这样困我了，我马上向曹公自首。"

陈宫闻听大怒，大呼："什么曹公？曹操是逆贼奸雄！现在如果投降曹操，是用鸡蛋去碰石头，全城任何人都不能保全！"

其实吕布也不是真欲投降，只是因为他最后的一线希望也破灭了，实在是没有了继续坚持下去的勇气和耐心。河内张杨的消息已经传来：张杨在来援途中，军心不稳，手下将领对援吕击曹意见不一，再加受兵力所限，部队至东市便不能继续前行了。

这下外援是没有任何指望了，四周的大水也杜绝了任何突围的可能性，吕布绝望之余，对部属越来越严厉寡恩，不断擅杀疲倦的守城士兵，对手下将领不是呵斥便是严惩。有句老话说得好：天作孽犹可恕，自作孽不可活！其实他应该想到，围城的曹操也是在咬紧牙关苦撑着呢。

终于，有部属们受不住了，开始酝酿临阵倒戈。据《三国志注·九州春秋》载：吕布的部将有个叫侯成的，追回来了被人偷走欲送给刘备的战马十五匹，大为高兴，将领们共同送了一份礼金，向侯成祝贺。侯成又自己酿了五六斛酒，猎得十余头猪设筵欢庆，并先向吕布呈献一份酒肉。吕布大怒说："我下令禁酒，你们却大喝特喝，打算借着饮酒害我，是不是？"侯成在恐惧之下决定战场起义，献下邳城给曹操。

笔者怎么也觉得不大可能：曹操挖深壕围城三月余，他怎么能去追回被盗出城的十五匹牧马？那围城的曹军都是吃干饭的？四城大水，去哪里打野猪？城池被围那么长时间，老百姓的家养猪更不可能留到今天；再说了，下邳被围，谁胆敢用救命的粮食酿酒？假如真是侯成私藏粮食偷酿的，那砍头都是应该的，就不是训斥几句就能算完的了。

要根据《三国志注·九州春秋》里面的"初……"字看，这应该是围城之前发生的事，可是又明载："太祖堑围之三月……"往前推应该是九月的事，可是《武帝纪》中曾载："九月，公东征布。冬十月，屠彭城……"十月还在彭城屠杀，怎能堑围下邳三月？如根据《三国志注·九州春秋》中说盗马客逃走的方向是小沛，那就应该是在战事未起时。可那时吕布全面禁酒干吗？十月前，吕布在军事态势上面还占着绝对优势，一偏师高顺便首败刘玄德，再摧夏侯惇，对出征获胜的将士全面禁酒？好像也不大可能。

无法考证此事的真伪，姑且算有这事吧，反正将领倒戈献城是确凿无疑的了。十二月二十四日，侯成跟其他将领宋宪、魏续等，发动兵变，逮捕了陈宫、高顺，率领部众投降曹操。下邳城破了。

吕布与一部分亲信逃上了白门楼（下邳南门城楼），曹军进攻更加猛烈。吕布命左右砍下他的人头，献给曹操，左右不忍心下手，吕布被迫下城楼投降。

据载：吕布身材高大，但被曹兵捆得像一头小猪一样，紧勒成一团，难受得这位天下第一勇将见了曹操的第一句话就是哀求松点绳扣。

向来杀人不眨眼的曹操这次却像很抱歉似的对吕布解释："太对不住了，捆老虎哪有敢不捆紧的？"

曹操、刘备客串"评委"

老子曾云："民不畏死，奈何以死惧之？"通俗话叫"除死无大灾"，成语有生死存亡、生死攸关等，都侧面说明了这样一个事实：人对生死问题看得最重。

白门楼上，一个考题为生死的考场，主考是曹操，列席评委是刘备，两名决赛的选手进入面试阶段。主考大人现在非常喜欢作秀，不时还得发表现场点评。

虽是必答题，却也允许自由发挥，吕布是一号选手，首先抢答：

"从今以后，天下肯定是明公的了！"

主考曹操：选手请继续，希望解释自己的结论。

吕布："明公所担忧的，不就我吕布一人吗？现在我已经口服心服了。设想一下：您如果让我替您指挥骑兵，你率领步兵，天下还有谁能与您为敌？"

看到主考大人迟迟不给亮分，吕布有点儿沉不住气了，转头向老熟人、列席评委刘备求援：玄德，你现在是客座评委，我是如同阶下囚般可怜的考生。绳索绑得我太难受了，你为什么不发言解救我一下？

曹操微笑：不准暗箱操作，有问题向主考提出来。

这时，看台上的观众主簿王必发言了："吕布，太凶恶了，他的老部队就在外面近在咫尺，不可以松绳啊。"

曹操显得很遗憾地对吕布说："你听见了吧？我是愿意给你松点儿绳子，可是主簿不听，那有什么办法？"

吕布有点儿明白了，要套近乎也要跟掌握生杀大权的主考曹操套哇，看来是临场紧张的缘故，知错即改，犹未晚也！

吕布说："明公可要注意身体呀，那可是您老的本钱，我怎么看着你比以前瘦了。"

曹操突然提问："选手怎么认识我的？"——这是在测验记忆力？

吕布回答得胸有成竹："当年在洛阳，具体地点是温氏园。"

曹操好像没记起来："是这样，我记性太差了，我之所以瘦嘛——恨不能早得到你的缘故啊！"

主考一时认为吕布所答也不无道理，打分前先咨询了一下列席评委刘备的意见。

列席评委刘备谈了自己的意见，仅说了一句话："你还记得吕布怎么对待丁原、董卓的吗？"

吕布一听，知道完了，不禁大怒："大耳朵儿！还记得辕门射戟的事吗？你这小子最不讲信义！"——这会儿吕布一急眼，竟忘了夺刘备徐州的事了，更忘了自己就是不讲信义的大师。

没办法，输也要找个赖理吧。吕布慨然而叹："我对诸将多厚待呀，没想到诸将临急竟会背叛我！"

曹操这时幽了吕布一默："是啊，你背着自己的老婆，偏爱部下诸将领的妻妾，是这样'厚待'的吗？"

吕布没词儿了。生死关头，也要做最后一把努力：当年齐桓公被射带钩，还照样用主凶管仲为相国。学学古人吧，今后我吕布保证使出吃奶的力气来，为明公在战场上当先锋，行不行啊？

估计吕布没学过"家中上有八十老娘，下有吃奶的婴儿"这类套词儿，要不然也会说出来的。曹操让他等待最后亮分，又接着让二号选手陈宫上了场。

这次是主考曹操先提的问题：你这个人哪，生平自以为足智多谋，用不完的妙计，今天怎么会落得这样？

陈宫指着吕布恨恨地说："就是这个人不听我的建议，才弄到这般地步，如果他采纳我的意见，未必就能被俘！"

曹操笑着说："今日的事按你的意见该怎么办？"

陈宫傲然回答："作为大汉的臣子，我已经是不忠，作为母亲的儿子，我已经算是不孝，死是应当的事情。"

精神上没能使这个骄傲的对手屈服，曹操心有不甘，利语如箭，直射陈宫的软肋："阁下这样没什么，可是，阁下的老母亲怎么办呢？"

陈宫无动于衷："陈宫只听说'以孝治天下者不害人之亲'，老母之生死，明公随便吧。"

看来没击中要害，曹操继续进攻："那卿之妻子儿女又将怎么办？"

陈宫凛然而答："据我所知，用仁政治天下的，没有灭绝别人后嗣的，妻子儿女的存亡，在你不在我。"

就此曹操不再说话了，因为他明白了：一个不畏惧死亡的人，是永远不会被击败的。从这个意义上说，自己并不是一个胜利者，陈宫也并没有失败。

这作秀的比赛曹操没有兴致再继续下去了，事实上也不可能再接着进行了，陈宫已经主动地走上了刑场，下楼时连头都懒得回。这时，铁石心肠的曹操竟然心中战栗，潸然泪下！

吕布、陈宫、高顺都被执行了绞刑，人头被传送到许都示众，但曹操却怎么也高兴不起来，一场大胜，竟然被一个陈宫弄得带着失败者的感觉回到了许都。这次曹操没有按旧例灭陈宫的三族，而是派人找到了陈宫的老母及女儿，将老的奉养终生，而且以后还以娘家人的身份自居，替陈宫的女儿择了个好人家，风光嫁出。

这次最大收获是收服了吕布部下一大批降将，有些还成了他日后军政中的骨干力量，如陈登（字元龙）、张辽、臧霸等。跟随吕布的部属中还有一大批原来兖州的反叛者，这次曹操也破例没有追究，其中一人值得一提。

曹操原来的兖州别驾，东平人毕谌。在张邈反叛时，张邈劫持了毕谌的母亲、弟弟、妻子，以逼迫毕谌投降；曹操当时体谅毕谌的两难处境，便允许毕谌去随张邈，毕谌反倒说：“我绝不会有二心！”竟把曹操给感动得哭了，结果一出门毕谌就跑到张邈那边去了，给了曹操一个大难堪。

现在毕谌成了曹操的俘虏，当然非常恐惧，那还能有命吗？谁知曹操却说：“能大孝的人肯定是忠臣！这正是我求之不得的人才！”反而任命毕谌为鲁国国相。

对刘备曹操更是优待，不但替他追寻到了被吕布俘虏的妻儿，使刘备举家团圆，而且又引见给献帝，被封左将军，在许都从军衔上竟然成了仅次于董承的第二号人物。曹操本人现在的大将军已经让给了袁绍，车骑将军让给了董承，自己仅是以建德将军行车骑将军事，反而位居刘备之下了。不过那些虚衔是管不了多大用的，大家谁都明白核心中的核心是谁。

刘备突然火了起来，与曹操出则同一辆车，坐则同一张席，俨然成了许都事实上的二把手。尤其是在觐见皇帝时又被皇帝承认为皇帝的本家，这下该满意了吧？

此时唯有曹操与刘备两个人心里有数，刘备现在实际上是被当成一只花瓶给供养起来了，而他的徐州牧是永远做不成了，连豫州牧也给免掉了，现在是大权小权全空了，成了一名提前退居二线的老干部，级别定得再高，谁又能高兴得起来？

射犬逮了只兔子

199 年的第一场雪，比以往的时候来得更晚一些。

曹操在建安四年（199）和平地度过了一整个春天。

相对其他军阀来说，曹操的这年算是一个和平的年份，虽然这一年的夏天是以战争开始的。

上年的十一月，在东市声援吕布的张杨被他的部将杨丑给杀了，杨丑准备率部投向以曹操为代表的中央政府。但兵变并不能算是成功，忠于张杨的另一名部将眭固，又干掉了杨丑，自忖没有单干的实力，便率领部众，投奔了北方的袁绍（时在邺城）。

这给了曹操一个借口，当然要趁机出兵替心向中央的杨丑讨回公道。如果事情成功后，许都以北、黄河以南便会成为许都安全的大后方，再回头兵向南方的张绣便无后顾之忧了。不仅因为这是难得的政治借口，关键在于袁绍一时无暇照顾这眭固。

　　袁绍现在正集中了大部兵力，拔除困守易京的公孙瓒。不安定自己的后方，袁绍也不能安心南下收拾曹操，实际上双方都是在争取时间，做对决前的准备工作。

　　曹操就是看准了这个时机，打了个时间差。但前提是必须短平快，一记重扣拿过这一分，若拖到袁绍腾出手来还击，就得不偿失了，将会陷入南有张绣威胁许都、北临袁绍大军压境的险峻态势。

　　对付眭固当然具有压倒优势，但曹操却不敢等闲视之，因为此战必须一鼓聚歼，若是打成了马拉松式的攻守仗，那就等于失败了。所以，既怕眭固据城死守，又怕眭固避战逃跑，也就是必须让他先决心固守，真开战又必须让他主动弃守，这压倒优势的仗其实并不好打。

　　四月，曹操大军开到了黄河南岸，眭固现在就驻军北岸不远的射犬，但曹操却不敢贸然率大军渡河进击，为什么？是怕眭固弃城北走。眭固字白兔，若是真如兔般机警，闻听曹操亲自过河，还不立即远飏？日后你退他进，你追他跑，打成了游击战才成了大麻烦。

　　唤过将领史涣、曹仁，命他们率轻骑渡河，直接穿插向射犬城北，只要能切断通往邺城的去路，即为成功。而曹操本人却率大军停留在黄河南岸，摆出一副与敌隔河对峙的架势。

　　射犬的眭固近日心烦意乱，有个自称会巫术的人对他说，将军表字白兔，而此城名中有犬，与将军的名字相克，兔遇犬，不快溜焉有命在？眭固当场斥退此人，但内心总觉忐忑不安，别真犯了什么忌讳。

曹操大军来犯，人虽众多但无法持久，对这点睢固是清楚的，所以只要备足粮草，就应该固守射犬，只要袁绍及时来援，胜利是没有问题的。久闻曹操指挥作战变幻莫测，只要他亲自渡河来攻，当然还是早走为上。但现在据报，曹操并未有渡河迹象，自己现在就溜之乎也未免太说不过去了，初附袁绍，会给新主子落个啥印象？

思来想去，留走两难。犹豫了两天，接探马来报：有少量曹军已经渡过黄河开向这里来了，睢固决定还是趁曹操本人没到，先打上一仗为好。于是便命令全城进入战争状态，利用坚城，与曹军见个高低。

天亮时分，忽然又想起那巫者所说，自己表字与此城名相克之语，立时又觉得自己留此城死守不妥。来个万全之策吧，遂命长史薛洪、河内太守缪尚坚守犬城，自己率部分部卒北上求援于袁绍，这样岂不两面皆顾？

谁知这次让那巫者给蒙准了，早走还真是上策；如干脆不理睬那巫者的瞎忽悠，决心死守，也不失为中策。偏拖了这两天北上，那等于恰抽了一支下下签：正好跟已经越过射犬的史涣、曹仁走了个碰头。

本来准备打阻截恶战的史涣、曹仁突然遭遇睢固，实是走了大运，立即出动全部轻骑对睢固进行截杀。而那睢固本来就是去求援兵，当然不会带多少部队，又事逢突然，猝不及防，一时乱了阵脚，乱战之中，竟被史涣、曹仁的轻骑砍走了脑袋。

阵斩睢固的消息上报给了曹操，曹操立即指挥大军渡过了黄河，围了射犬。射犬城主将已殒，留守的薛洪、缪尚失去了坚守的信心，率守军向曹操缴械投降，曹操兵不血刃取得了射犬。当然也没有亏待识时务的薛洪、缪尚，二人均被封为列侯，曹军胜利还军河南的敖仓。

整个河内郡现在纳入了曹操的掌握之中，在任命河内郡太守的人选上，曹操又玩了一手漂亮的：任命射犬城中的一名俘虏做了河内太守。此人还曾是兖州的一名叛臣，名叫魏种。

当初兖州全境叛乱时，曹操曾自信地对左右说："别人会背叛我，但我相信唯独魏种不会。"后来证明曹操看走眼了，魏种也参与了叛乱，曹操大怒发誓："魏种除非南走越岭、北走羌胡，否则他逃脱不了惩罚！"

现在射犬城抓住了魏种，曹操却一反在徐州屠城的狠心，说："算了吧，这是个有才的人。"不但没治魏种的罪，反而越级提拔他做了河内太守的要职。

曹操的唯才是用政策已经开始露出了苗头。

看来曹操的擅杀是有选择性的，对有些人，即使大大地得罪了他，他也好像忘得极快，似是欲加其恩何患无辞。刘备是一个例子，另一个就是现在独霸江东的孙策。

欺软怕硬另解

欺软怕硬这个词无疑是个贬义词，同一个意思，如果换成了避实就虚那就好听多了。人们心目中的英雄是惩强扶弱，人们喜欢的是杀富济贫，人们最讨厌的人是媚上凌下！

为什么？因为上面是强势，下层是弱势啊，这个人做了与人们心理愿望相反的事，当然遭到唾弃。

欺软怕硬这个词用在了战术上，那就要用智慧来代替了；用在战略上，那就可以称为家了。

但有一个前提：必须得打胜！假如败了，那还是不成的，比如袁术，绝对是一个欺软怕硬的主，曹操打上门来就溜，变着法儿欺负刘备，偏还不顾所有人的反对自封了自己皇帝，这下终于把自己变成孤家寡人了。

袁术做上了皇帝，有一个人获益最大，就是被他派出去征服江东地区的孙策。

孙策凭父亲孙坚的老班底与个人魅力相结合，横扫江东如卷席，平定江东。这中间的关键因素应该还是与战略选择上坚持了"欺软怕硬"有关：当时江东地区基本上就是一些土豪列强，并且分散占据各城，没有一家能与孙策实力相抗衡的军事集团，实是极聪明地选择了战略发展方向。

如果向西对付兵多将广的刘表，或者北上招惹战争潜力巨大的徐州，就绝不会那么轻松了。至于淮扬的袁术，那是自己的上司，就连刚征服的江东，名义上也是属于袁术的地盘。但若要公开宣布脱离与袁术的隶属关系，在那个年代是为世人所不齿的，除非这个上司做了十恶不赦的事情。

袁术就这么及时地给了孙策独立的借口，从准备称帝那天开始，孙策就苦口婆心地上书劝过袁术，可还是没能强过"皇帝"这个称呼的诱惑力，孙策正好趁机宣布：为国断私谊！正式与袁术绝交了。曹操及时地给予了鼓励：代表皇帝任命孙策为讨逆将军，并封为吴侯。

其实孙策在给袁术公开上书中对曹操也是连损带挖苦了的："……河北通谋黑山，曹操放毒东徐，刘表称乱南荆……是以未获承命橐弓戢戈也。"

但曹操装着没看见，依旧对孙策表示了贴近与善意。所以，对谁严厉，对谁宽大，是要一看对象二看时机的。

甚至后来孙策伸手抡了曹操一巴掌，曹操都笑眯眯地用脸接了过去。陈登因破吕布大功，被曹操任命为广陵太守，那孙策竟然拿陈登开了刀，挥师进攻陈登控制的匡琦城。谁知陈登不光谋略深远，指挥作战也不含糊，百战百胜的孙策却栽在了陈登手里。

而后来曹操竟然借口陈登有功，把陈登调离了与孙策对峙的前线，安排陈登做了一个新划割的东城郡太守，致使孙策无克星，越做越大。

对此，曹操有句不大讲理的说法："猘儿难与争锋也！"等于公开承认怕孙策。至于曹操后来每临大江望东吴悔而叹道"恨不早用陈元龙计"时，一切都已迟了。

曹操的目的其实很简单，就是借孙策之手打击袁术与刘表，应该说目的也算达到了：袁术没用孙策打击便逐渐式微，以往富饶的淮扬，硬是被这位仲氏皇帝挥霍一空，不用外人打自己就快灭国了；而刘表的主力黄祖军却是被孙策给摧毁的。

这年的十二月十一日，孙策率江夏太守行建威中郎将周瑜、领桂阳太守行征虏中郎将吕范、领零陵太守行荡寇中郎将程普、行奉业校尉孙权、行先登校尉韩当、行武锋校尉黄盖等部将，进军刘表部将黄祖据守的江夏。为什么众人的官衔前面都有不是

"领"就是"行"那么一个字？因为这些官都是孙策自己任命的，还没有得到献帝的承认，只能如此先凑合着当官呗。

孙策与兵力倍于自己的黄祖军在长江展开了规模空前的水上大战。孙策军顺风放火，兵趁火势，水陆并进，厮杀竟日，除黄祖只身逃走外，全歼荆州军。俘获了包括黄祖妻子在内的全家男女七人，砍下了两万多颗脑袋。荆州军仅被江水淹死的便达万人以上，缴获战船六千余艘，财物更如山积。

也正因为有了孙策的牵扯，刘表一直不能全力动员北上与曹操为敌，使曹操能集中精力对付势力强大的袁绍。曹操忍耐孙策所获得的利益也是无法估量的。

对于已经控制在手中的刘备，曹操用的是笼络加防备的手段，但还是没有用，那刘备在谋略上的功夫丝毫不亚于曹操。

青梅煮酒疑问多

汉献帝刘协是个挺聪明的孩子，事业上也有进取心，也不乏爱护百姓的善良。在长安当傀儡的时候，年景大饥，一斛谷居然卖到五十万钱，百姓中出现了人吃人的事。十四岁的献帝刘协下令开仓赈济，并委任侍御史侯汶负责处理。但灾情并没有丝毫的改善，刘协怀疑侯汶贪污，于是亲自于御前量试做糜，并证实发放中确有克扣现象。于是下诏杖责侯汶五十，重新派人进行赈灾工作，终于缓解了灾情。

那时候他没有对身为傀儡的抱怨，东归前后甚至唯一的希望就是一日三餐能吃饱肚子，在洛阳时曹操的几箱梨枣就使他认定遇到了好人。

随着到许都后衣食的无忧，皇帝的想法也随着年龄的渐大逐渐多了起来，天下是我家的，凭什么你曹操说了算？生活的改善必然会带来精神的进一步需求，他现在想体验一下自己说了算的感觉。这种思想延伸出了可怕的想法：干掉四年前让自己吃饱肚子的好人曹操。

刘备的觐见给他带来了一丝缥缈的希望，见曹操对他那么推崇，据说还跟曹操拼过血仗，自己翻身当家做主人的希望说不定可以寄托在此人身上。于是当朝官拜刘备左将军，态度极为殷切。晚上又通过自己的大舅哥骠骑将军董承给他递话：希望他能看在本家的份儿上，帮自己除掉曹操。并且秘密写下诏书藏在衣带里赐给董承，作为让刘备信任的凭据。

刘备看到诏书吓了一大跳，除掉曹操？那是自己内心最深处的念头，是连密如关羽、张飞这样的兄弟也不能透露的。但皇帝却给挑明了，那就等于将自己绑上了一艘必沉的船，因为刘备最清楚：欲在曹操的眼皮子底下行暗事，是没有任何成功希望的。

这种事也能干，也必须干，但前提是必须先将自己处于一个安全的位置，否则那不是在搞暗杀，是绝对的自杀。

心中有鬼，表面必难如常，刘备总感觉见了曹操说话都难以自然了，索性闭门不出，谢绝外客，专心致志地侍弄起自己府后的小菜园来了。历来与植物打交道都是缓解精神紧张的最有效的办法。

那么，曹操到底对刘备有没有戒心呢？应该说肯定有，但只是宏观上的敌意，内心深处的敬意。具体到刘备参与了现在董承他们的密谋，曹操不可能知道。

如果知道了曹操会如何对待刘备呢？不好说，曹操的处事，常出人意料，不该杀的杀了不少，从各方面来看都该杀的，他反而重用。对于刘备，他是仔细做了分析的，史书记载的原句是："刘备，人杰也，将生忧寡人！"

曹操是轻易不服气别人的，唯独对刘备评价甚高，甚至于已经觉察到了此人将是自己一生的大敌。那么，为什么不及早除掉刘备呢？有人就建议过：刘备刚来投奔曹操时，谋士程昱就对曹操说："观刘备有雄才而甚得众心，终不为人下，不如早图之。"这意思就是建议曹操及早除掉刘备。

但曹操却舍不得，表面上的理由是："方今收英雄时也，杀一人而失天下之心，不可。"其实还是英雄相惜在起决定性的因素。再者，刘备既然已来投降，也就不是自己的威胁了，没有擅杀的必要。

其实这时的曹操也走错了一步，既然想利用刘备，就干脆推心置腹地大胆使用。以刘备为人的性格来看，还真难做出对曹操有什么不利的举动来，像这样既养着又防着，实是向对方心里慢堆怨恨，还不如一狠心宰了省事呢。

今天又来试探了，当然，也有交心抒情的成分。

《三国演义》是用青梅煮酒布置了这么个二人斗智的舞台，有点儿戏剧化了，大家可以自行去演义里欣赏，笔者在此就不妨也抄上一段，罗大师让曹操这样说：

适见枝头梅子青青，忽感去年征张绣时，道上缺水，将士皆渴；

吾心生一计，以鞭虚指曰："前面有梅林。"军士闻之，口皆生唾，由是不渴。今见此梅，不可不赏。又值煮酒正熟，故邀使君小亭一会。

笔者认为罗老先生关于青梅的出现应该是演义：因为青梅又称果梅、酸梅，属于蔷薇科果树之一，原产我国，是我国亚热带特产水果，散布于中国西南部山脉。而许都位于我国现在的河南许昌一带，是不会有大片梅林的，即使个人花园里移栽那么一两株，也难以越过北方寒冷的冬天。

至于是否指未熟的杨梅？不是，那尚青的杨梅又苦又涩，是不能用来煮酒的，甚至那个"望梅止渴"的成语也是杜撰出来的：曹操征张绣，也就是出击到今天的河南南阳地区，曹操怎么会欺骗士兵说前面有河南省不存在的梅林？

就算骗士兵说前面有梅林没什么，但关键是，在那个交通不方便的战乱年代，一群生活在中原的士兵是怎么知道梅子这种东西是什么味道？从而一听就口舌生津？还不如称前面有一片青杏林呢……

三国不能这样品读

根据笔者所了解的，青梅确能增酒兴，但不是用火滚煮，滚煮的青梅酒便成为一种醒胃、杀虫、止痛的药酒了。

但成熟的青梅或杨梅用来泡酒却是味道极好，经长达一月的浸泡，这时被青梅泡过的酒已很少酒味，只是些带酒味的酸甜略香的液体，而酒中的青梅却是饱吸了酒精，一般四五粒即能醉人。由此可见，梅子确有聚积酒精的特性。

笔者现在绝非胡侃，是亲自制作品尝过的。在尚未发明出蒸馏酿酒技术的东汉时期，酒的酒精含量最高仅能达 13%，以青梅作工具，来提高酒精的度数，的确是个聪明的办法。

在二人酒酣时，曹操好像很随意的样子问刘备，能说出几个当世英雄吗？这也没什么，我们今天几个好友如到了一起，灌上二两小酒，不也是经常评古人论今人吗？

刘备却是心知肚明：这是曹操在找话题让自己拍马屁呢，这可不是刘备乐意做的事情。

人喝点儿酒偏有一股犟劲，便东扯葫芦西扯瓢，坚决不给曹操戴这顶"英雄"帽子，实在躲闪不过去了，就干脆把曹操最大的敌人袁绍的名字作为英雄点了出来。这下不是在装傻了，有点儿与曹操斗气的味道了！

曹操于酒酣之际却没有意识到刘备的敌意，反而向刘备说了这么一句肺腑之言："今天下英雄，唯使君与操耳。本初之徒，不足数也。"

刘备本来心里就怀着鬼胎，闻听之下，大惊失色，手中竹筷落地而不觉，实是惊疑曹操觉察了自己哪儿反常！

也难怪刘备魂魄欲散，这简直就是在与刘备挑明：将来与我曹操争天下的就是老兄你呀！

被领导恭维可不是什么好事情，尤其是夸你与他的水平相当的时候，通常意味着你快要倒霉了！

据裴松之注引《华阳国志》说：于时正当雷震，备因谓操曰：

"圣人云'迅雷风烈必变',良有以也。一震之威,乃可至于此也!"

也就是说,当时老天爷帮了刘备大忙,及时地打了一个霹雳,刘备才得以掩饰了自己的失常行为。

偏曹操并未对刘备失惊落箸的反常表现引起注意,由此看,此时的曹操对刘备还是深为信任的。而刘备却更加不能心安,急于离开许都脱离曹操的愿望更加迫切了。

有军情来报:淮南的袁术皇帝做不下去了,欲将皇位让给他一直不屑的庶兄袁绍,并献上从孙坚遗孀那儿勒索来的皇家御印。那袁绍竟然默认,派儿子袁谭从青州迎接。

淮南去青州必经徐州,刘备趁机表态,要督军去徐州截击袁术。曹操未经细虑,便应允了刘备协同大将朱灵一起带兵前往。刘备生怕曹操变卦,借口战机稍纵即逝,点兵匆匆而别许都。

程昱、郭嘉闻曹操派刘备出征,一起放起了马后炮:"刘备不可纵!"曹操虽然醒悟,但后悔莫及。

那刘备如同鸟出牢笼,鱼归大海,从此再也不会回来了。

曹操不该对"盟军"开火

喜爱下棋的人都知道这么句话:当局者迷,旁观者清。

其实不然,实际上旁观者的清都不是清在对局的当口,而是局后经过分析才辨得"清"的。也就是说,我们看历史问题能头头是道,只是因为我们是后代人,离得越远,看得越清楚。

问题是历史上所有的政权都是按自己的政治需要来解释历史

的，那就离得再远也不会清楚了，一般都会是气愤填膺地指责古人的。

对于曹操一时疏忽放走了刘备，史学专家们目前争议都不大：都认为这是曹操的一次大失误，有争论也是失误的程度不同而已。

对此笔者不敢苟同：我认为曹操没做错什么，站在曹操当时的角度上看，放一个并没有发觉叛变的左将军出去督军作战，应该是合情合理的事情。

大师们肯定会说了：问题在于派谁去，正是大意派出了刘备，才为以后的赤壁大败伏下了隐患。

实际上问题不在于派出不派出刘备，以刘备当时的弱势，把他放到哪儿也没什么大不了的，这不是什么失误。换个角度考虑问题，还兴许是做对了：让一个身边的定时炸弹自己引爆了总不是什么坏事，留在身边，杀又杀不得，用又用不得，那才是将来的大麻烦。

有人会说：等政变的密谋暴露了时，不就一并解决了吗？这不是我们替曹操一厢情愿吗？如果在刘备的参与下，曹操依旧被蒙在鼓里呢？万一密谋成功了呢？

关键问题不在这里，也不是派谁出征，而是这次截击袁术的行动有必要吗？要让笔者说，曹操应该给袁术派上保镖暗中保护那袁术安全过境才对，袁术送国玺对袁绍究竟是好事还是坏事？曹操欲消灭这个难得的宝贝才是最大的失误！

须知，曹操现在最主要的敌人是袁绍，能把袁绍从政治上搞臭、内部搞乱、神志搞晕才是最紧迫的事情。欲做到这些，舍袁术其谁？

让我们做个假设：袁术顺利通过了徐州，到达了袁绍身边，献上了那块能使人疯狂的国玺，袁绍大喜，后面呢？对他这位一直看不起他的兄弟怎么安排呢？这恐怕是袁绍面临的第一个难题。

袁术的工作情绪特高涨：哥啊，以前都是兄弟我吃多猪油糊住心眼了，你当哥的大人大量，别跟我这个不争气的兄弟一般见识，谁叫你是哥呢？兄弟我以后只能跟着哥讨碗饭吃了，先给安排个工作吧，工资多少的兄弟我不争，只要能养住我那些娘娘妃子就行，那可都是你弟妹呀？

袁绍的头有点大了：这……远来辛苦，先休息，革命不分先后，工作不在一时，咱明天再谈这事？

袁绍晚上盘算开了：不管怎么说，人家也是做过一届皇帝的人啊，收做部下？不妥。大义灭亲宰了他？好像也不妥。倒不是说袁绍多看重亲情，主要是落个杀弟的名声受不了。这可是一个挂铭牌的朝廷钦犯，隐藏起来？不行。送交朝廷？也不行，那不成了我向曹操邀功请赏？

以前有过这么个先例：袁绍的主簿耿包看出了袁绍的美好理想，想提前拍个响马屁，便私下里对袁绍劝进："赤德衰尽，袁为黄胤，宜顺天意，以从民心。"（《后汉书·袁绍传》）袁绍觉得应该把耿包的建议让将军、幕僚们讨论一下，集思广益嘛。谁知遭到大家的一致反对，倒是议出了一个必须立斩耿包的结论：妖妄宜诛！袁绍不敢犯众怒，不得已杀了耿包，按史书说：以弭其迹。

可现在是自己的亲兄弟呀，能说宰就宰吗？就算不管后人咋说，杀了这个罪该灭九族的兄弟，那国玺怎么处理？上缴给曹操？呸！那叫下发给曹操，坚决不干！还有，这献玺大功该怎么奖赏这位该杀的兄弟？

难煞人也！怎么一眨眼天亮了？唉，一夜无眠哪，看来以后别想睡安生觉了。

容笔者再假设：袁绍自有了国玺，更加骄心膨胀，立时称帝于邺城，当然，那个什么"仲氏"国号是绝对不能用的。另起个什么国号呢？对，先占了那个大清的国号吧，于是不顾文武部属的反对，宣布大清国成立了！

没想到袁绍身登九五的举动却带来了众叛亲离的后果。与"仲氏"帝国一样，招致了举国讨伐，当然也不会再有什么官渡大战了，应该是邺城保卫战才合理，结局就不用再假设下去了吧？大清国民心丧尽，国破人亡，历史一下少了二百多年？！

还用假设袁氏兄弟别的可能吗？暂时同心协力，黄土也变成了金，那也免不了兄弟俩为争金再次反目成仇哇，还是会把袁绍的小独立王国搅成一锅烂粥。

所以，袁术去了冀州，其实是给袁绍送去了一个大祸害，现在是曹操替袁绍除了一大害，不是个大失误是什么？

实际上，历史是可以假设的，不管你怎样假设，都不会影响历史的丝毫进展，可是，能让我们了解另一种可能的结果，何乐而不为？

由于这次决定出兵的失误，曹操才接到了令他又惊又气的紧急军报：徐州刺史车胄被刘备袭杀，刘备自领徐州牧，宣布独立，拥汉反曹！

有几个"倒霉蛋"，就有几个"幸运儿"

月儿弯弯照九州，几家欢乐几家愁。

世上的事历来如此。有暴富的必然有速贫的，有得意的必然有丧气的，有贪的才有贿的，有信的才有骗的，有船行顺水的就少不了逆水行舟的，有幸运的就会见到倒霉的。

在曹操的事业蒸蒸日上的日子里，袁术幸福的生活快过到头了。初登大宝，他找到了开国之君的感觉，乍称皇帝，也尝到了亡国之主的凄凉。淮南大旱，庄稼颗粒无收，人民相食，饿殍遍地，士兵们每天靠打水草、撸树叶果腹，袁术则大封数百嫔妃，锦衣玉食，兼罗纨，厌粱肉。很快，"仲氏帝国"的一国收入不够他一家花销了。

别说管一个国的事了，就是他一家的事他也没能耐玩转儿，就他那一帮老婆也照样忽悠得他睁眼犯晕，闭眼发昏。

袁术最喜美姜，司隶冯方的女儿，生得天姿国色，时随父亲避乱扬州，被袁术见到了，大悦之下，强纳为姜。其他几个老婆理所当然地吃醋拈酸，于是便爱心无限地忽悠冯氏："将军贵人有偏好，最喜欢有志节的女人，你只要成天涕泣忧愁，必然会敬重你。"

那冯氏女毕竟人小智短，信以为真，以后每见到袁术便垂泪流涕，袁术以为小孩家心里想不开，也跟着忧烦。诸夫人一看时机成熟，就联手勒死了这冯家小妞，又伪造了上吊自杀的现场，袁术就真以为是想不开自尽了，埋了也就算完了。

建安四年夏天，老袁的日子实在过不下去了，一狠心烧了自己的宫殿，去投奔自己的部下陈兰、雷薄。结果被部属拦住路不让过，拒绝接纳。士兵们都给饿散了，袁术忧愤无奈之下，才决定把刚当上不久的皇帝让给袁绍。

结果在去青州的路上，知道徐州所有道路被他最看不起的刘备给封锁了，只好回走寿春。行至江亭，又渴又饿，向随身的厨师张嘴要碗蜜水喝，人家损道："只有血水，哪来的蜜水？"煮了一碗谷壳送上来，那玩意儿，袁术这样的四世五公的后人实在咽不下去啊！

又气又悲又饿又病，仰天长啸："我袁术怎么落到了这种地步？"连续大口呕血而死。妻子嫔妃们都被庐江太守刘勋给收容过去了，连袁术的女儿也一并带过去了。直到后来孙策攻破庐江，才算被孙策给照顾了起来，再后来女儿被送到孙权的宫中，此是后话不提。

而他往常看不起的哥哥袁绍却是最风光的时候，围攻易京的公孙瓒已接近尾声，外城已破，就剩了被公孙瓒称为高京的那座大楼了，当然这也是公孙瓒最难受的日子。

公孙瓒无奈之下，只得求救于黑山军的张燕，张燕还真的集结了十万大军来救往日的克星兼盟军。谁知通信不密，联络的暗号被袁绍给劫了去。公孙瓒见到烟火暗号，以为是张燕的援军到了，便开了铁门，配合接应，袁绍的突击队趁机一拥而入。

公孙瓒紧急登楼最高层，却不是为了浮云遮眼望，而是为了免遭一刀之辱。横下心来，先宰了妻子，后杀了妹妹，然后点燃了柴堆自焚，谁知还是迟了一步，被挖洞而入的袁军一刀割下了头颅。

公孙瓒的人头被袁绍传送到了许都。明是向朝廷告捷报功，实乃向曹操示威恐吓：看见了吗？这就是与我袁绍作对的下场！

曹操当然清楚袁绍的头外之意，怎奈此时的袁绍为朝廷拜封的大将军，赐弓矢节钺，虎贲百人，并兼督冀、青、幽、并四州，与他翻脸还为时尚早，只好委曲求全。还是先解决南边的张绣吧，现在又多了个反叛的徐州刘备。

那刘备刚占徐州，力量有限，剿灭不用出动什么大军，派司空长史刘岱、中郎将王忠率精兵五万，前去讨伐即可。

刘备此次出兵徐州却是处处顺利，只是大军过境下邳，那徐州刺史车胄竟然不出城拜会，这分明不把身居高位的刘左将军放在眼里，甚至有点儿敌意。刘备也就送去军令，命其准备供应大军粮草，并没有在意他的礼节不周。

等到探明袁术已返寿春，刘备便令朱灵亲回许都请示曹操，徐州之机动部队下一步的行动方略。那朱灵隐隐觉得不妥，但军人以服从命令为天职，不听从左将军的军令，他来个将在外君命有所不受，借机宰了自己怎么办？只得交出指挥权，仅带几名亲兵回许都复命。

现在刘备已经全部掌握了部队，与曹操翻脸的时候到了。首先开刀的对象当然应该是那无礼的徐州刺史车胄，大军回程又过下邳，刘左将军竟然屈身回拜徐州刺史，所带仅关羽及一小队亲兵，这下车胄不能不接待了。

车胄心想：再怎么着也是朝里的大官，别做得太过分了，舍顿酒钱也就打发走了，管你上天言好事坏事呢，客走主安乐不是？迎进城内，酒席未开，总还免不了按官场规矩来一番见礼，毕竟这左将军比自己大着好几级，刚恭身下去，忽听关羽的亲兵齐喝："跪下！"

心知不妙，那刘备以上司的口气开始了训斥："本将军代天子讨逆，前日下令着你供应军粮，为何推诿至今未送？"

车胄一听松了口气，原来是这点小事，我以为他们想发动兵变呢，便尽力解释："徐州库存军粮，曹司空专有特令，无他的亲笔手令，概不准动一粒出仓，实不关自己的事，还是请左将军海涵。"

车胄的手下一听，这是两位高级领导在争论业务问题，那没咱们小兵什么事了。再说也进不去宴会厅了呀，那关羽的亲兵早已将内外戒严，别替刺史大人惹事了。

刘备却勃然大怒："军令如山，还敢狡辩，给我拿下了！"

车胄一面犹豫认不认这左将军的无理军令，一面回头看谁敢拿本刺史？却觉得脖后一凉，啊？怎么自己的头掉下来了？关羽封锁了外面，刘备已经动了手，刘备准备的就是要死的不要活的。

刘备向下邳的军民宣布了皇帝的诏命：奉天子命，前来就任徐州牧，徐州原刺史车胄，不服诏命，已奉皇命斩讫，众人各自安心本职工作，待命升迁。

打着皇帝的招牌办事就是效率高，东海郡昌霸首先表示服从组织安排，其他各郡县也就大多拥护老州牧刘备了。刘备则命关羽代理太守，留守下邳，保护妻儿家小。已经丢了两次了，不能再丢第三回了。

刘备自己还是率部驻军小沛，以抵挡来自许都方向肯定会来的进攻。听说是刘岱、王忠率部来讨，刘备松了一口气，那两个人？刘备还没放在眼里。怕的是曹操亲来，曹操呢？

曹操本人一时顾不上对外，他已经发觉了身边的大敌，说强不值一击，说弱谁也不敢小看他，哪一个？汉献帝刘协是也！

皇帝说：俺要掌权……

现在的献帝已经不是小皇帝了，年已二十，已经不能满足于一天三顿吃饱不饿了。作为皇帝，还能有啥追求？实权！

应该说建安四年（199）之前的汉献帝生活得还是比较自由的，可以随便接见大臣，也可以按自己的意思发道诏书。比如：建安三年（198）四月，就自行诏令裴茂率中郎将段煨，讨伐曾欺负过他的李傕（时郭汜已被部将所杀），结果大获成功，李傕丧命，被灭三族。

出了一口恶气的刘协更体验到了权力的可贵。于是，这次他决定搞一次自我政变，干掉曹操，重撑皇权。

这等大事，依靠谁呢？皇帝选定的是自己的大舅哥，车骑将军董承，关键时刻还是要用亲戚。

这董承是什么人呢？说白了本来就是董卓的余孽，跟随董卓的女婿牛辅当过几年兵。机缘巧合，自己的妹妹成了汉献帝的董贵人，这董承也就成了国舅爷，东归时倒也确实尽心尽力地维护过皇帝妹夫，所以被封为列侯，并于建安四年（199）三月被提升为车骑将军，这在当时的许都已是最高军衔。

可惜再高的军衔也就是一块空牌子，曹操的部队是不会听这位车骑将军指挥的。再说这董承也谈不上是什么忠勇之臣，支持曹操进京，也不过是想借曹操的力量，拾掇韩暹罢了，既不是为的皇帝，也不是一心为曹操，更没有收拾曹操的本事。

不过奉到皇帝的衣带诏，董承还是挺当回事的。虽然一同随董卓起家的人们现在就剩了他一个了，可以说势单力薄，但也是经不住权力的诱惑：毕竟取代曹操在朝廷中的位置太令人向往了！于是便秘密开始了串联活动。

其中有偏将军王子服、越骑校尉种辑等人。这些人虽然都是军职，却都跟董承一样，是空头将军。武人手下没兵，其实连秀才也不如，啥行动还没开始，便被曹操的"校事"侦察出了猫腻，事情报到了曹操那里，该曹操下决断了。

这后来的太祖确实英明果断，当即便命令抓人。论说这时还没抓住董承他们什么真实的反政府凭据，不过那年头，都是先定罪名，后找犯罪证据的，抓起来往监狱里一关，这边专案组一成立，想要啥证据还能找不出来？

别说这些人还都有这么档子事，就算你再清白无辜，也一样给你造出一些犯罪证据来。

那位说了，这不是军衔最高的将军吗？没用的，别说将军，元帅也没用，定个啥罪你都是遗臭万年。政治斗争要的是结果，是既不论理也不讲法的。

人一被捕，啥证据都全了，献帝的衣带诏给搜出来了，亲笔手令！这下证据确凿了吧？据说还有什么武装起义的纪要，上边还有政变集团的个人亲笔签名，你看这帮政变分子傻的？竟然保存这么确凿的犯罪证据，这下一个集团谁也跑不了了！

至于政变分子供出来的刘备，那本来就是个阶级异己分子，哪能会放过他？

董承、王子服、种辑等政变集团首要分子被镇压。本着除恶务尽的原则，又灭了他们的三族，现在只剩下董承的女儿董贵人了，躲在皇帝的身边就没事啦？这回该咱老曹亲自出马了！

带剑来到宫中。见了献帝以后却不便指责皇帝是幕后黑手，毕竟皇帝现在还有别人无法代替的作用，那也得警告一下你的领导责任吧："董承谋反，陛下知道吗？"

皇帝一听就明白了，政变流产了！只好装憨卖傻："董卓已经死了呀？"

"不是董卓，是董承！"曹操心说，你演什么戏呀？咱们都哑巴吃饺子，各人心里有数就行了。

献帝无言以对，曹操命令将董承的妹妹董贵妃立即逮捕。皇帝有点儿舍不得："董妃已有五个月身孕了，请曹将军放过她们娘俩这回吧。"

曹操一听，那更得杀了："想留此逆种，为母报仇吗？"当即命令把董贵妃推出去砍了头。

曹操的安内大见成效，现在该攘外了，可还是没有袁绍反应得迅速。袁绍听说曹操杀了董承、董贵妃，又把献帝给甲兵保护了起来，便抓住这个机会命那会写妙文章的枪手陈琳，写了一篇声讨檄文指责曹操，大意为：

软禁天子，残害栋梁，违法乱纪，残暴荒唐，亲爹买官，爷爷阉党，下戮人民，上虐廷堂，擅断万机，扰乱朝纲，心如蛇蝎，形似豺狼，不杀不足以平民愤，不除不足以慰忠良。

总之是把曹操骂了个狗血淋头，臭熏三代。

那曹操却是肚量大得很，还是不理睬袁绍的公开宣战。还是怕袁绍？现在已经不是了，早在建安四年（199）八月，曹操便主动向袁绍开了战，自己提军进驻黎阳与袁绍相持，又命吕布的降将臧霸等人攻入了青州，连破齐、北海、东安等城，在袁绍的侧翼埋了根硬钉子．就是现在，部将于禁仍正屯军河上与袁军对峙。

那么，还是在担心南边的张绣？也不是，两月前，张绣已经主动第二次向曹操投降了。

会投降的人才是高手

就当时中国的乱战局势来说，已经凸显出曹操、袁绍两大超强军事集团争霸天下的苗头。

同样，袁绍与曹操也要不遗余力地拉拢各个小的集团，那张绣所处的穰城，由于地处荆州的前沿，曹操的后方（对北部的袁绍而言），更是双方争夺的要点。

袁绍派来招降张绣的人先到了穰城，并亲笔写信给贾诩，请这位大明白人帮助说服张绣，联合灭曹。军政大事，贾诩岂敢耽搁？立即去找张绣。

袁绍当时手握四州，不但地广兵强，而且声望极高，论其才智，在当时群雄中，亦当首屈一指；而曹操的所谓后方仅是破烂不堪的兖州，东面还有公开叛乱的徐州刘备牵扯着，本身所处的豫州实际只控制北半部，且南北有劲敌虎视。两人的强弱是分明的。

张绣怎么掂量，觉得也应该向袁绍倾斜。正在设宴招待袁绍之亲善大使时，贾诩到了，未曾入席陪客，先问客来何意。

贾诩当场质问："袁绍对亲兄弟都不能包容，怎能包容天下豪杰？"双方还没谈判，关系先破裂了。

张绣惊惧圆场：酒桌上不谈业务，自古醉汉说话不算数。

客离后埋怨贾诩：得罪了超级老大，我们靠什么发财？

贾诩说：有曹操哇。

张绣晕了："袁强，曹弱。傻大木都能看出来，我们又跟曹操结过大怨，莫不是没喝酒您老也被熏醉了吧？"

贾诩的话极为深奥："正因曹操势弱，我们才应该扶弱拆强。袁绍强盛，对我们这点儿兵，怎会看在眼里？曹操微弱，才会重视我们哪，何况曹操现在尊奉着天子，号令天下，名正言顺，政治上是曹强！至于过去恩怨，欲称霸天下的，怎会纠缠私人怨恨？肯定会借此向世人展示胸襟。将军没有必要担心，不用犹豫。"

张绣早就心里发过誓：贾诩的话，一当万，你说咋办咱咋办。

于是，张绣率军归降曹操。果然，曹操握住张绣的手，激动万分！

欢宴贡酒九酿春，尽忘子侄丧命冤。

来个亲上做亲吧：让自己的儿子曹均，娶了张绣的女儿，当场任命张绣为扬武将军；贾诩的大功更得酬，任命为许都警备司令（执金吾），又封都亭侯。

亲上做亲倒是真：张绣也不是傻子，怎忍心当真棒打鸳鸯急曹操、误婶婶？献上小婶婶与曹操为妾吧。

南方已定，曹操还不动兵刃地安抚了西方，关中（陕西省中部）将领们开始对袁、曹都保持中立，欲看看风势再说。凉州牧韦端，派从事杨阜来许都探听情况，杨阜带回了自己的印象：

"袁绍宽松少决断，计多却不知用哪条合适。无断则必将无威，少决则必然被动，眼前虽强，却难免后败；曹操有英雄之才，心胸广阔，遇机会从不放过，法令统一，执行彻底，既敢用仇，亦会用亲，被用之人皆都能职守，定可成大事！"

此语传开，西方的军阀们最起码在短期是不会来骚扰了。在与袁绍对决前，最需要解决的是徐州刘备的问题了。军报早就放在案头，刘岱、王忠大败于刘备之手，以现在刘备的眼光与谋略，在将来袁、曹大战时，对许都将是极大的威胁。

对刘备，曹操现在的评价是："夫刘备，人杰也，今不击，必为后患。袁绍虽有大志，而见事迟，必不动也。"

对曹操的论断，智囊郭嘉也表示认同，但袁绍就真的那么听话吗？袁绍的智囊团更为庞大，其中也不乏如二荀、郭、程之才，如田丰、沮授……

打工的啥时候也不如老板

紧靠肘肋的徐州始终是曹操的一块心病。早在吕布霸徐州之时，曹操就极为忧心，其时袁绍恃强骄横，经常来书辱骂曹操，曹操因徐州掣肘，无力与之抗衡甚为烦恼，当时还是荀彧解除的他的心结。

这荀彧在史书中说话，惯会长篇大论，弄得笔者替他当翻译工好生为难：原文照搬，成了笔者抄书；全文翻译，又太过冗长；越过不甘，删节可惜，只得尽量不失原意，改文风简化成半白话文。

他替曹操分析了双方的优劣特点：

自古成败，皆是人力，强弱转换，无不人为，高祖克项羽，即是前鉴。当今天下，唯袁绍可算曹公对手，然袁绍有四不如曹公：袁绍外宽内忌，曹公唯才皆用，度不如公一；袁绍迟疑少决，曹公善于立断，谋不如公二；袁绍治军涣散，曹公赏罚严明，武不如公三；袁绍虚荣好名且吝啬，曹公自身谨俭多赏功，德不如公四。今公秉一心辅助天子，八方多助，持四胜代天征伐，谁敢不从？袁绍虽强，必无所为！

曹操听了当然大为高兴，荀彧接着提醒："如不先制服吕布，收复徐州，还是没有可能兵向河北对付袁绍的。"

那次曹操听从了荀彧的建议，置袁绍的威胁而不顾，兵出徐州，终于消灭了吕布，将徐州收入囊中。现在到手的徐州转眼又成了敌人，尤其是那刘备最可恨，竟然在曹某对他最好的时候参与密谋，什么叫以怨报德？大耳朵就是榜样，就等着看你铁心与我曹某作对的下场吧！

袁绍就没想过与曹操动真格的吗？当然不是，还是由于自身的原因：曹操迅速控制皇帝之时，他犹豫了一下被曹操抢了先手；才想硬抢过来曹操又及时服了软，让给了自己大将军职务；俗话说伸手不打笑脸人，总不能做得太过分了吧？等到曹操与张绣开了仗，那背后的公孙瓒又到了收拾的最后关头，不靖后方，怎能前攻？

曹操与吕布打成一团，那倒是个好时机。可是打下了四个大州，总得先分配胜利果实吧？青州给了大儿子袁谭，幽州派去了二儿子袁熙，外甥高幹去代理并州，自己坐镇邺城，亲掌冀州。

对袁绍的这次"分家"，谋士们几乎都有不同看法，军师沮授就这样说："大祸从此就开始了呀！"

为什么呢？沮授这样解释：一只兔子一万个人去追，只要有一个人先逮住了，其余的人也就不追了。只要是兔子还在，大家就永远不会停止追赶的脚步。

现在袁绍一下把四只兔子全分给自己的儿子了，大家伙还会继续卖力地去追赶兔子吗？没目标了，还追什么去？那袁绍却不这么认为，他觉得这是观察与选拔接班人的好办法，让他们各自治理一个州，谁有本事不就清楚了吗？

这时候的袁绍绝不会想到：要是他们把本事都用在抢对方的兔子上面怎么办？

现在曹操要对徐州的刘备动手了，袁绍分配完四州后还留出来机动部队十余万，分别由万夫不当之勇的两位大将颜良、文丑率领，这些兵是用来干吗的？就是在等出兵打击曹操的时机，曹操便当真把这个机会留给了袁绍，自己率部从与袁绍对峙的官渡沿河东下，杀向了徐州。

大好时机留给了袁绍，谋士田丰极力建议，趁曹操大军远出徐州之时，袭击许都，抢过皇帝来！

　　但事情就那么凑巧：袁绍的小儿子突然病了，袁绍现在哪还有心思干工作？是啊，儿子如有了什么不测，打下地方来留给谁去？

　　怎么说都没用，袁大将军还是把全部注意力都用在关心革命接班人上面，坚决不许妄动刀兵。气得田丰出门便顿着拐棍说："千年难遇的机会呀，而以一个小儿之病的理由错过了，实在可惜啊！"

　　其实曹操这次出兵打击刘备确实有点儿赌气：把后方不出事的希望完全寄托在袁绍给予配合默契上。那袁少爷得病也不是曹操能预先知道的，实际上是运气在帮曹操的忙，当然也有袁绍的人力配合因素，万一袁绍一狠心呢？

　　这么不顾一切，桌面上的理由是消除将来的隐患，真正的原因是让刘备捎过来的一句话给激的。刘岱、王忠二人在徐州打了败仗，回来向曹操转告过刘备向他们说的一句话：

　　"像你们俩这样的货色，就是来上一百个，能把我怎么样？倘若那曹贼自己来了吗，还可以另有个说法。"

　　刘备也不是刻意看不起这两个人，是在战场上故意这么损的，是战术的需要，目的就是威服刘岱、王忠，不承想把曹操给激怒了，这下惹来了大麻烦！

　　可见，任何时候对任何人说过头话都不是什么好事。

　　需要说明一下：曹操派去打仗的将军刘岱与原来的兖州刺史刘岱，不是像《三国演义》所说是同一个人，只是巧合同名，更巧的是两人均字"公山"，而且是同学。所不同的是：兖州刺史刘岱，是青州东莱郡牟平县（在山东蓬莱东南）人；曹操的部下刘岱，是豫州沛国（在安徽宿县西北）人。

那王忠却是有点儿来历，有相当高的知名度，只不过出名的原因不大光彩：爱吃人肉！

王忠是右扶风（陕西武功一带）人氏，在李傕、郭汜闹长安的年代，因遍地饥荒，老百姓饿得交换儿女吃，这王忠也好上了这口。自归顺曹操后，当然要讲究点儿了，也就不能拿人肉干当点心了（后来，曹丕曾开他的玩笑，将从坟地里找到的骷髅，挂在王忠的马脖子上，引得众人大乐）。

就这么两个人，一开始进兵徐州时也十分轻敌，也就是因为心里看不起刘备这个人，才招致小沛之战的惨败，还有那令人不得不忍受的战场羞辱。

刘备出马，一个顶俩

夺得徐州的刘备对付刘岱、王忠没用费多少力气，实际上刘岱、王忠的大军还没有见到小沛城就被打得没有了抵抗力。

那刘岱、王忠提大军来剿灭叛贼刘备，初次为将独当一面，当然兴奋异常，决心打出个样儿来让主公瞧瞧。再说，刘备算什么？一个贩席的，不就是凭运气代理了几天州牧吗？后来又凭借八竿子打不着的皇帝本家，混上了左将军的高位。就这还不满足，还要扯旗造反？主公这次真是看错人了，养了这么条白眼狼，咱们要替主公出这口恶气！

先定进兵方略，两位将军，总得有一人打前锋，一人做后卫吧？保证粮草供应路线通畅更加重要。可是两人都想直接参与对刘备的打击，没人愿意缩在后方，那怎么办？这时候无法相较品级的高低，副将积极求战也是应该鼓励的。怎么解决呢？抓阄吧，那时候还没造出纸来，一般是用铜钱抛反正面来定运气的。

说起抓阄来，这可是国人的老传统，就是现在足球场上的主裁判也是用抛硬币来决定谁先开球的。

刘岱、王忠的抛铜钱却没成功，巧了，在平地上抛的，铜钱下落的时候恰巧靠在了一根干棒上。王忠要重来，刘岱忽然醒悟：这是上天在让我们同时进兵啊！于是二人兵分两路，相隔三十里，同时向包抄小沛。

没看到一个老百姓，好不容易抓了个失明人问问吧，一句话说得王忠差点挥刀砍了那个瞎子，哪有这样说话的？

"刘州牧早就派人通知了，这次带兵的王忠，是个专爱吃小孩儿的畜类，大家要赶快跑啊！"

尤其是连吃水井都给填死了，只得让士兵们现掘井造饭。这下，本来该傍晚聚会于小沛城下的作战方案就不能实现了，只好半道扎寨宿营。二人倒是有飞骑随时相互通报信息，也没当多大事，不就是让刘备再多活一天吗？

大军宿营，谨防劫寨，一夜却是平安无事。

黎明时分，刘岱忽然接到王忠的飞骑求援箭书：营寨被围，正在激战，请刘将军速率大军来援，从外面包围敌军，大破刘备，就在今日也！

那还能犹豫？留步兵守卫营寨辎重，所有骑兵立即出动，杀向王忠军的驻地。

军行半道，迎面撞来一支铁骑，才要准备厮杀，突然发现领军的正是王忠将军，这是怎么回事？二人见面，都拿出了同样的告急信件，只是台头与署名换了换。两个人都是聪明人，同时明白发生了什么了。

别再分兵了，一起驰援一处营寨吧。到了刘岱的大营，哪里还有什么大营？只有几具自己士兵的尸体，还有余烟袅袅的残炙，连辎重带士兵都被打劫了。不多时，有王忠大营的几个残兵赶了过来，王忠的营寨也是同样的命运，据说是打着刘岱将军旗号骗开的寨门。

二位将军面面相觑，作声不得，别说继续作战了，今天中午吃什么？往回赶也不成啊，难道让全体士兵饿上三天？回去主公也得砍脑袋呀，王忠竟然立时觉得饿了，恨不得马上拉过个人来啃上几口！

两人正在进退不得之时，士兵来报：刘备的大军已在二里外结阵，阵前有两溜大车，不知上载何种秘密武器，唤二位将军上前答话。

死也要死个光明磊落，大丈夫还能让人吓退不成？二位勇将没用商量，便一起策马奔向刘备的军阵。果然是刘备在向二人招手，好像并无恶意，两人相互壮着胆走向刘备，且看这大耳朵说些什么。

于是，刘备就说了前文二人所转告曹操的话："像你们俩这样的货色，就是来上一百个，能把我怎么样？倘若那曹贼自己来了嘛，那还可以另有个说法。"

不过后面还有两人没敢转告的话，所以正史未载，演义没描："本州牧奉天子令讨曹贼，你二人好歹也都是国家将士，且看在天子的份儿上，给你二人施与好生之德，送你们二十车军粮，应敷你两天之用，莫要饿坏了将士们。愿降本州牧欢迎，不降刘某礼送你们出境，快些回去举炊去吧，饱餐之后务请上路。"

再窝气也不敢拒绝人家送的粮食呀？哪里是人家的粮食？那口袋上面还分明写着"曹"字呢，这是刚从咱们大营抢过去的！

所幸曹操也自知二人非刘备敌手，本人在遣将时也不无责任，就没有重罚二人。而是如刘备之约，亲带大军来了，且看你刘备到底另有什么说法？

刘备绝没想到曹操能亲自出马，后方有袁绍虎视，他能不要许都？所以根本没有任何思想准备，反而是在例行巡逻边境时遇到了曹操的大军，这仗没法打了。

又把老婆扔了

"政治攻心"这手绝招刘备做得很不到位，他心里极清楚：自己带的就是曹操的兵，跟别的将领作战，部队有战力。如果曹操亲自来了，手下的部队能不能给自己卖力就很难说了，真出死力跟曹军拼命的，也就自己那两千老部队。

论人数，现在刘备的兵力并不少，若加上东海郡昌霸等人所来援的徐州地方部队，也有几万人马了。论将领，自己手下的关羽、张飞，都是世所公认的万人敌，可要与曹操抗衡，刘备知道远远不够，让自己的将士去打他们的老领导，确实有些难度。

再就是徐州的郯城之战给他的影响太深刻了，几次都是死里逃生，若不是张飞死力相救、关羽骚扰粮道，自己早就"为国尽忠"了，刘备现在的军事力量主要依靠此二人。

说起关羽与张飞来，真是刘备的一对绝配的左右臂膀：关羽是河东解良人，因杀人命案逃亡涿郡；张飞是涿郡土著，乃本地富家子；由于家庭的原因，关羽读书肯定不会多，张飞却是上过学堂的。

没怎么读过书的关羽在人们的印象里，一般喜欢捧着一本《春秋》古书看，至于关二爷能不能看得懂是没人追究的，也无法验证；而张飞却是书法极好，堪称大家，并且擅长画美人图，给人们的印象却恰好相反，胸无点墨，性情粗暴，这些就要感谢罗贯中先生的《三国演义》了。

至于长相，关羽应该是个红脸大汉，长须及胸；张飞应该是个比关羽个头略低的白面书生，《太平御览》里面有一句关于张飞相貌的描写：人中张飞，马中玉追。

体格二人接近，都应该练过健美之类的玩意儿，要不上了战场体力也撑不住啊。两个人都爱留胡子，冷兵器时代，胡须能增大人脸的面积，主要是为了在战场上吓唬敌人，拼刀子的时候大概都喜欢对方是个奶油小生，自己当然是越凶恶越好了。所以，就是真有长得俊秀的帅哥上了战场，也会弄副假胡子戴上，上战场喜欢戴面具的俊男是史有所载的。

最多有小学文化的关羽最讨厌的就是读书人、士大夫；大概是物以类聚，人以群分的缘故吧，张飞对读书人历来极为尊重；关羽傲上恤下，对身边的士卒甚宽容；张飞或许是在老家打骂奴仆惯了，喝醉了爱拿身边侍候的小兵出气。

但有一条，上了战场两个人都是不要命的主儿，战斗力极强。

由于部队构成的原因，就是有这两员大将在身边，刘备现在也不敢与曹操交手。所以，当他发现曹操亲率大军来到面前时，第一反应肯定是转头就逃了，逃是对的，稍迟便走不脱了。

曹操也同时发现了刘备，正是仇人相见，分外眼红。立即指挥大军扑向刘备。刘备转身一溜，部队哪还有抵抗的勇气？兵败如山倒，顷刻崩溃了。

刘备仅带着几十名马快的亲兵逃离了战场，再投向哪里呢？下邳虽有自己的妻儿与关羽，可他更清楚，那是往曹操罗网里钻，曹操的部队已经扑向下邳了。

张飞已经在乱军中失去了联系，去哪儿不知道，只能祝他一路走好了。

谁说天无绝人之路？敢问路在何方？路在脚下，却不知通往哪里！实在是到了"山重水复疑无路"的境地了。

忽然想起：自己在曹操推举的豫州牧任上时，曾保举过袁绍的儿子袁谭为"茂才"。这"茂才"身份却是"孝廉"所不能比拟的，实是非同小可，每州仅限一人，还必须由州牧或刺史亲自保举。保举的人也就是这"茂才"的恩师了。

以袁绍及袁谭的身份，未必稀罕这个"茂才"名分，但总比没有一点儿情谊强吧？虽然袁绍是刘备的仇人（杀了同学兼老领导公孙瓒），但现在又能去哪里呢？得罪的是曹操啊！除了袁绍，天下虽大，谁又能保护得了他？

至于是不是"柳暗花明又一村"，那就只能走到哪儿算哪儿了。下邳的关羽与妻儿？顾不得了，有心无力，只有各自保重吧。

曹军把下邳城围了个水泄不通，关羽仅数千兵丁，战无能力战，守更莫想守，刘备信息全无，两位夫人却还在城中，连拼命的资格都不存在了。怎么办？曹操遣使进城，许诺关羽可以有条件地投降，关羽不得不考虑了。

最后终于放下了武器，至于投降的具体条件，史未详载，但从后来关羽能顺利离开，并且能携带着刘备的家眷上路，应该是其中的条件之一。也可以看出，对关羽，曹操是信守承诺的。

对待投降的关羽，曹操又何止于信守承诺？一回到许都，便立即引见给皇帝，没有寸功，竟拜为偏将军。在曹操的部将中，能获得如此高位的也就夏侯惇一人而已，可人家那是跟着曹操从刀山血海中拼杀出来的呀。

后方已靖，现在该轮到袁绍了。但同强大的袁绍作战，诸将还是有怯意，以为不可能战胜比自己强大数倍的敌人，尤其是后方兖州，紧邻青州、冀州，一旦袁绍从那里下手，怎么抵挡？

曹操向将士们分析："吾知绍之为人，志大而智小，色厉而胆薄，忌克而少威，兵多而分画不明，将骄而政令不一，土地虽广，粮食虽丰，适足以为吾奉也。"（《三国志·魏书·武帝纪》）

对于兖州方向的防务，曹操其实早就做了准备。早在一月刚消灭吕布后，曹操便做了一个令人们瞠目结舌的决定：把青、徐二州的事情交给了泰山一带的一个强盗臧霸。

臧霸自匪从良后做的是陶谦部下，后来依附了吕布，素以骁勇闻名于泰山南北，尤其精于战场指挥。曹操一见之下，大为欣赏，当即任命为琅邪相，并且委托他代管青、徐二州的一切军务。

这臧霸果然不负曹操所望，现已率数万精兵杀入了青州，虽然以臧霸的兵力，要想捣乱冀州，成为袁绍的大患，其兵力是远远不够的，但却能牵制袁绍不从这一路进兵，所以曹操不怕袁绍从兖州方向惹事。

唯一稍担心的还是荆州的刘表，现在只有指望江东的孙策能对他有所牵制了。

老子好汉儿英雄

孙策一直是一块令曹操左右为难的心病，从本能来说，没有人希望别人比自己更强大；但从现实需要又指望荆州刘表的背后有强大的力量给予掣肘。逢这种情况，几乎所有人的选择都是且顾眼前，曹操采取的是什么态度呢？管不了的事就干脆不管，政治上维持友好状态，实际行动上能让步的就不妨让一步。

所以，对孙策恃勇屡次侵犯自己的广陵郡，连抗议也没有过一句。幸好广陵郡的现任太守陈登是个文武双全的奇才，才止住了孙策从徐州北进的势头。

风华正茂的孙策是不会坐守江东六郡的，当年席卷江东之时，迅速建功的因素除选准了江东地界的军事真空外，主要还是靠他个人的魅力：孙策有吕布之一切所长，而无其所短，帅气加骁勇集于一身，谋略与仁义聚于一人！

当然，仁义是指对小民百姓说的。

孙策少年治军，却能使部队军纪严明，部队所过之处，百姓一禾不损，一鸡一犬不伤，所以极得百姓爱戴；身兼各种官职，却无人称呼他的名号，都以"孙郎"称呼。

孙策人帅性情也豁达，并且极善于用人，"是以士民见者，莫不尽心，乐为致死"。而凡有贪迹的各处长官，闻孙郎军到，无不弃城而逃，窜伏于山野落草为寇。

孙策自十七岁起兵，杀人无数，但绝不是嗜杀成性，而是骨头里有一股不信邪的血性。

早在初伐江东时，刘繇部将樊能、于糜占据牛渚屯，依仗粮多战具齐全，并不大在意孙策的挑战。而孙策竟于青天白日，仅率数百骑，直捣敌营，一次冲锋便突入樊能、于糜营寨，恰如同虎入羊群一般，肆意杀戮。那樊能、于糜的数万大军哪里见过这等对手？仓皇之下，全面崩溃，军粮、装备皆恭送给了孙策。

秣陵城的彭城相薛礼，觉得有勇将笮融率大军在离此不远的城南驻扎，互为犄角，孙策未必敢来轻犯，所以仍坚持效忠刘繇，拒不投降。

谁知孙策并不理睬薛礼的所谓犄角之势，径直以轻骑直袭笮融大营。笮融恃勇出兵交战，孙策率部仅一个冲阵便斩获五百多人头，而自己部队几乎无伤亡，从此笮融回寨闭门，再也不敢出动。而孙策却马不停蹄，直扑秣陵的薛礼，薛礼丧胆之下未战远遁。

回攻笮融，笮融更加不敢出战，这时竟发生了对笮融绝对利好的事情：牛渚屯被击溃的樊能、于糜等重新集结了溃军，趁孙策战笮融、驱薛礼之时，抄了孙策军的后路，袭破了牛渚屯。

孙策回军二次击牛渚，竟还是长驱直入，无人能挫其锋锐。破屯之后，将樊能、于糜等重新集结的部队一举俘获。樊能、于

麋等于给孙策送去了一万多人的预备役士兵。而那被打怕了的笮
融却只有眼睁睁地等着孙策重新攻来。

孙策仅是凭武艺超群，敢拼善战吗？当然不是，回军强攻笮
融营寨时，孙策被流矢射中大腿，连战马都不能骑了，被部下抬
回了牛渚营。却趁机派出了一个自称叛逃孙策的士兵，转投了笮
融，并邀功密报："孙郎被箭已死。"笮融大喜过望，立即派遣部将
于兹领精骑袭击孙策残部。

孙策先遣派步骑数百迎战，于兹率铁骑强攻，兵刃未接，孙
策军即溃退，于兹乘胜追击，直闯入孙策布置的包围圈中。伏兵
四起之时，于兹哪里还敢应战？一仗丢下了千多颗人头。笮融闻
孙策尚在，从此更加深沟高垒，再也不出战了。

而孙策因为笮融所屯兵之处地势险固，也就不再强攻，一直
到收拾完刘繇所有的部将，尽破海陵、湖孰、江乘等城，笮融军
再也没有出来捣乱过一次。

刘繇弃军潜逃后，孙策发布告令，告诉未降的诸县："凡刘繇、
笮融之部曲来降者，一概不问前恶；从军自愿，决不强迫。"所以
旬日之间，四面云集，士兵骤增两万多人，马千余匹，孙策之所
以威震江东，因为他的政策太对路了。

孙策杀人于不动声色，谈笑间出手，举重若轻，也有一例：
征讨最后一个江东土豪严白虎时，严白虎高垒坚守，不战也不降，
却使其弟弟严舆来和谈。

孙策答应了，严舆非要与孙策单独会面。因为这严舆素来以
勇力无比著称，孙策的部下有人担心，不会出什么意外吧？

孙策大笑而去独会严舆，二人席地而坐，孙策突然拔出一把

匕首插在席子上，严舆一惊身体微动，孙策爽笑："听说你能盘腿而坐时跃起来，灵敏非常，所以给你开个玩笑，想见识一下阁下的绝技。"严舆有点遮掩地说："我看见白刃便会的。"

孙策从那一动之间，已经清楚严舆的斤两了，一边漫不经心地说着"是吗?"，一边随手一戟投去，正中严舆咽喉，立时呜呼。

这么有勇力的严舆都死在孙策的谈笑风生之间了，严白虎的部众吓坏了。等孙策进攻时，竟没有一个敢上前抵挡的，严白虎全军溃散，只身逃往余杭的一个土阀许昭军中，那许昭原是严白虎的一个故友。

对义字孙策也挺在乎：部将程普等人要去围了许昭，逮捕严白虎，孙策竟然说："算了吧，许昭有义于旧君，有诚于故友，此丈夫之志也。"

数风流人物，还看江东

东汉时的江东即今天的江南，吴越钟秀之地，多出风流才俊，更不少英雄侠士。

攻曲阿时，刘繇那里来了一个山东老乡（东莱郡黄县人），复姓太史，名慈，字子义，人生得猿臂美髯，身高 1.77 米稍强，素有胆略，武艺更是没说的，箭法不让吕布，美髯不让关羽。但因初来乍到，尚未得刘繇信任，只是一个串门的客人，被刘繇临时委以探马的低级活路。

事有凑巧，一日与同伴两骑出巡时，在神亭遇上了孙策，孙策率领韩当、宋谦、黄盖等十三骑。太史慈却毫不畏惧，出马便上前挑战孙策，孙策何曾遇到过对手？当即吩咐众人勿上前群殴，自己出手独擒这不知天高地厚的小探马。

谁知二人一交手，却正是棋逢对手，将遇良才，身手半斤八两，不相上下，谁也占不了谁的上风，两人俱求胜心切，焦躁之下，哪还管什么回合套路？

近骑拼搏之中，相互撕扯，双方全滚下马来，玩起了日本相扑、高丽跆拳、中国式摔跤。岂料在这全无章法的贴身肉搏上，两位选手也是旗鼓相当。

其他人现在都是观众，又没有个现场执法裁判，所以既无法暂停，也难以休战，各人使点儿难上台面的歪招也是免不了的。孙策无意中拔下了太史慈背后的手戟，太史慈急切中扯下了孙策的头盔，一阵胡刺乱砸，全然不成体统。幼稚园里的娃娃们打架一般也是这等风采的，这叫人逢危急之时，自然返璞归真。

直到双方的大部队赶到，二人才结束了这场生死拼斗，但孙策却从此记住了这位山东人太史慈。后来刘繇逃亡芜湖，太史慈孤军守泾县，孙策竟亲自出马围捕太史慈，部队实力相差悬殊，太史慈城破被擒。

孙策亲自为其解缚，握手之间，问的第一句话竟是："咱们是在神亭时相识的吧？若那时逮住了我你会怎么办？"

太史慈实话实说，森然回答："不好说的事！"

孙策大笑："我也跟你一样，今天也是不好说的事！"

当即拜太史慈为折冲中郎将。后来刘繇死于豫章，手下尚有部众万余人未有所附，孙策让太史慈前往招抚。左右部属都提醒孙策："太史慈此番北去一定不会回来了！"

孙策相当自信："太史慈除了我以外，不会投向任何人！"饯行时送别昌门，把腕告别太史慈："说个回来的日子吧？"

太史慈确凿地回答："不会超过六十天。"后来果然如期带收集的部众返回江东，众人无不叹服孙策信人知心。

等到袁术穷途败亡时，孙策当然不会放过收容袁术残部的良机，实际上袁术这人是真正的舍命不舍财的那类"牛人"：部队饿散，自己饿死，却还私藏金银财宝无数，估计是怕到了阴间里成了穷鬼，也可能是担忧自己崩后，撇下的众多美貌嫔妃生活无着落，给大家留点儿遗产吧。

谁知孙策的继承遗产行动迟了一步，被近水楼台先得月的庐江太守刘勋先下了手，本来袁术的长史杨弘、大将张勋等部属是准备转投孙策的，这下连美人们、将士们，以及数不清的珍宝都被刘勋抢先以武力收容了过去，孙策怎会甘心？

那刘勋其时兵力甚众，孙策不便与他立即兵戎相见，就把自己欲派太史慈去收容豫章刘繇之万余残部的信息主动透露给了刘勋。刘勋也是个贪多不嫌撑死的主，立即遵照先下手为强的办事原则，亲率精兵袭向豫章。刘勋刚离庐江，孙策便以轻骑趁夜袭拔了庐江城，刘勋的部众皆尽投降，袁术的那些余部、美人、财宝全转送了孙策。

刘勋此时再也没有心情去抢别人的遗产了，当然要先回收自己已经抢到手的东西，急速回军皖城，却在彭泽遭到了埋伏。原来孙策并不屑与其亲战，仅遣派从兄孙贲、孙辅率八千骑兵对付刘勋的回师，自己与周瑜带两万步兵破了刘勋的老窝皖城，尽得袁术遗下的百工精匠及鼓吹部曲三万余人，就是刘勋自己的妻妾也被孙策一并给"收容"了过去。

刘勋被孙贲、孙辅所率的八千骑兵打了个猝不及防，部队溃散，无奈只得收拾残部转投西塞，筑垒自守，并告急于刘表，求救于黄祖。黄祖遣太子射率水军五千人相助刘勋。

孙策挥师西向，全歼太子射水军，太子射单骑遁走；转而大破刘勋军，逼得刘勋仅带麾下数百人北逃，去投降了曹操。

最令曹操哭笑不得的是：孙策还竟然把击黄祖、灭刘勋的辉煌战绩如实上表给了曹操的中央政府，要求给予表彰封赏。

曹操权衡之下，只得接受这令人不舒服的报捷，甚至还把自己的亲侄女许配给了孙策的小弟孙匡，又让自己儿子曹章娶了孙策叔兄孙贲的女儿。也顾不得辈分混乱了，反正是亲上做亲了，以后大家见了面愿意称呼啥都随便吧。

现在曹操要以全副精力准备与袁绍开战了，那孙策能不能看在这两层亲戚的份儿上援一把呢？只要能牵制住刘表的荆州军，就算不辜负几年来的忍声吞气。

最起码别在关键时刻趁火打劫，如果孙策趁曹军与袁绍苦战时从背后来上一刀，径袭许都，那就不堪设想了。

真正的"超女"：大乔、小乔

建安三年时的攻拔皖城，孙策还有一个绝大的收获，那就是得到了为避战祸而流落到当地之乔公的两个女儿。

一对姊妹花，均号称国色，生得到底有多美？因为没有照片、画像之类的第一手资料留下来，笔者不敢胡乱形容，能让孙策这样的帅哥看直眼的，你就可以感觉美到什么程度了。

曾有诗云："乔公二女秀色钟，秋水并蒂开芙蓉。"以后看到初秋时节的荷花时你就可以想象了，你想她们多美，她们就有多美。

明人高启有诗《过二乔宅》：

> 孙郎武略周郎智，相逢便结君臣义。
> 奇姿联璧烦江东，都与乔家做佳婿。
> 乔公虽在流离中，门楣喜溢双乘龙。
> 大乔娉婷小乔媚，秋水并蒂开芙蓉。
> 二乔虽嫁犹知节，日共诗书自怡悦。
> 不学分香歌舞儿，铜台夜泣西陵月。

这国宝级的人才，孙策没有独占双绝，而是与他的从小玩伴、性情挚友、事业臂膀周瑜分享了：孙策纳了大乔，周瑜纳了小乔。

一对姐妹花，同时嫁给两个风华当世之英俊，而且俱是文武双全、风流倜傥，世所公认的雄略过人、智勇拔萃之人，当然应该是一段风流千古的佳话。

至于后来鸾凤落单，鸳鸯失偶，那便不是人所能预料的了。

能舍得将美女一起分享的哥们儿才是绝对的铁哥们儿。周瑜，字公瑾，庐江郡舒城人。孙坚举兵讨董卓时，将家小安顿于舒城，孙策与周瑜同岁，二人从年少便性情相投。周瑜家是舒城豪门，孙策家的住宅便是周瑜家提供的，两家有无共通，直至入堂拜母问安，可算是通家至好。

周瑜在孙策东征到历阳时，接到孙策的书告，从叔父丹杨太守周尚那里借了些兵来迎接孙策，孙策大喜："有了你，一切就不会有问题了！"

从此周瑜便随孙策攻横江、克当利、摧牛渚、击秣陵、破笮融、驱薛礼，转战吴越，荡平江东。直至建安三年（198），被孙策授予建威中郎将，领江夏太守，留镇巴丘。

至于《三国演义》中戏言曹操也欲染指二乔，小说家胡扯，无可指责，罗贯中把曹植原赋的"连二桥于东西兮，若长空之蝃蝀"，改为"揽二乔于东南兮，乐朝夕之与共"，属妙笔移文，为小说添彩，只能钦佩老罗的文思机敏，于历史中的真实无涉。赤壁之战进行时从诸葛亮口里出来的这种说法，但赤壁之战在建安十三年（208）才开始，而曹操的铜雀台建于建安十五年（210），诸葛亮再聪明也没能耐借来几年后写出的词赋。

孙策在曹操与袁绍即将开始最后的决斗时会对许都的献帝有想法吗？就是有，那也是将来的事，现在是绝不可能的，上游还有宿仇刘表、黄祖虎视，中部有难缠的陈登潜伏于肘肋待机，江东当地还有的是不服气的豪强，只是被军威震慑得暂时的低眉顺眼，孙策无能力出动大军进行无后方的远征。

即便是有现在的武力压制着，也不乏背后挖墙脚的人。吴郡太守许贡就暗暗上表给朝廷："孙策骁雄，与项籍相似，宜加贵宠，召还京邑。若被诏不得不还，若放于外必作世患。"

孙策截获了许贡的表章。当即把许贡请来相见，真凭实据，许贡无词。孙策爱民未必喜爱暗算自己的官员，立即让他做了萨达姆总统的榜样，把许贡执行了绞刑。

在除掉自己不喜欢的人士方面，孙策做得一点儿也不比曹操逊色，可以说有过之而无不及。也正因为这一点，才使得曹操指望孙策牵制刘表后方的愿望落了空。

孙策是个"宰星族"

金无足赤，人无完人，就连孙策这样不愧英雄的人也有个不良喜好：对一些有名头或者有身份的人他是不讲任何仁义的，极喜欢以一种方式来表达自己的崇拜与好奇心：宰了他，看能有什么大不了的结果。

会稽郡余姚隐居一位名士，名叫高岱，以研读经史著称，尤其精通《左传》。恰巧孙策也把此道作为自己的业余爱好，便想跟高岱论一番文理。一次巡视会稽时便让当地的地方官会稽丞陆昭去请他，自己虚席等待这位《左传》高手前来。

谁想左右却有心怀叵测的小人，具体是对孙策还是高岱有看法不好说，或许二者兼有，便乘机离间二人。

先对孙策介绍高岱："据说这高岱认为您英武有余，文采不足，您跟他讲《左传》，他肯定说这不懂那不知道，其实这便是他不屑与你谈论经史学问的原因！"

等高岱来了，他又嘱咐高岱："孙策最不喜别人超过自己。他如果问你《左传》的事，你不能显得自己无所不知啊，违背他的意愿跟他论辩，可是一件危险的事！"

高岱看来难副其什么名士，竟信以为真，想拍一次孙策的马屁。在与孙策讲论《左传》时，连连回答这不知道，那不懂得。孙策心想：看来你真的认为我不配与你讲论经史呀！立时发怒，把他给关了起来。

平心而论，这时孙策本无严惩高岱之意，但后来发生的事却成了高岱的催命符。听说高岱被囚禁，他的朋友和当时好多人都在露天静坐示威，请求孙策立刻释放他。孙策登楼看见数里地远近，坐满了请愿之人。原来是这样啊！那我非杀了你不可，看天能不能塌下来。讨厌高岱能得众人之心的孙策，干脆下令把高岱杀了，其实是专杀给以请愿要挟孙策放人的示威者看的。

这件事孙策做得实在有些过头了，无论如何高岱也够不上死罪呀。至于众多示威者静坐请愿，更不是什么该杀被保人的理由，惹得做领导的心情不好那是自然的事。看来孙策毕竟不是成为太祖的圣才，过于凭情感决定他人生死了。

后来又出了个会变戏法的道士，徐州琅琊人于吉，往来吴越之间，烧香读道书，制作符水以治病，整个是张角成立太平道的翻版！而江东人偏就多信他这一套。

有一天，孙策郡城门楼上集会诸将宾客。恰逢这于吉不长眼，在城门下面走，结果被诸将及宾客们发现了，近三分之二的宾客急忙下楼给于吉磕头，连司值的礼仪官员也喝止不住。

这下孙策火了，便把于吉逮捕收监，这事儿没做错，总要调查一下这么个有邪教嫌疑的露头鸟吧？

结果竟然所有的人都来说情，其中还包括孙策的母亲吴夫人，这后门可称得上通天了！老太太大都爱信些鬼啦神啦的，对政治的敏感度当然不如儿子，对孙策说："于先生也能为军祈福哇，可以医护将士，不可杀呀。"

孙策看得很清楚：这是个邪教头目，幻惑众心，不怀好意，竟然能使诸将不顾礼节，不听我的命令下楼叩拜，不可不除！

诸将也联名具保，请求释放这个现世活神仙。孙策大怒："诸君难道不看前车之鉴？糊涂啊！这小子已经被我入了鬼籍，你们别再浪费笔墨了！"

当即催斩了于吉，并把于吉的人头悬市示众。众人没有醒悟的，反而认为于吉并没有死，照常去人头那儿祭祀求福。

后来作史书的竟然也跟着胡说八道：说这于吉远在顺帝时就有极高的道行，顺帝至建安中，五六十年了，于吉应该已近百岁，年在耄耋，礼不加刑。（《三国志·吴书注·志林》）

其实这反而提供了于吉造谣惑众的证据，那年代如果出个百岁老人，孙策能看不出来？大概就因为于吉胡吹的这个年龄而宰了他。从孙策的角度看：这样的不杀，难道再培养出一个"大贤良师"张角不成？

在曹操担心孙策以大军袭击许都时，身边的郭嘉这样分析孙策："策新并江东，所诛皆英豪雄杰，能得人死力者也。然策轻而无备，虽有百万之众，无异于独行中原也。若刺客伏起，一人之敌耳。以吾观之，必死于匹夫之手。"（《三国志·魏书·郭嘉传》）

一些郭嘉的粉丝甚至有的专家以此为据，证明郭嘉料事高人一等，聪慧绝伦。

笔者认为，这纯粹是古代史家在扯淡，能预言孙策必定死于刺客？除非郭嘉造出了时间机器，否则哪里有一点儿可能？只能证明：正史记载也照样忽悠后人，史书上也是满纸谎言。

孙策喜欢轻装简从，出外游猎。他骑的是上等骏马，驰骋逐鹿，跟从的人当然赶不上。正当他快如疾风地奔驰时，突然从草丛中跃出三人，弯弓搭箭，向他射来。孙策仓促间，不及躲避，面颊中箭。虽然后面的扈从骑兵赶到将三个人杀死，但孙策已经重伤。

这是许贡的门客潜藏在民间，寻机为他们的原主人报仇，竟然一次得手。

孙策中箭，创痛甚剧。自知不久于人世，便请来正议校尉张纮、长史张昭等人，托以后事。他说："中国方乱，夫以吴、越之众，三江之固，足以观成败。公等善相吾弟！"（《三国志·吴书·孙破虏讨逆传》）

接着，叫来孙权，给他佩上印绶，说："举江东之众，决机于两陈之间，与天下争衡，卿不如我。举贤任能，各尽其心，以保江东，我不如卿。"（《三国志·吴书·孙破虏讨逆传》）

一个"保"字，才是真正的未卜先知，实是知弟莫若兄！不同于史家们记载的郭嘉早料到孙策死因，那只是由于作史的自己生在孙策死后的缘故。

建安五年（200）四月四日夜里，孙策去世，时年二十六岁。莫非天妒英才？

曹操寄托于孙策身上的牵制刘表的希望破灭了，虽然也消除了孙策袭击许都的可能性，但对曹操目前来说，还是弊大于利。

刘表现在可以无后顾之忧地盯住曹袁大战了，他在等待杀向许都的机会，还是在等待其他什么？

荆州刘表等待"牛市"

刘表的政治资历要强于目前任何一个割据的军阀，包括袁绍与曹操。

刘表，字景升，山阳高平人，是真正的大汉皇室血统，为汉鲁恭王之后人。身长八尺余（1.84米还多），身材伟岸，相貌如同他的名字一般，可称真正的一表，并且极具长者风度。

早期的政治品行与文韬武略更是没的说，在灵帝年间便被评议为"八顾"之一。宦官摧残党人之时，作为代表人物的刘表有幸逃亡走脱，直到朝廷因平黄巾解除党禁，刘表才得以重回政府任职，任北军中候。

初平元年（190）关东联盟讨董卓时，因荆州刺史王叡被孙坚袭杀，当时的朝廷任命刘表为继任荆州刺史。其实是一张空头支票，袁术兵屯荆州北地鲁阳，刘表根本就不可能进入荆州，当时的袁术已经把荆州看成了自己的囊中之物，怎允许他人染指？

袁术当时为什么没有捷足先登？其时的荆州已经"风飘以悍，气锐以钢，有道后服，无道先强"（汉扬雄语）。荆州本有八郡，其中江南有长沙、武陵、零陵、桂阳四郡，其余四郡南阳、江陵、南郡、章陵。均在江北。州治在江南的武陵郡汉寿。

在刺史王叡的蹩脚治理下，此时的荆州"江南宗贼盛行"。宗贼，即一些按宗族关系组织起来的地方性民间武装，数量庞大，派别林立，相互攻杀抢掠不断。袁术虽有奢望，但却望而却步，仅霸占了北端的南阳郡，对其他各郡，恰如一只馋猫面对一只肥刺猬，既舍不得放过，又不敢下口。

这时的刘表胆略非凡，单骑绕道潜入宜城，之后又表现出了自己独特的政治魄力，得到了南郡蒯氏、襄阳蔡氏等荆州大族的支持。几年下来，"江南悉平"，"开上遂光，南接五岭，北据汉川，地方数千里，带甲十余万"。

出于对付正盘踞在南阳的袁术的需要，刘表将州治移置到了江北南部的襄阳，以加强荆州北部的防守。由于刘表的礼贤下士，善待儒生，使得各地士子名流逐渐聚附于此。这时的襄阳地区实际上已成为全国的学术文化中心

刘表虽成为一方霸主，却崇尚中庸之道，热心于文治之功。建安三年（198），刘表成功地控制了荆州八郡，使"荆州万里肃清，大小咸悦而服之。关西、兖、豫学士归者盖有千数"。（《后汉书·刘表传》）与同时的中原和其他地方的混乱对比，荆州地区可算政治稳定，名士荟萃，社会和谐。

但在混乱的年代，文治却远远不如武功，不琢磨欺负别人，就必然被别人琢磨欺负。所以刘表一直面临的是东有强敌蚕食，北有巨鳄欲噬的局面。

刘表的一厢情愿是保持自己荆州的一方乐土，但在东汉的乱世，却无任何可能。儒家的学说是专为得到天下以后的人服务的，如果想用它在强权之下苟安延命，却是一服最有效的慢性毒药！

北方的两大"超霸"马上要开始对决了，这对处于弱势的刘表来说其实是一次机遇，不管他偏向哪一方，对另一方来说，都意味着灭顶之灾；但也意味着，等两大"超霸"剩下一个的时候，也就

轮到了自己上场决斗的时候了。有没有独善其身的第三条路呢？

南阳的从事中郎韩嵩与别驾刘先替刘表这样分析：

"今八方豪杰并起之时，两雄相持冀豫之际，安天下之重枢，已在于将军决断：欲有所为，应趁良机起兵；然若善保，则宜择一雄相从。如拥甲十万，坐观成败，欲得中立，必将两怨；曹操善用兵，贤俊多归之，其势非袁绍能敌；若坐等其移兵荆州，恐将军不能善守。万全之策，莫若举荆州以助曹操，操必重待将军，如此长享福祚，垂之后嗣，此为将军上计。"

说穿了这建议是给刘表摆出了非甲即乙两条路，要么出兵参与混战，否则只有投降曹操。这是从逻辑上先把刘表套住，骨头里是一种投降派的妙论：出兵助拳或浑水摸鱼肯定是不可取，那就只有投降一条路了，荆州是肯定丢定了，刘表本人是否能得到期望的厚待要决定于曹操的心情；出这妙主意的人安全是没问题了，富贵也指日可待了。

其实所有投降或投诚的人们也是强调的这种逻辑，一般还要加上条理由：为使人民避开无妄战火，为了天下生灵免遭涂炭，为了国家不至于彻底灭亡……比古人会遮羞得多了。

刘表没听他们这一套，反而派韩嵩去许都探听曹操的态度。韩嵩先提条件：将军如果是去投降，那我愿意为使，否则我不敢去。

刘表让他解释，韩嵩说："出使朝廷，朝廷一般会封给职务，能够把它推掉当然无话。如果推辞不掉而接受了封赏，那么我韩嵩从此就是皇上的人，不是将军你的人了。"

韩嵩的这个退路留得高明，出使回来，韩嵩已经被任命为零陵太守，由于韩嵩先前有话，刘表也无可奈何。但韩嵩这个被曹操封的官总得做点事呀，所以就四处宣传曹操的英明伟大，这下刘表不能容忍了，抓起来要杀他，其实这种人换了谁也都会想宰他的。

关键时刻还是刘表的老婆蔡氏起了作用，说韩嵩可是个人才，哪能说杀就杀？刘表虽然不得不听"领导"的，但也是没饶过韩嵩，有生之年一直让韩嵩在监狱里做他的零陵太守。直到去世后荆州真被不孝子送给了曹操，韩嵩才得以出狱。

最后刘表还是坚持自己"卞庄刺虎"的策略，想坐山观虎斗，以取"鹬蚌相争，渔翁得利"之效。对袁绍的求援，一概答应，就是不行动，收效是：使荆州安稳了九年，没有被拖入战争。

那么，刘表的这种策略高明吗？两千年来，别管正说的也好，戏说的也罢，论的，品的，还没有一位史家说他做得对。不过笔者认为刘表最起码在建安五年没做错什么，坐山观虎斗没有什么不好，所不足的是：你不能一坐就是八九年哪！

要换了孙家爷们儿当这个荆州牧试试？估计也会坐山观他们斗上一年，接着就该曹操倒霉了。最起码鹿死谁手尚未可知也！

但从坚持独立自主，决不降曹这点上来说，刘表还是没做错什么的。在政治立场上，刘表是坚定的，在政治决策方面刘表还是明白的。

曹操做好了挨揍的准备

为这场战争曹操实际上已经做了两年的准备工作，早在建安三年（198）征张绣，伐吕布的军事行动，其实就是为了尽除后顾之忧。张绣的主动归降，许都南部的威胁大减；还多了一个额外的收获：消灭了张杨及他的后继人睦固，攻取了河内郡，许都西北方向从此安全。

而建安五年（200）元月清除董承等人的行动，则消除了来自内部的隐患；冒险出兵徐州打击刘备的成功，又使曹操对东部放下心来。现在可以以全副精力对付袁绍了。

当然，这也是在解除后顾之忧，曹操念念不忘的还是荆州。那里不仅是江汉平原的鱼米之乡，还可以东收吴越，西伏巴渝。那时候，曹操才算得上实现了自己的政治目标：将天下收入自己囊中——天下姓曹而不是姓刘。

最可贵的是，曹操通过一连串的实战，磨炼出了一支战斗力非凡的精兵，与初掌兖州时的三十万青州军相较，有了质的不同。更可喜的是，一大批将领已经具备了独当一面的能力，不遇紧要，曹操基本上可以真正地运筹帷幄了。

那么现在是否就具备了与袁绍一决生死的优势了呢？分析一下客观事实，我们就会发现，还是不行。不管从实力还是支持战争的后续能力上，还是处于明显的弱势，尤其是双方大局的军事态势上，曹军更是处在不利地位。

袁绍现在可以从三面包围曹操所控制的地盘：

东部由袁谭控制着黄河南岸的青州，袁军掌握着随时袭击曹操后方根据地兖州的主动权；

中部是袁绍的十余万机动部队，千里黄河防线，简直防不胜防，曹操即使把全部十多万兵力布置在那里，也是兵力单薄，处于随时挨打的境地；

西线的河内郡处境更是险恶，首先面对的是并州一州之力的威胁，而且地处黄河北岸，救援难以及时，就是想撤回河南，也绝非易事；

东南方向有降后复叛的汝南黄巾军刘辟、龚都等部随时骚扰；正南的广陵等地，已经与孙策的江东军刀兵相见；

西南更是疏忽不得，那是袁绍的盟友刘表的荆州部队，虽然通过收降张绣，曹军控制了荆州的南阳郡，但那刘表会就此罢休吗？

当年陶谦也是以十余万步骑守徐州而兵力捉襟见肘，现在曹操实际占有徐、兖、豫三州之地，这点儿部队哪里能顾得过来？

具体情况，具体分析，只能解决一头是一头：命琅邪相臧霸率精兵入青州，攻齐、北海等地以牵制袁谭军，如此兖州可安。为防万一，又派东平相知兖州事程昱率兵七百人防守鄄城，以保障右翼安全；七百人能起啥作用？曹操的兵力再紧张，也曾欲增兵鄄城，但被程昱拒绝了。

程昱："兵少有兵少的好处：那袁绍若是重兵来攻，得不偿失，轻骑来犯，未必有把握破城，但若是大举增兵鄄城，袁绍必感自己左翼受到威胁，一定会重兵来攻，如此鄄城必不能保，七百弱旅对西北方向的袁绍产生不了威胁，反而会更安全。"——程昱的胆略非凡！那袁绍如果不这么听话怎么办？

对汝南黄巾军刘辟、龚都等部，曹操命蔡阳率部驻守叶县，以防止许都南部受到骚扰；又命裨将军李通率部与汝南太守蒲宠驻守汝南，以防江东孙策有什么意外举动。

防御荆州刘表，曹操派出的是扬武中郎将曹洪率部驻守宛县，只准监视，不准擅挑战火；而对处境危险的河内郡，曹操反而命令河内太守魏种主动攻击并州，实际上这是以攻为守之计，轻拍着别人的时候，别人也就顾不上来打你了。

为策万全，又令时任厉锋校尉领广阳太守的勇将曹仁驻防阳翟，以掩护左侧背；命建武将军夏侯惇率部防守敖仓，派一部防守孟津，以掩护左侧安全，必要时策应河内的魏种。

三下五去二，曹操的机动兵力还能剩多少？不足四万，骑兵仅两千六百余骑，所以关键的还是应付正面的袁绍主力，主动攻击没那个实力，坚守黄河防线也绝无可能，只能采取战略防御姿态，而且是让出天险黄河屏障，守点不守面，实是被迫如此布置。

顺许都向东北方向，曹操布置了四道防线：前哨据点为白马津，由东郡太守刘延驻守，首先阻击一旦渡河南下的袁军；二线由平虏校尉于禁率领步骑两千驻守延津，兼顾延津河防；派裨将军徐晃、张辽率步兵万人在阳武布置了第三道防线。

曹操本人则带领刘备的降将关羽，乐进、许褚诸将及郭嘉、荀攸等谋士驻扎官渡，组织指挥全局战斗，这也是通往许都的最后一个防守据点。

许都则交给了侍中兼尚书令荀彧，总理后方诸事，并指挥司隶校尉兼督关中盐运使司钟繇督运关中粮草，由督军校尉颍川太守夏侯渊督运到前军。

应该说，这是一个撅起屁股挨打的阵势，但除此之外又有什么良策？这是谋士郭嘉、荀攸共同制订的作战方案，唯一的有利之处是：能以逸待劳地根据敌情使用机动部队。

架势摆好了，就等着人家伸手来打了，令人担心的是：人家是先敲头呢？还是先朝屁股上来一脚？或许朝心窝里——许都来一重拳呢！事实上是三处先后都来了。

吃蹭饭的刘玄德

　　刘备的部队在小沛被曹操打散之后，士兵散了，武将逃了，但随身的谋士却还齐全。主要的三名为糜竺、孙乾、简雍，公正地评价，这三位的文韬武略加在一起也难及刘备所学，但却各有特长，具体到某一方面却不是刘备所能比拟的了。

　　糜竺，字子仲，东海朐人，属徐州豪富，能富到什么程度呢？只举一例大家就明白了。据史载：仅家中的奴仆就超过两万人！真难弄清楚他聚集这两万多男女干吗，就是管理这两万多职工也不是一般人能胜任的呀！

　　陶谦掌管徐州时就是依靠糜竺这样的当地豪强，政府历来都是听大财团幕后指挥的。不过陶谦做得要光明磊落得多，玩儿的是明的，干脆聘糜竺为别驾从事。陶谦死的时候，就是糜竺奉陶谦遗命迎接刘备接掌的徐州牧。

　　糜竺可算帮了刘备的大忙，在刘备遭吕布袭击丢妻舍子时，糜竺及时地向刘备献上了自己的妹妹，也就是后来的糜夫人；兵散了，干脆在陪嫁中加进去二千健壮奴仆，至于拿出金银货币以助军饷，那就更不用说了，刘备复振，糜竺功莫大焉！

　　这次刘备兵败，干脆连糜竺的妹妹也给弄丢了，糜竺不但没有怨言，反而扔掉了以前曹操给安排的工作——嬴郡太守，跟着刘备开始了流浪生活，连弟弟麋芳也辞去了彭城相职务，一块儿随刘备浪迹天涯，共患起了难。

政治立场的坚定，经济基础的雄厚，麋竺都超过了刘备。

孙乾，字公祐，北海人。也是与麋竺一样被刘备聘请为从事的人才，强于刘备的地方很简单：人长得雍容大方，极强的现场表达能力，是做外交官的好材料。这次反叛曹操之后，就是孙乾代表刘备去出使的邺城，联络袁绍作为外援的。

孙乾其实还有一个最大的长处，那就是听话！相信任何一位领导都愿意用这样的人。据史载：刘备使用孙乾，就如同使用自己的手指一样灵活自如！你能拒绝使用这样的"人才"吗？

简雍，字宪和，涿郡人。是刘备的自小玩伴，铁杆发小。其人谈吐幽默，语言诙谐，不拘礼仪，遇事不乏机智，举一例大家便能领教其风采了。

有一年天旱歉收，刘备下了禁酒令，酿酒者要受到法律惩处。上面的指示到了下面一执行就走了样，基层领导便去老百姓家里搜酿酒的器具，真逮住了不少，这下有罚款的理由了！

简雍看不过去了。一天简雍与刘备出去散步，见到一男一女在路上行走，简雍惊奇地对刘备说："他们准备苟且行淫，你怎么不赶快把他们抓起来呀？"

刘备很奇怪："你怎么知道的他们有奸情啊？"

简雍理直气壮地说："他们有行奸的器具呀，与存有酿酒器具的不一样吗？"

刘备恍然大笑，命令马上释放了存有酿酒器具的百姓。

现在这三个人有两个人在刘备身边，孙乾正在袁绍那里为使，刘备便派糜竺先去青州袁谭那里观察一下袁谭的态度,对自己的投奔是否能受到欢迎,人家是否认这个恩师,刘备自己也拿不准。

袁谭的态度比刘备希望的还尽如人意,没枉刘备举其"茂才"。闻知刘备来投,马上表示欢迎,一边紧急通报给邺城的父亲袁绍,一边亲自率领步骑迎接刘备,见面之后,执礼甚恭,接风欢宴自不必说,的确有点儿"一日为师,终身为父"的意味。

袁谭一直保护到刘备曾为国相的平原,这时袁绍已接到袁谭的急报,马上派出了重兵前去迎接刘备。袁绍表现得比儿子还要隆重几分,竟然亲自出邺城二百里迎接刘备,简直如同迎接皇帝驾临。

对一个已经沦为丧家之犬的刘备用得着玩儿这一套吗?看来袁绍挺会作秀的,此举动立刻向天下人昭示了以下三点:

我袁绍是这样的恭谦下士、求才若渴。

天下人都知道刘备乃仁义之士,我袁绍也不弱于他,也崇尚仁义,让天下人把自己与那奸诈的曹操对比一下,看该依附哪个!

向曹操示威,你不是欺负得人家无路可走吗?我袁绍偏要敬重与你为敌的人,凡是反对曹操的,都是俺眼中之英雄!

应该说这活儿袁绍做得挺漂亮,他明白刘备的实力虽弱,但精神力量不容忽视。有了刘备相助,不但能增加自己的号召力,自己在天下人心目中的地位也会跟着高起来。

刘备有什么精神力量呢?他和皇家的血缘,极其疏远,只不过是皇帝三百年前的远房本家罢了。这种精神力量来自民心。刘备之所以深得人心,一是对老百姓极仁慈,二是对朋友有信义。

从刘备所治理过的平原、徐州、豫州三处地方来看,刘备在百姓中的口碑极佳，这可不是喊几句为民的口号就能做到的，若手下的贪官成群，老百姓总是要骂的。

到现在为止，凡是跟从过刘备的人，还没有出现一个背叛的，这与刘备能把身边的部属作为朋友对待大有关系。

比如，与公孙瓒的部将赵云共事没几天，二人几乎就决定了终生相互不弃的缘分。这不，来邺城没几天，赵云在老家得到了刘备现在邺城的消息，马上从家乡招募了四五百名士兵，投奔到了刘备帐下，让袁绍看得既感叹又是嫉妒：我这棵大树难道没有刘备的阴凉大吗？

有人会反驳笔者：没背叛的？那关羽不是刚投降曹操吗？解释一下：现在的刘备还不知道关羽投降的事情。再说，暂栖身于曹营的关羽也未必算得上背叛刘备，这一点很快就能证明。

其实刘备现在无时无刻不挂念着关羽、张飞二人，甚至超过了对自己妻儿的牵挂。

当降将与当土匪哪个更自在？

关羽与张飞二人在兵败徐州后的境遇可谓冰火两重天，但却很难判断哪个的处境更好些。

关羽得到了高官，却失去了自由；张飞沦为山贼，却落得个自由自在。

关羽屈身事敌，所有的史书都没有将其记载为污点；张飞在其后的一年中以劫掠为生，所有的史书也没认为张中郎将是在做强盗。

对关羽在曹营中的生活，史家们采取了简化的方式，数言带过；对张飞的山贼生涯，史家们干脆不予理睬，让他成为了一个千古谜团。

现在的人们对关、张二人的这一年，几乎都是按照罗贯中猜测的：关羽在许都上马金、下马银，三日一小宴，五日一大宴，曹丞相恩宠有加，赐美女、赠赤兔；而张飞却是在一个古城做了一年县太爷，断官司、理民务，为哥儿仨日后重聚预留了一块根据地。

其实并非如此，对敌营里投降过来的将军，曹操怎会放心大胆地使用？给予虚职高位，那都是为了给以后投降的将士树样板。不经过实战的考验，也就是说，降将们不交出类似于后世《水浒》中王伦向林冲所索要的"投名状"，你永远也不会成为自己人的。

事实上关羽在许都的一切都是受到"校事"们监视的。至于五品官衔的偏将军，也是属将军中地位较低者，虽地位略高于校尉或裨将，但却无独立开府办公的资格，这点上连骑都尉都不如。如果不是沾了带着刘备家眷的光，兴许连单独住宿的府邸也不会分配给的，应该是军营里的集体宿舍之类的居住环境。

演义胡说无可指责，但正史也未必不信口开河。史书上有这样的记载：曹操和刘备一起围攻下邳。困守下邳的吕布有一个部下叫秦宜禄，他有一个妻子杜氏。吕布派秦宜禄去向袁术求救，秦宜禄却被袁术留下，让他娶了汉室之女。这时，秦宜禄的前妻杜氏则仍留在下邳——看来是被遗弃了。

关羽知道了这件事，便屡次三番向曹操提出要求，攻下城后，希望得到秦宜禄的这个前妻杜氏。看来关羽这时还没有妻室，不过他为什么不要别的女人，偏偏看中了杜氏呢？原来这个杜氏颇有些姿色。曹操一听关羽要求，便有这个怀疑，后来一见，果然如此。

关羽当然得不到这个美女。曹操颇好女色，就抢先纳了杜氏。他曾占了何晏的母亲、何进的媳妇，又占了张绣的婶母，都是贪恋美色。这次遇上杜氏，自然也不例外。之后秦宜禄和杜氏的儿子秦朗也被纳为养子，后来官运亨通。

关羽这时连自己的立足之地都没有，没力量和曹操争高下，也只有眼睁睁看着曹操把自己屡次要求得到的杜氏抢去了。

稍一分析便可以断定此事纯属子虚乌有：围下邳的主力前锋是陈登的广陵部队，关羽所在的刘备军只不过是在外围配合作战，有什么资格在城未破的艰难时刻，向焦头烂额的全军主帅曹操，提出要敌军将领的一个老婆？就是提也应该向直接领导刘备提吧？

再说，曹操是何等人？志在得天下，又是正竭力笼络刘备及其部属的时刻，关羽又是他早就倾慕欲得的大将之才，如关羽真有此要求，焉会夺其所爱？别说是一个弃妇，就是天香国色，关羽一旦有所暗示，曹操又岂会吝啬？更不会干脆据为己有。

对投降后的关羽严密监视倒是查史有据的，《三国志·蜀书·关羽传》载："曹公壮羽为人，而察其心神无久留之意，谓张辽曰：'卿试以情问之。'"既而辽以问羽，羽叹曰："吾极知曹公待我厚，然吾受刘将军厚恩，誓以共死，不可背之。吾终不留，吾要当立效以报曹公乃去。"辽以羽言报曹公，曹公义之。

连心神都要琢磨，可谓不放心至极。关羽当官的日子过得窝囊，张飞做山大王的工作却做得极爽。张飞率数百残兵并没有走远，就潜伏在小沛西南的芒砀山中。芒砀山位于现在豫、鲁、苏、皖四省接合部，山中有西汉梁国陵墓群，斩山作廓，穿石为藏，结构复杂，气势恢宏，宛如庞大的地下宫殿，藏兵绝没问题。至于部队吃饭，却是只有抢劫一条路了。

所幸此山南临曹操的老家谯县，去敌人的老家抢点儿什么倒也心安理得。只是不能暴露部队番号，大山之中出几股劫匪，那是极普通见惯的事情，招惹不来曹操大军的围剿。

一天张飞带部队南下打劫军粮，行至南山麓，张飞来了运气，遇到了一个出来游山拾柴的少女，年方十三四岁，生得白齿红腮，眉目流动，身材娇柔，靓姿惊人！

时年三十四岁的张飞却还未曾切身体验过女人这种老虎的厉害，一时变成了初见"老虎"的小和尚：咋这么可爱呢？

也难怪，张飞自二十二岁随刘备起兵，十二年来南征北战，过的都是刀头子舐血的日子，本身又不是像刘备那样，做的都是一把手的工作，哪有资格成家立业？估计也没有闲情逸趣来享受这温柔乡里的幸福。

一经张将军温柔的审问，张飞更是大乐，原来这美人不是别家的，竟是曹操本家兄弟夏侯渊的堂侄女，那还有什么说的？曹操的本家侄女，这应该是缴获的敌人战利品了吧？论家庭出身，也不算辱没了俺老张的身份，留下做个正式的压寨夫人吧！就这样，张飞娶了一个如花似玉的嫩娘子，此收获直接影响到后世的家族辉煌。

不仅是因为做了曹操的侄女婿，而是由于美的遗传，令张飞的女儿生得极为漂亮，两个女儿先后都被皇帝刘后主选为皇后，张家由此成为蜀汉帝室外戚。

至于年不及十四的夏侯家闺女是否乐意？估计开始有些半推半就。第二天就会大喜若狂，上哪儿去找这么一个英气逼人的张将军？

以上可不是笔者随意胡侃，是有史料为据的。据《三国志·魏书·诸夏侯曹传》注引《魏略》所载，才推断出张飞落草于芒砀山中，现在大家如果去芒砀山（今河南永城）旅游，还能见到张飞山寨的遗迹。

这也从侧面证实了一点：那时曹操的政府是相当廉洁的，你想，以堂叔夏侯渊、哥哥夏侯霸的地位，远在家乡的小女孩儿，竟还需要自己上山打柴！

就在张飞沉浸于爱河之时，关羽却奔赴于战火之中，随曹操开往了战争的最前线，因为袁绍终于动手了。

十万大兵杀过来

袁绍决定出兵也不是那么容易，内部人事方面的政治斗争相当激烈，这直接影响了袁绍的决策。

袁绍有三个儿子：长子袁谭（字显思）、次子袁熙（字显雍）、幼子袁尚（字显甫）。

袁谭的品行有口皆碑，而且屡立战功，那青州其实就是袁谭打下来的；幼子袁尚却长得最帅，又加上袁绍的后妻刘氏极为偏爱袁尚，枕头风当然常吹给袁绍，袁绍也惊叹这小儿子的英姿美颜，便打算让袁尚作为自己的继承人。

但自古承嗣应先立长子，怎么办？袁绍便把自己老爹对自己用过的歪招用在了自己儿子身上（袁绍被过继给自己的伯父）：把袁谭过继给了自己的哥哥为后，这下长子反而成了从子，没有了继承人的资格，又任命袁谭为青州刺史，使之远离了冀州，下一步该要明确袁尚为继承人了。

虽然没有来得及明确袁尚的地位，但从他不顾沮授的劝谏分配四州来看，那意思是很明白的，冀州牧的位置就是留给小儿子的。这下文武官员们也就不可避免地暗分成了两派，开始各为其主地相互拆起台来。

几个主要的谋士都已确定了自己将来效忠的对象，逢纪、审配选中的是袁尚，而辛评、郭图，则拥护袁谭。这四位相互攻击是不留任何余地的，但未表态支持任何一方的田丰、沮授却要遭受两方面的同时攻击。在打击这二位的时候，还有一位重要人物掺和了进来，那就是袁绍本人！

当初在曹操远征刘备时，竭力建议袁绍袭击许都的田丰现在改变态度了：该打的时候没打，现在曹操已经班师，驻军官渡，而袁绍这时反而决定进攻许都。田丰坚决反对此时出兵：

"曹操既破刘备，许都不再空虚，安能避虚而击实？况曹操用兵，出神入化，计谋变化无穷，毫无轨迹可循；军虽少难以轻视，应按兵等待时机。将军现据山川而守险要，役四州之人力，地固若金汤，人四方云集，宜外结英雄，内奖农桑，后选拔精锐，觅敌之软肋，勤出而迭击，乱黄河之南。敌顾右，我攻左；敌救左，我击右，则敌必疲于奔命，人不能安。我无劳苦，敌已窘困，不出三载，即可坐胜。现弃必胜之谋略，却付成败于一战。万一不期，后悔莫及也！"

袁绍心说，前时劝出兵的是你，现在阻出兵的还是你，怎么反过来正过去都是你的理？咱俩谁是主帅呀？决定不理睬田丰的劝阻，照常兴师。

那田丰却不顾袁绍的盛怒，竭力劝谏。袁绍实在受不了这位了，便以为敌宣传、扰乱军心的罪名，下令逮捕了田丰，脚镣手铐，囚入狱中。

同时将那才子陈琳所撰之讨曹檄文，传遍天下各州郡，先从舆论上把曹操搞臭再说。

建安五年（200）二月，袁绍提十万大军、万余精骑进驻黎阳。大军未动之时，沮授已预感到此行不妙，便召集全族，散光了自己所有的财产。本族众人不解，沮授慨然长叹："此行功成，威无不加；战事若败，一切难保。痛哉！"

兄弟沮宗不以为然："曹操兵力脆弱，不堪一击，你怕从何来？"沮授惨然而答："以曹操之智谋伟略，又借天子之旗旌号令，岂得易胜？我虽克公孙瓒，军实已疲惫。况主上骄傲，部将顽劣，此战必瓦解我大军。昔日扬雄有言：'六国愚哉！为秦王而弱周主。'正应我今日情景。"

此时袁军已与曹军隔河相望。袁绍命大将颜良，率部渡河，围攻东郡太守刘延所据守的白马，沮授谏曰："颜良性孤僻，虽然骁勇，但非帅才，不应用其独当一面。"

袁绍心里暗暗冷笑：我之大将，又岂能是你辈所能尽知？随即不理沮授所劝，仍派颜良率军渡过黄河，威风凛凛地杀向了白马。

曹军中有一种"恐袁症"

曹军中弥漫着一种"恐袁症"。

这可不是好兆头。曹操现在最需要的是做两件事：一是要让大家认识到袁是只纸老虎的英明论断，二是要来个初战立威。

前件事曹操早几个月就在做了，去年八月曹操初抵黎阳拒袁军时，将领们就提出过能否战胜袁绍的疑问，曹操详细地介绍了袁绍的为人与本领："吾知绍之为人，志大而智小，色厉而胆薄，忌克而少威，兵多而分画不明，将骄而政令不一，土地虽广，粮食虽丰，适足以为吾奉也。"（《三国志·魏书·武帝纪》）

用白话来说，大意是：我最了解袁绍这哥们儿，这个人心比天高，智力却低下；表面威风无以复加，内心却胆小如鼠；多疑善忌，缺乏威信。军队虽多，部署混乱。手下将领骄傲蛮横，视政令军令为无物，各将自行其是。土地虽广，粮食虽丰，不过是为我们储备的军粮，现在就差接收这道手续了。

武人们大多都实在，太祖只要说一声：胜利就在前面！将领们马上便觉热血沸腾，恨不得立马驰骋疆场！

文人就心细得多了，孔融就不无忧虑地对荀彧说："袁绍兵强，四州地广；有田丰、许攸才智之士为之谋；审配、逢纪尽忠之臣劳其事；颜良、文丑，勇冠三军，统其兵众，欲克怎易？"

荀彧回答："绍兵虽多而法不整。田丰刚而犯上，许攸贪而不治。审配专而无谋，逢纪果而自用，此二人留知后事。若攸家犯其法，必不能纵也，不纵，攸必为变。颜良、文丑，一夫之勇耳，可一战而擒也。"（《三国志·魏书·荀彧传》）

这里荀彧回答得有理有据，不过中间那句"若攸家犯其法，必不能纵也，不纵，攸必为变"也未免太过于神奇了。笔者认为这肯定是作史者陈寿自己给加上的，把一个人吹乎得过于神也就假了。

将士们的心理问题表面上算是解决了，要从根上除掉"恐袁症"的顽疾，却是需要做到后一件事：首战必胜！

这可并非易事，前方军报：袁绍的大将颜良，已率部渡过黄河，正在围攻白马津，东郡太守刘延正苦守待援。

曹军将领心中暗怯，据说是因为袁军中有万夫不当之勇的颜良、文丑。其实对付袁绍的主要勇将，曹操内心早就做好了打算。身边的几个非嫡系将领刘备的原大将关羽、吕布的原勇将张辽，在战场上的勇猛名声丝毫不亚于颜良、文丑。

让他们勇将对勇将，PK 的结果肯定错不了，尤其是关羽。据说他的故主刘备已投奔了袁绍，此战关羽若能建功，那刘备在袁营的日子过得还能舒服吗？关羽的手上只要沾上了刘备战友的鲜血，那他也就只能死心塌地地跟着我曹操干下去了，派他打头阵，一刀劈两家。

曹操决定派关羽为主将，张辽为副将北上援救刘延，对付那万人敌颜良。现在只有一种担心了，二人所部仅五千步兵，去攻击一万多步骑的颜良，实在难有胜算。但关羽早就期待着一个立功报答曹操的机会，也从心里没看得起那个什么大将颜良，领军便要出击白马。

荀攸说话了："我兵力太少，恐难以取胜，必须将敌之攻势分散才可。主公可先停军于延津渡口，做出北渡黄河之佯势。袁绍得此消息，必然以为我欲抄其后路，定会分兵向西阻截。此时主公再以轻骑急袭白马，乘其不备，颜良当掌握之中。"

曹操接受了荀攸之计。

袁绍得到曹操欲在延津渡口北上之敌情，果然派军向西邀击。而曹操却率关羽、张辽等将士转军直扑白马，轻骑昼夜不停，直欲袭击颜良一个猝不及防。

但还是功亏一篑，围攻白马的并非只有颜良所部，郭图为军师的淳于琼部也到了白马，及至曹操到了距白马十余里，围白马的颜良已经得到消息，大惊之余，却未恐慌，淳于琼部继续围城，颜良亲提所部主力迎战来了。

长途奔袭＝虎口夺食

驰援白马的曹操仅两千轻骑，由于昼夜行军，与颜良前来迎战的部队迎面相遇时，部队已人困马乏；与此相反，颜良步骑混合的万人大军却是以逸待劳，在通往白马的必经要道布好了阵势。

曹操突然袭击的愿望破灭了，现在唯有凭实力决战。可是，对曹操来说，这几乎是一场遭遇战，两千对一万，哪来对决的实力？放弃增援白马？就算曹操有这个应急想法，现在也不可能了，自己的部队马力已乏，那颜良的骑兵却处于养精蓄锐的状态，能放自己逃命吗？

曹操对于逆境状态的战局有着不同常人的悟性，他清楚地知道，此刻不能有任何示弱的表示，稍有犹豫，自己部队的士气便不复存在了，而颜良便连阵势都不用结了，直接开始对自己的清剿就是，所有的曹军连逃命的可能性都不会有的。

必须保持进攻姿态，颜良不会清楚曹军的实际情况，所以才提前摆好了厮杀阵势，这对于曹军来说，既是不幸，又是不幸中的万幸。不幸的是：结好了战阵的敌军更难以撼动，曹军毫无胜机；万幸的是：颜良没有采取伏击的战法，那种局面不敢设想，也不堪设想！

对于即将到来的不妙战局，曹操极清楚又无奈：这是将部队赶向颜良的虎口之中！可是在这战局突变之时，谁又能有什么应对良策？

只得本能地颁下军令：擂起战鼓，做好出击的准备！同时又暗令：不准轻举妄动，抓紧休息马力。这种局面能维持多大一会儿？曹操自己也不知道，只能稳一刻是一刻了。

左方有一地势稍高的土坡，曹操率关羽等人驰了上去，总要观察一下颜良军所布的是什么阵势吧？但愿能觅得一丝战机，或者说能得以远遁的机会。

一瞭之下，曹操的心变得"拔凉拔凉"！那颜良看来绝非浪得虚名，也不仅止于是名万夫不当之勇士，还肯定是名精于战场指挥的将才，观其布阵便知其有着丰富的战场经验，是名从刀口里滚打出来的行家里手。

颜良的河北军衣甲鲜明，威武雄壮，结阵疏密有度；步骑弓弩诸兵种搭配合理；两翼的强弩利箭皆已引弓待发；前排的长枪军密如枪林，犹如一道用红缨组成的亮丽的风景线，只是那红缨之上闪光的枪刺却是骑兵突击的克星；每名长枪兵的身旁都有一名刀牌手，那是为了防备远距离的箭弩而准备的，如此配置，就是步兵扑到了跟前也不会占什么便宜。

关键是战阵的内层：数千铁骑隐隐可见，盔甲与刀斧相映生辉，那是蓄势待动的死神，突击受挫的敌人根本无法躲过他们犹如雷霆的万钧重击！骑兵方阵的中央麾盖摇动处，眼见得是颜良指挥中枢，如此作战，也未免有点奢侈豪华了些，却可以感到敌军主帅的气傲神闲，指挥若定，志在必胜。

曹操看了良久，沉默不语，那神情却又明显地露出了对河北军的赞叹，关羽不禁冷笑，说了一句："关某前去看看便回！"

曹操点头应允，正待问关羽需带多少部队同往，谁知关羽竟纵马下了土坡，单刀独骑直冲颜良大阵中央的麾盖而去！曹操大惊，急命张辽率部接应，但组织部队哪能比得一人之行动迅速？还没等到张辽率部出动，关羽已被淹没于颜良的战阵之中。

颜良的前锋突见敌军中驰来一骑，都不明所以，大概只有两种可能：一是对方阵营中出现了窝里反，内乱致使敌将临阵倒戈；二是敌军派来军使，来接洽约战或投降事宜。不管哪种，都不能贸然对其伤害的。

纳闷之时，敌将已冲到阵前，而且冲击的速度反而加快起来，袁军几乎是本能地让开了一骑通道，目瞪口呆地看着来将直奔颜良的中军而去，人人带着迷惑不解的神情暗念着一句话：这家伙疯啦？

这情形颜良也看到了，心中大疑之余便不由自主地策马前迎了几步，亲兵卫士于军阵之中却不敢乱动，呆看着自己的主将与来骑单独会了面，不过也没什么，颜将军力敌万人那是全军出了名的，或许是颜将军因事关机密，故意甩开我等，而与早约好的来骑单独会晤呢？颜良军纪极严，无将令谁敢妄动？别主动找死了。

风驰电掣一般，关羽的单骑如同一只小船冲开了波浪，到得颜良骑阵之时，近卫铁骑竟然无人阻挡，大家其实都愣住了！

关羽怎样宰的颜良？

一瞬间敌将已来到眼前，颜良一句问话只吐出了半句："来将何人？且通姓……"那来将竟把一杆大刀向自己的胸口点来。

颜良反应极快：这不是什么军使，更不是来投诚的，是来单挑决斗的！哪遇到过此类不可思议的荒唐事呀！就是单挑厮杀，也要在两军阵前哪，这不是明来送死吗？再说了，单挑俺颜良怕过甚人？来不及想了，敌将的刀尖已将到胸前，先招架住再问那下半句吧。

也莫怨颜良大意，关羽的长刀平伸，那是枪、矛、戟之类的套路，是长刀斧类兵器的大忌，重长兵器前伸，一旦被对方的兵器锁住，便等于被解除了武装，既不能上举下砍，又无法横扫平推，实是与自杀无疑。

现在许多史家确凿地认定：关羽的兵器并不是什么"青龙偃月刀"，而是使用的长矛，那史书中的"羽望见良麾盖，策马刺良于万众之中，斩其首还，绍诸将莫能当者，遂解白马围"，大家在这里都只注意到了那个"刺"字，不是矛、枪，如何能刺？

其实这是由于众史家学者不懂得中华武术的缘故，碰巧笔者对此道素有研究，须知大刀运用，素有八法：劈、撩、崩、挂、粘、抹、点、刺，刺恰是大刀高手练到功夫稍深时的用法之一，再高深些能把"锁""滚"二字运用自如的话，应是绝顶之大师级别了，关羽应该就是在这个级别之列。

颜良也属用刀的行家，但对这种一般对阵用不着的高深武功却懒得细究，乍一遇上，一时难以反应过来是可以理解的，但当自己以刀盖住关羽虚点的刀身时，却突然大悟：兵器着不上力？敌人是名绝顶高手！

一般来讲，对刀的双方，只要占了上式的一方，那就等于占据了绝对上风，对方只有两种招法应对：回刀的同时前送刀攒击敌，以消敌人兵器上的力度；借势下劈，躲开敌人的兵器。不过前送刀攒是一种自保的无奈应变套路，而且一般仅用于步战，马战时双方接触时间极短，是没有机会繁复变招的；而那下劈一般是没有目标的，取得实效极难。

颜良的大刀刚与敌刀接触，明看着双方的兵器碰上了，却突然有一种斩空的感觉，太大意了！正欲变招之际，对方的大刀竟如同柔软的长枪一样缠了上来，关羽此时是用了一个"滚"字诀，颜良急将大刀横抹，却感觉兵器怠滞，不好！敌人用了"锁"字深功！

颜良大怖，情急之下，大力硬扯回自己的大刀，却不想对方的大刀突然间疾如长矛，借自己的回力直刺过来，一声巨响，颜良胸口中招，颜良只觉得两眼一暗，一头倒撞下了战马！

关羽貌似一击，其实三变：点、滚、锁一气呵成，最后化为一个"刺"字，外人看来轻易成功，其实之中暗蕴了关羽毕生功力，绝非关羽侥幸为之！仅这单骑闯阵的胆略，世上又能见几人？艺高人胆大不错，关键在于胆大方能艺高。

且看关羽之孤胆：视近在咫尺的枪林刀阵竟若无物，出击的刀尖并未回撤，而是顺势下劈，虽使不上多大力度，但也不是颜良的脖颈所能硬挡得住的，一颗大好头颅竟被齐整整斩落！关羽刀尖微挑，那颜良的人头已飞入关羽的左手之中，眨眼间被挂在了战马项边。

待关羽抖起神威，纵马挥刀扫向群敌时，颜良的部下方才如梦初醒，恰同看见了天神临凡，恶魔降世，哪还有人敢上前过招？齐声大嚎，扭头乱窜，整个军阵乱成了一锅沸汤。片刻间，两翼的弓弩兵也被冲了个七零八落。

混乱之时，张辽的接应轻骑已杀到阵中，实际上现在哪还有什么阵势啦？失去指挥的士兵已经溃散了，两翼的弓弩兵先是未得主帅将令，没敢擅射，及至后来听到主帅已阵亡，已经被自己的部队给冲乱了队列，谁还能有战心？

张辽率部剿杀溃军，关羽却不屑杀戮普通士兵，就在曹操惊喜赞叹之际，一阵鸾铃响处，关羽马到坡前，人未下鞍，一颗血淋淋的人头已抛在曹操马前，关羽傲然说道：

"这是那颜良的首级!"

曹操不禁惊呼:"将军真神人也!"

阵斩颜良,轻摧袁军,曹操于绝境中反而获得大胜,不但是解了白马之围,重要的是铸起了将士们战胜袁军的自信!关羽功之大可以说是无以复加,曹操当即表奏朝廷,封关羽为汉寿亭侯,至于金银赏赐之巨,则更不待说。

可是袁绍的大军主力就在对岸不远,而且后方的延津渡口对岸也赶到了无数的袁绍部队,一旦渡河,曹操的后路将被切断,如此这白马津岂不成了钓曹操这条大鱼的最佳诱饵?

曹操没有犹豫,当即决断放弃白马,携带白马津的全部辎重、牛马军械,一起退往延津。而那袁绍已经得到了痛殇颜良的噩耗,又怎会善罢甘休?

一场血战避无可避,黄河渡口,袁绍大军已经开始渡河了。

刘备当了袁绍的先锋官

在袁绍的谋士中有三个人值得细说。头一位便是田丰,此人看事深谋远虑,但因性情耿直,不知变通,这次南征便被袁绍关在了邺城的狱中,以至曹操闻听此信,不禁长舒一口气:"田丰没来前敌,吾无忧也!"

第二个人是现在袁绍部下,曾是曹操旧友的许攸,这个人自小聪慧,处理军务机智多变,只是有一种当官常犯的小毛病,那就是天性贪财,他的这种行为很遭同事们的鄙视。

第三个就是沮授，与田丰和许攸不同，田、许二人不过是袁绍身边不挂长的参谋，不是有句玩笑话嘛：参谋不挂长，放屁也不响。沮授却是有实际军权的，从前极得袁绍的信任，被授予监统内外三军的监军之职，实际上就相当于一个国家的参谋总长的角色。

早在建安四年（199）袁绍初定灭曹大计之时，沮授便提出了自己的方案：

"我军因历年征讨公孙瓒，致使百姓疲敝，库欠存粮，赋税尤重，此国家大患！应先遣使将公孙瓒首级献捷天子，然后专务农桑，休息人民。曹操若阻隔我与天子联系，我便可名正言顺地进屯黎阳，渐侵河南之地，同时多做舟船，缮修器械，分遣精骑，包抄曹操之东西边境，令彼不得安宁，我却以逸待劳，天下可坐定。"

郭图、审配意见相反："兵法云：十围五攻，匹敌也当能战。今以明公之神武，连河朔之强众，以伐曹操，灭曹只在翻手之间，今天迟疑，后更难图也。"

沮授反驳："义者无敌，骄者先灭。现曹操于许都奉迎天子，我若举师南向，于义则违。胜败其实不在强弱，曹操法令严明，士卒精练，非公孙瓒之辈可比，今放弃必胜之方略，而兴无名之师，我为袁公担心也！"

郭图等人明处一句：天与不取，反受其咎！说动了袁绍的心思；暗地却向袁绍打了小报告：沮授现在权倾内外，威震三军，日后看来难以克制啊！袁绍不免心惊，便把沮授的军权一分为三，设置三都督，沮授、郭图和淳于琼各监一军，才算心安了。

现在前方颜良兵败身亡的消息传来，袁绍立即决定全军渡河，追击曹操，为颜良复仇！沮授临上船时长叹："主上欲急胜抒志，部下怎不贪功？悠悠黄河啊，渡过你容易回来难哪！我又能有甚作为！"

沮授实在不愿意随军渡河，便称身体不适，向袁绍请病假，那袁绍岂是容易糊弄的？当然不许病假，反而心恨沮授临阵欲逃，干脆把沮授所部，一并夺回拨给了郭图，现在等于把沮授的参谋长的那个"长"字给削去了。

此时曹军正在驱赶着白马的百姓、牛马以及辎重粮草沿黄河南岸退向延津，是无力阻渡袁绍的大军的，曹操只得亲自率精骑六百，断后掩护，且战且走。一开始还好些，袁军渡过河的部队数量还不多，不敢当真与曹军接战，慢慢就不行了，袁绍军越来人越多，已有一部分骑兵迫近过来。

曹操干脆放弃了断后阻截，直接率六百余骑占领了延津南阪南麓，并构筑起了一道简易阻击阵地，是欲在此阻截袁军吗？

看来不是如此，进入阵地之后，曹操便吩咐将士，抓紧卸下马鞍，尽量休息马力，只留一名哨兵站在高处监视袁军，并负责不断报告已渡过黄河之袁军的人数。

至于还在路上的辎重牛马，曹操命令全部放弃，押送的士卒集中过来准备作战。这时瞭望的士兵报告：有五六百骑正在靠近！

曹操没有理睬，一会儿士兵又报："敌骑渐多，步兵已经不可胜数了。"曹操发令："不用再数了！"——再数下去估计自己的士兵就要心慌了。

率先渡河的袁绍军是由左将军刘备、大将文丑率领的步骑混合部队，刘备对袁绍的这次军事行动是持绝对支持态度的。自己的妻儿们生死不明，可以肯定必陷曹营；关、张不知去向，但最大的可能也是折于曹军，那罪魁祸首便是穷凶极恶的曹操。

自己依附袁绍也是拜曹操所赐，反过来也可以说依附袁绍的目的也就是为了对抗曹操，袁绍的大军向许都逼近一步，也就等于刘备与祸福难测的妻儿兄弟距离缩短一步。现在真的与曹操打仗了，刘备虽为客卿，也是打心眼儿里乐意亲临前敌的。

文丑则是在袁军中与颜良齐名的勇将，平素与颜良英雄相惜，私交不错，这次听闻颜良命丧战场，尸骨无存，不禁有兔死狐悲之感，心中早已暗暗发誓，定要用实际行动为哥们儿雪耻，不报此仇，誓不为人！

这次作为前锋渡河攻击曹操，是他主动要求的，本来亲统步骑各半的一万大军痛击鼠窜的曹操是件挺爽的事，谁知主公偏又派了那丧家之犬刘备与自己共同领军，真是霉气！不屑与这曹操的手下败将为伍，到时候战功算谁的？在后面指挥步兵等着打扫战场吧，且看俺独率铁骑在前敌建功！

文丑指挥作战是个谨慎的人，不集结到一定兵力是不会贸然向逃敌发起突击的，所以在大军陆续渡河时他一直采取的是纠缠战术，决不让曹军脱离了与自己部队的接触。就是这样的佯战，曹军看来也支持不住了，现在已缴获了大量的辎重，一场大功看来是已经到手了。

渡过河来的部队已经集结到四千余骑了，现在是时候了，对敌人临时构筑的阻击阵地发起决定性突击的时候到了，颜良兄，今日俺要以曹操的人头祭你的在天之英灵！

舍命不舍财的牛人文丑

文丑的骑兵即将发起冲锋了。

曹操手下将领们都是战场上滚打出来的行家，怎会看不出目前险恶的局势？那文丑的部队一旦冲到自己的阵地，是无论如何也抵挡不住的，没有人愿意与此简易阵地共存亡，便竭力劝谏曹操放弃这根本不可能守住的阵地，退至延津自己的营寨。

曹操听着将士们的建议，不置可否，却以目光询问众谋士的意见。荀攸说话了："这是专门为敌人设置的诱饵啊！怎么能放弃这么好的歼敌良机？"

曹操还了荀攸一个赞赏的眼色，对于将领们的疑惑，曹操用最恰当的方式做了解释：面带微笑，气定神闲，斜靠马鞍，闭目养神。

主帅的自信其实就是部下的依靠，恐慌与自信实际上都是具有极强传染性的，那传染源就是主帅自己，有时候一场战争的胜负竟决定于主帅脸色忧喜转换的一瞬间。

瞭望的士兵又大声疾呼起来："敌军五六千骑正在向我逼近！"

将领们不能再如曹操一般悠闲养神了，纷纷奔向自己的战马，却听曹操用沉稳的声音传下了一道不可思议的军令："不用理睬他，继续休息。"

自古有句：军令如山！将士们只能无奈地坐下。但没有人能当真地休什么息，装神弄鬼也要看时候哇！敌人的铁骑即将踏上自己的脑袋，曹操在闹什么玄虚？

瞭望的士兵看来早就忘了曹操说过的：不用再报告敌情了之将令，叫喊的声音都有些走调了："敌军的骑兵又多了许多！已经开始冲过来了！后面的步兵多得数不清！"

曹操吩咐："将阵地后面驮辎重的牛马全部赶出去。"士兵们照办了，这是给敌军送军资去了，没有人乐意的，曹操更不会这么大方。瞭望的士兵又喊了起来："敌军在抢我们的牛马军资！"

曹操终于传下了准备作战的命令，但不是让将士们依托现有的阵地进行坚决固守，而是让将士们全部上马，准备出击。现在所有的人都明白了主帅的作战意图，可是还不免心中忐忑，毕竟自己全部的突击兵力不满六百轻骑，如果冲入了十倍于己的敌骑之中，那是不可能有人得以生还的。

可是看着曹操自己也跨上了战马，并且策马于突击部队的最前列，将士们全觉得有一团火在胸中燃烧起来！自己的性命就比主公的命值钱吗？去厮杀吧！在痛快的拼杀中倒下应该是最富于诗意的归去，有时候奔向死亡也并不是那么悲哀。

文丑在发令进行孤注一掷的突击时心情是相当矛盾的，现在所部全部兵力已经渡过了黄河，自己让刘备率步兵在后面跟进，主要是不愿意让那个大耳朵抢分了自己的功劳，看来这个措施是对头的。自己的骑兵由于行动迅捷，抢先一步捞到了好处，大量的敌军辎重已经被骑兵部队缴获。

为避免让后面上来的刘备步兵给抢了去，当然要分出一部分人手去看守这些到手的战果，总不能老子在前面打下来，再送给后面的刘备去当战利品吧？

正在准备发令让余下的两三千骑向敌军阵地发起最后突击时，突然从敌军阵地中拥出了更多的牛马，看那些畜生们行走的笨样子，身上肯定都驮着大量的财宝，最不济也是宝贵的军粮，怎么办？自己的部队继续冲锋？把这些驮辎重的牛马让给没出任何力气的刘备？

估计曹军是放弃阵地与辎重远逃了，论说骑兵的任务就是追上去，掩杀敌军，获取更大的战果；可是必然也会付出一定的代价，任何逃敌留下断后的肯定都是精兵，除非是突然溃败，否则不会有只顾逃命的敌人，但现在的曹军显然并没有溃败，别说那绝对会遇到的断后精兵，就是留有埋伏也是说不定的事。

而向后看去，那刘备竟然不急不躁，在指挥排列着一个防守的阵势，一步步地向这边逼近过来；自己如果放弃这无数的牛马，径直向前进击，标准的是为刘备火中取栗，让那个大耳朵坐享其成，最后以大量缴获、零伤亡的战果向主公报功，这算什么事？

不行！一点儿东西也不能留给那个缩在后面的大耳朵，到手的东西不捡那是标准的傻瓜，先捡东西后追敌，那才是鱼与熊掌都兼得的美事，打击敌人以后有的是机会，眼前的利益日后不可能再碰上，做事情总要分个轻重缓急，俺文将军明白得很，吩咐士兵，先收东西后追敌，敌人是舍财保命，咱们是舍命不舍财。

士兵们全都兴奋了，有谁愿意拼命不愿意发财？一瞬间，冲锋的队列散了，全都奔向了牛马，以及那上面驮着的好东西。

文丑看着自己英勇的战士执行军令那么迅速，不禁得意地笑了，回望刘备，还那么慢吞吞地结阵缓行，如临大敌，真有点儿可怜他，就这么个笨鸟，也不知以前怎么带兵打仗的？等你赶来杀敌？黄花菜都凉了！

正感叹间，突然敌军阵地上冲出了一时数不清的铁骑，犹如一支支利箭向自己射来，敌军没有像惯例那样擂鼓呐喊，直如同一阵无声的风就刮到了自己马前。此时自己的部队却还在各自疯抢着东西，没人理睬发生了什么。

文丑稍愣神的工夫，四周已经全成了敌军的长矛大刀，随着敌军阵地上明显滞后的战鼓响起，文丑已经在惊恐中顾前顾不了后了。亲兵们也乱了，因为横冲直撞过来的不仅是曹军手中的刀枪，还有那雨点般的骑弩，谁能是金刚不坏之身？

只顷刻之间，文丑丧命于乱战之中，部队群龙无首，瞬间崩溃，幸喜都是四条腿的骑兵，逃命也极方便迅速。后方不远处就是刘备的步兵战阵，半数骑兵逃过了杀戮，被刘备的步兵给保护了起来。

刘备一看大势已去，只得命令弓弩掩护，全军缓缓而退，紧守黄河渡口阵地，曹军倒也不敢相逼，只是重新抢回了自己的牛马及辎重车辆，也是缓缓退去。

不幸的是袁军不但未得到任何战利品，反而倒折进去近两千骑兵。其中千余士兵被曹军生俘，袁军自己的辎重牛马反而被曹军掳走千余头。

两阵战损两员大将，袁军人人皆惶，这时的袁绍反而镇静下来了。

袁绍心里极清楚曹操想达到的目的：盼望着自己知难而退，息兵罢战，你也太小瞧我袁绍了吧？我会利用你这一点的，你不是最怕我主力渡河吗？那你就等着吧！

曹操啊！你这是在自掘坟墓。爱将殒命，袁绍的心情无疑是悲痛的，但我只会化悲痛为力量，将愤怒变成理智，咱们就继续玩儿下去！

袁绍经熟虑已经谋定了新的破曹方略：正面大军步步为营，另出两路奇兵，一路袭取曹操的大后方许都；一路越嵩山截断许都与官渡之间的曹军粮道。这叫正中有奇，正奇相辅。曹操！且看你如何应付？

官渡：曹操的最后一站

连折两员大将，袁绍伤痛之余也接受了教训，那就是决不再分散兵力，亲提十余万大军全部渡过了黄河，部队稳步推进，步步为营，使得善于机动作战的曹军再无战机可觅。曹操只得率军步步退守，现在退到了许都的门户官渡，已经退无可退了。

而袁绍依仗兵多粮足，实际上是连摧曹军三道防线，虽然从战术角度是失利两阵，但战略部署上无疑获得了成功：曹军取得大胜的两地，现在已成为袁军的后方，大批的军粮以及各种战争物资现在可以畅通无阻地运往前线了，而且以冀、并、青、幽四州之地的粮赋，供应前线十余万人马的军需，那当然是绰绰有余。

曹军则恰恰相反，不足四万人的步兵，能用于机动的骑兵仅两千六百余骑，而且必须死守一处关隘官渡，兵力无从展开，军粮的运输线路唯有许都至官渡一条，虽然距离近了许多，但关键是许都的存粮并不多。

更要命的是运输也不易了，已经发现有袁绍的骑兵部队不知从哪里渗透了进来，正在骚扰劫袭运粮部队，曹军却无力护路，因为官渡马上就要面临袁绍志在必得的强攻了。

袭扰曹军粮道的骑兵是袁绍派出去的，袁绍的越骑司马韩荀率一千精骑从敖仓以西偷渡了黄河，越过了嵩山，目标就是切断许都与官渡之间的粮道，现在已经开始行动了。

曹操屯田已经五年，怎么粮食反而缺乏啦？这里另有原因。曹军的主要屯田地区是豫州的汝南，偏偏原汝南投降的黄巾军刘辟、龚都等部趁曹操与袁绍在北境相拒时重新叛乱，屯户们多数附从，军粮基地现在已经成了敌军的根据地了。

这还不算，以前不过是一帮散兵游勇，对后方还形不成什么威胁。现在不同了，据确凿情报，那可恨的刘备竟然带着袁绍的正规军，出现在了刘辟的军中，从进兵势头看，竟然是瞄向了许都！这还了得？

这是袁绍为曹操准备的第二支奇兵。刘备素有仁义之名，在下层农民甚至黄巾余寇中有相当的号召力，让刘备去联络刘辟、龚都等人，的确是物尽其用，只不过刘备自己的部队实在是太少了，原来被曹操打散了的溃兵虽然聚集了一些人，但真能作为主力上战场的仅有赵云从老家带来的几百人。

有多大能耐就去做多大事吧，本来就是发动群众在曹操的后方闹革命的。正是：事情成功了当然是决策者的功劳，袁绍得意；失败了肯定是做具体工作的办事不力，于袁绍也无损。

这袁绍的一正两奇三支部队的确厉害！曹军主力于官渡前线应付袁绍的十万大军尚自吃力，又怎有余力对付韩荀精骑对粮道的骚扰、刘备部队对许都的侵袭？这三招恰如三只饿狼同时扑向一只护羊犬，刘备拖尾，韩荀袭腰，袁绍则是张开了血盆大口猛咬向头部，眼看曹操的厄运就要来临了。

不仅如此，又一个令曹操心烦意乱的消息传到了官渡：刚在白马立了大功的偏将军、汉寿亭侯关羽，趁回许都晋表谢封的机会，留下了曹操所赐予的所有封赏，叛逃向了袁军！并且给曹操留下告别书信，还带走了刘备的家眷妻儿。

众将军无不义愤填膺，建议曹操趁关羽与刘备妻小尚未渡过黄河，立即对其进行截杀，以儆效尤。曹操长叹："彼各为其主，勿追也。"

史书记载有时候的确不大公平：关羽叛曹重归刘备，历代文人墨客都对其大书特书，赞其忠义，以至关羽死后被封神封帝，名彪千秋；而此时的曹操何尝不是在仗义放行？但大家对此都略过不提，有些戏剧、评词作家甚至还曲义歪解，说曹操心怀叵测，先欲毒酒送行，后又想骗关公下马擒之，只是由于畏惧关羽勇猛，才无奈作罢。

其实现在的曹操还面临着一件大事，江东的消息已传到许都，那勇冠天下的孙策遭刺客袭击突然暴亡。若在平时，对曹操来说应该算得上是一件幸事，但现在不同了，没有了孙策就等于失去了荆州刘表背后的牵制，刘表会不会趁机举兵南下，从背后给曹操的许都一个重击？

一旦如此，曹军便即将陷入灭顶之灾，曹操大半生的苦心经营也将付之东流，欲寻三尺葬身之地也将不可得也！

周瑜的"武装治丧委员会"

孙策的突然丧命，使整个江东如同塌了天。

尤其是孙策是突亡于征伐黄祖的路途之中，对江东的所有政务根本不可能有所交代，只是于临终之际将自己的印绶挂在了自己弟弟孙权身上，便撒手而去。

十九岁的孙权自小等于在坐享其成中过日子，哥哥短暂的一生实在是太耀眼了，就像我们于白天看不见星星一样，那是由于有了太阳的缘故。孙权就是孙策光芒背后的星星，孙策突去，对于孙权来说，犹如太阳突然落山，星星到了耀于人们眼中的时刻，孙权开始亮相于东汉时期中国的政治大舞台。

孙权，字仲谋。孙策扫平江东时孙权年仅十五岁，被委任为阳羡县长。曾被郡察孝廉，州举茂才，孙策去世时孙权正代理奉义校尉。应该说，这时的孙权年龄与资历都不足以管理整个江东地区，而且他现在所能依靠的仅有两人：政务有受孙策临终之托的长史张昭；军事则只有依赖正在巴丘前线与刘表军黄祖相持的江夏太守周瑜了。

兄长骤去，孙权一时没了主心骨，更无接掌江东最高权力的思想准备与执政经验，只知悲哀痛哭，哪能主持军政大事？张昭见状大忧，对年轻的孙权说："孝廉啊，现在可不是你哭的时候！"

张昭给孙权换上官服，亲扶至马上，首先巡视军营，以安定军心；又率领孙策属下的众文武官员，向孙权宣誓效忠；一面向曹操的中央政府通报孙策的亡故与孙权的继任；一面通告所属各郡县，以及内外将领，令各人坚守岗位，奉公守职。

但形势并不容乐观，孙策虽然名义上拥有会稽、丹阳、豫章、庐江、庐陵、吴郡六郡，但只不过实际控制郡治城附近各县，大部分地区，仍在当地豪强的势力控制之中。这帮人都是服硬不服软的主，以前屈从于孙策的军威，实是不得已，现在孙策已去，怎会将年未弱冠的孙权放在眼里？

再就是寄居这块土地上的外州流亡人士，跟孙氏家族并没有什么君臣间的情义。以前为了安全，托庇于孙策翼下，现在人心惶惶，都欲早日离开，当然也是为了自身的安全。

庐江郡太守李术，公开声明不服从孙权；就是孙氏家族内部，也是暗流涌动，不服气孙权的大有人在。庐陵郡太守孙辅（孙权堂兄），在左右亲信的纵容下，已开始密信联系曹操，请求曹操大军南下武力接收江东，自己愿为内应。

开国将军突然去世，各地拥兵大员都有自己的小九九，谁愿意甘居人下？多方反对势力蠢蠢欲动，政治局势明显飘摇，一时山雨欲来，风满江东。

擎天自有白玉柱，架海自有紫金梁！关键时刻，周瑜带兵奔丧来了！

风流倜傥的周瑜显示了雄才大略的一面，带重兵奔丧实是具有先见之明，大兵一到，一切不和谐音符都消于无形，理所当然地奏起了主旋律，世界重新变得美好起来。

歌功颂德之声无比悦耳，两耳只要一塞，人民对上级的意见自然就没有了；两眼只要一闭，社会自然一片清明！

无限光明实际上存在于黑暗与混沌之中。

掩耳盗铃的那个人才是最伟大的天才，说破皇帝新衣的人当然都是无知的小子，怪不得历代的皇帝最怕的都是小孩子。

周瑜率军前来参加丧礼，遂留在了吴郡（今江苏省苏州）就任中护军职务，跟张昭共同主持军政。周瑜不仅带来了万众一心的安定团结，还给孙权带来了明天的辉煌，那是一个人，一个有本事的人，此人姓鲁名肃，字子敬。

鲁肃，临淮东城人，自幼丧父，与祖母相依为命直至成人，家境却是富得流油，史书记载的确令人既迷茫又羡慕：鲁肃不经商，不务农，不治家事，并且大散财货，大卖田地，以赈济穷人结交江湖上的朋友为自己的主要工作，真让人想不通他家那些钱财怎么来的？但此种行为当然甚得乡邑欢心。

周瑜为居巢长时，曾带数百人路过鲁肃的家乡，并且向鲁肃求借军粮。鲁肃家有两囤米，各三千斛，鲁肃便随便指了一囤给了周瑜，周瑜从此便知道这是个奇人——那当然，谁见过这么大方的普通百姓？

周瑜向孙权这样推荐的鲁肃："鲁肃之才，冠绝当世，公应多聘此等人物，方能建立功业。"能让周瑜这样倾心佩服的人，大家可以估计到是何种人才了。

孙权接见了鲁肃，一经交谈，大为兴奋，宾客全部告辞之后，还特地留下了鲁肃，把坐榻靠在一起，一面饮酒，一面畅谈自己的理想："现在汉室垂危，我羡慕小白（春秋时期齐国十六任国君桓公）、重耳（春秋时期晋国二十四任国君文公）之功业，君能怎样助我？"——意思是打算做一个匡扶汉室的忠臣。

鲁肃一语道破天机:"那是不可能的!前高祖欲奉义帝,不能如愿,皆因项羽作梗;今日之曹操,正如当年之项羽,将军有何方效法小白、重耳?恕在下妄断:汉室已不可能复兴,曹操也不可能排除。为将军设想大计,路唯一条,即确保今日江东,坐等天下变化。今曹操用兵于北方,无暇南顾,公应先灭江夏黄祖,继击荆州刘表,收长江南北于囊中,此乃帝业之基础!"

孙权年龄虽幼,城府却深,怎会将这叛逆之言贸然出口?说话口不由心:"我唯一的愿望是:以我江东之力,救亡汉室,君之言太过远也!"

张昭见状,认为鲁肃年龄太小,心粗而大话太多。反而是孙权从此更加尊重鲁肃,赏赐给他用不完的财物,孙权之心其实已经昭然若揭。

按下孙权倚仗周瑜、张昭,整肃内部,安定江东不提,还是回到曹操与袁绍的官渡前线,双方即将大打出手了!

单骑千里话关公

古今中外,做武官的人不计其数,但最幸运的人莫过于关羽。当然,笔者指的是死了之后的荣耀,生前风光无限的人死后得到的待遇大多是相反的。

关羽略有不同,生前也算步入了"高干"行列,人死后同样一发不可收拾,连续得到提拔重用,先是老百姓自发地把他敬之为神,后来逐步得到官方的承认。

宋徽宗年间，他开始有了御赐封号，被皇帝封为忠惠公和崇宁真君——这真君已是神的称号了，后又加封为武安王和义勇武安王。宋高宗加封为壮缪义勇王，孝宗改封英济王，元文宗时封为显灵义勇武安显灵英灵王。再往后关羽享祀的地位也就越来越高得离谱了。

到了元代，关王庙宇已遍布全国，而且开始单独立庙，在这之前，一般是与刘备、张飞一同被供奉于同一庙中，与当过皇帝的刘备一起上班。对关公来说不是什么好事，连坐的资格也难有，必须站立服侍于刘备身旁。人们心理上开始替关公抱屈了，干脆另造庙宇把刘备哥们儿请了出去，关羽终于和刘备一样，正坐于南面之位。

宋元时期的人民崇拜关羽，其中最大一个因素当然是此时的民族情绪强烈，人们在褒奖关公忠义的同时，昭示了对民族气节的赞美。当时的一些诗作显示了这种情绪。

元代程元卿诗：

> 将军气作汉长城，此身肯与贼俱生？
> 一时成败风云散，千古精诚日月明。

元代杜茂诗：

> 躬膺节钺称蜀将，肘佩章符建汉官。
> 法宣景涵金色界，神光长照玉泉山。

虽然这是在说关王庙宇竟因其神灵长存而如佛光般长照金界，

但实际上，人们把神话中的关羽与现实中那些有民族气节的人联系在了一起，在渴望汉人中出现像关羽那样的英雄。

大明万历十八年（1590），关羽被正式晋爵为帝，四十二年（1614）又被敕封为三界伏魔大帝神威远镇天尊关圣帝君。作为统治者看重的当然只是关羽忠义中的那个"忠"字。

神仙当然是不分种族的。清代关羽的进步几乎等于坐上了直升机，关帝的官也升到了顶峰。清朝皇帝除了沿袭明代岁祭关庙之外，加封更加频繁。关公被清朝皇帝封曰：忠义神武仁勇灵佑威显关圣大帝！得武帝、武圣之尊号，集神、圣、帝于一身！

到光绪时其封号已达 76 个，光绪对关羽的封号最长，达到了26 个字："忠义神武灵佑仁勇显威护国保民精诚绥靖翊赞宣德关圣大帝"。关庙也被崇为武庙，与孔庙并祀。关羽至此由王而帝，由帝而大帝，达于至极。

显然，作为"武圣"的关羽，已与"文圣"孔子齐名，而作为大帝，他已经超越皇帝之位了。

除此之外，道佛两家也把关公奉为护法神，封为"荡魔真君""伏魔大帝""伽蓝神"。有趣的是在民间，关公成为各行各业、妇孺老幼尊奉的万能之神。民间年画中的天地诸神画像中，关帝的像常常置于正中，一向以"行义"为己任，轻视财富的关公，竟成了一位声名显赫的财神爷。

就是到了今天，关公作为招财镇邪驱灾的武财神，在市场经济发展的大潮中，也受到商人们的热烈欢迎。

实际上关羽的影响到了近代已远超出了国界，除了大中华文化圈内的东南亚各国不说，就连美国圣地亚哥加州大学人类学系教授、芝加哥大学人类学博士Davidkjordan（汉名焦大卫）先生也这样说：

　　"我尊敬你们的这一位大神，他应该得到所有人的尊敬。他的仁、义、智、勇直到现在仍有意义，仁就是爱心，义就是信誉，智就是文化，勇就是不怕困难。上帝的子民如果都像你们的关公一样，我们的世界就会变得更加美好。"

　　这当然与《三国演义》对关羽的推崇有关，罗老先生不但把好多他人的英雄事迹记在了关羽的功劳簿上，例如孙坚斩华雄、曹操诛文丑、刘备杀车胄，并且演义出了一段流传千古的佳话：关云长千里走单骑，过五关斩六将，擂鼓三通斩蔡阳，的确威风八面，忠勇双绝！

　　不过史书上记载的关羽虽没有这么风光，离开曹操时却也相当光明磊落："及羽杀颜良，曹公知其必去，重加赏赐。羽尽封其所赐，拜书告辞，而奔先主于袁军。"（《三国志·蜀书·关羽传》）

　　高官不就，厚禄不恋，金银不屑，就是放在今天又能有几人？尤其是从个人的发展前途来讲，跟着那飘零四方、寄人篱下的刘备，哪能与安稳地在曹操代表的朝廷中干下去相比？

　　之前关羽与张辽所说："吾极知曹公待我厚，然吾受刘将军厚恩，誓以共死，不可背之。吾终不留，吾要当立效以报曹公乃去。"对于关羽来说不是唱高调、说空话，关羽做到了"言必信，行必果"。

　　关羽此举不但把所有的后人们都感动了，就是在当时，把曹操也给感动了，所以曹操并未通缉捉拿他。虽然如此，实际上关羽的出逃比演义中描绘得更加险恶万分。

　　刚宰了袁绍的大将颜良，那袁绍欲复仇还找不到人呢，关羽实际上是在将身入虎口；关羽也不可能预先知道曹操会这么仗义地放过自己，这种逃亡也是明显的九死一生的事情；而这一切都只不过为了一个国人崇尚的"义"字。关羽之所以能留芳至今，应是实至名归，没亵渎后人的推崇。

关羽虽没有像小说中描写的那样过五关斩六将，但由许都北上经洛阳、荥阳而过黄河，等知道刘备不在袁绍军中，又折返黄河南岸，奔向汝南，辗转千里应该是确凿的事情。史书上对关羽这一年的动向也是个空白，但应该能推测出关羽在这一年多的时间里，一直处于奔波流离之中。

身边没有任何部队护卫，独骑单刀保护着刘备的家小，往复于曹操的地盘中，大家应该能想象到这是何等的艰辛，所历危险又岂止于过五关斩六将？

罗贯中老先生大概也想到了这一点，所以在演义了关羽独闯五关之后还觉得意犹未尽，又给他心目中的英雄加了个古城双雄会，让关羽在张飞的三通战鼓的催逼声中，阵斩蔡阳，竟不惜窃夺了刘备的大功，肯定也是由于受到了关羽义气的感动。

而关羽苦寻的刘备现在汝南却是干得颇有起色：固然是在替袁绍当狗咬狼，那袁绍偏又不肯喂食，自己重新召集的旧部数不满千，虽有赵云重归，力量也是单薄得可怜；刘辟、龚都等部均是些散兵游勇，根本无战力可言，但打了几场小仗，许都南方的战局却是豁然开朗，曹军各城闻听刘备军到，无不踊跃献城，看来就是在曹操的阵营中，刘备的口碑也超过了曹操。

曹操现在是前门有虎，后门进狼，局面愈加恶化了！

第四章
鏖战官渡

前后挨打两头忙

战争是一种成人的高级游戏，与人们虚拟的游戏不同。虚拟游戏的开局一般都是绝对公平的，战争这种游戏则正好相反，从来都不会公平，一旦大家感觉实力相当，这场架一般就打不起来了，现在地球上的大国们追求的所谓军事平衡就是这个意思。

这种游戏具有极强的不确定性，越是所谓专家越预测不准它的结局，至于利弊得失，就是在事后，人们往往也评估不准确。当然，随着时间的推移，人们的看法会越来越接近准确，现在我们评估东汉时期的战争，应该说人人都是专家级别的高手。

一场战役的胜负往往决定于一个极意外的因素，现在我们看到的必然结局其实在当时有好多偶然因素，曹操与袁绍的官渡之战便是如此。

应该说，到现在为止，袁绍对战役的指挥还是正确的，布阵堂堂正正，大损两阵并未失势，进攻的势头丝毫未减，战役的主动权还牢牢地控制在自己手中，不但正面战场令曹操再也无隙可乘，派往曹军背后的两支奇兵也逐步显示出了威力。

越骑司马韩荀率领的一千精骑已经将许都至官渡的粮道变成了恐怖的旅途，运粮的士兵只要上了路，劳累便成为了次要的事情，最大的问题是：随时会被飞来的骑弩夺走生命。夜晚的宿营再也不能解除疲劳了，要随时准备对付不知啥时候突然临头的袭击。

没办法，本来就兵力紧张的曹军只有把宝贵的野战部队派往运粮的路途，掩护辎重也不轻松，随时都处于被动挨打的地位。敌人就像一阵风，不知何时会突然刮过来，又忽地消失得无影无踪，军粮在路途中的损失越来越大，前线的粮食供应逐感紧张。

更令曹操忧心的是汝南的刘备，那里是许都的南大门，现在刘备已经把门户打破了。素有仁义之名的刘备到了汝南简直如鱼得水，兵虽不多，号召力却大，现在已经攻占了许都东南仅六十余里的濦强，致使周围各县接连叛乱对其响应，许都已经感到了实在的威胁。

尤其是原来刘辟、龚都的那帮散兵游勇，现在经刘备的整顿训练，已经逐渐像一支部队样儿了，一旦形成战斗力，许都就算彻底完了！最要命的是曹操竟然对此致命威胁无可奈何：官渡前线的军事态势对曹军愈见不利，正面战场的部队已经自顾不暇，实在无法抽出兵力去大后方应付危局。

曹操将防守阳翟的厉锋校尉领广阳太守曹仁召到了官渡前线，向曹仁谈明了自己的忧虑与无奈，当然是想打挖肉补疮的主意，但阳翟是自己的左后屏障，能抽出兵力来吗？

曹仁对整个战争的局势极为清楚：曹操的注意力只能集中于官渡，官渡若败，全盘皆输！但对刘备在后方的威胁，也决不能等闲视之，如不能及时解除，兴许与袁绍还在僵持，后方的老窝就给人掏了！还有粮道的安全，如果不能清除骚扰，那就会连僵持的资格也没有了。

曹仁回答得很干脆:"解决南方刘备的威胁比现在官渡的战局还要急迫,一旦刘备大军兵临京师,连救都不可能,刘备兵强之后,背叛附从刘备的各城就会变得稳固了。现在刘备新指挥袁绍的部队,还不会那么得心应手,马上对其打击刻不容缓,击破刘备应该是有把握的。"

曹操等的就是曹仁的表态,深从其言,马上决定由曹仁出动阳翟所部,对尚未成大气候的刘备军实施突袭打击。

但阳翟关乎许都、官渡、河内三地安全,也极为重要,曹仁的主力还是要守在阳翟不能动用的,只能出动两千轻骑,不但要对付刘备、刘辟所部的万余大军,还要负担清剿韩荀的流动骑兵,曹仁肩上的担子格外沉重!

而现在已经占领瀤强的刘备因为曾在许都的朝廷中任过职,时间虽短,人缘却好,曹仁的部队还未出动,刘备便已得到消息:曹仁的骑兵马上就要对许都东北的韩荀开始围剿了,现在进军许都,正是时机!

这一回就看曹仁的了

袁绍在派刘备来汝南时交代给刘备的任务不是袭击许都,袁绍没认为刘备有这个能力,将自己的大部队交给刘备指挥也难以放心,只是让刘备带着他自己所部去援助刘辟,能对曹军起到牵制骚扰的作用就算完成任务了。

　　而刘备的能量显然超过了袁绍的估计，自到达刘辟部之后，不仅极大地鼓舞了刘辟、龚都所部的士气，而且率这帮以前只会种田、抢掠的农民军竟兵不血刃地收服了数城，令刘辟、龚都等不得不服气了。

　　现在刘将军要带他们进军京师了，大家都极为兴奋，与刘备所想的不一样，大家关注的是许都的金银财宝肯定比汝南要多；刘备的目的是袭破许都，接出天子，自己便成为了拯救汉室的第一功臣，那曹操自然也就大势去也。

　　但刘备也知道进军许都绝不是一件轻而易举的事情，自己能恶战的部队有限，刘辟、龚都的部队真上了战场能起多大作用谁也说不准，这是一帮毫无军纪可言的乌合之众，真破了许都，谁能约束他们都是个大问题。

　　首先要教给他们什么是纪律，改掉抢掠百姓的恶习，要让他们知道违犯军纪是要掉脑袋的；再就是要让他们学会几套基本阵法，不然遇到敌军的步兵还好说，拼不过还能逃命。要是逢上敌军的骑兵，那就只有待宰的份儿了。

　　只是不知道韩荀的精骑对曹仁能支持多久，曹军能否给自己充足的时间来整训刘辟的部队？只能尽力而为了，吩咐赵云率自己的千余老兵对许都方向实施警戒，刘备自己亲自训练刘辟部简单的作战阵法，估计三五天便能勉强向许都开拔了。

　　刘备盘算得挺美，其实曹仁连三五个时辰也不会给他了。那曹仁对奇袭作战相当内行，对外宣称要进剿韩荀，实际上根本没理睬运输路上的事情，两千轻骑昼夜不停，绕过许都，直扑濦强！不，没有直接扑向濦强，而是绕过了濦强，先堵住了刘备南逃荆州的去路，回师扑向了刘备！

阴阳差错，曹仁此举竟无意中绕过了赵云的警戒部队，致使刘备毫无防备地遭到了来自背后的袭击。当时刘辟的步兵还在刘备的指挥下演练着克制骑兵的阵法，突然间就从演习进入了实战！

哪知现学的曲唱不得，刚学的战阵毫无用处，士兵们一发现曹军的骑兵，全都慌了神，转身就跑，就没有一个人想到：自己这两条腿，如何能跑得过四条腿？

曹仁曾随曹操经历过荥阳惨败，自己当时带的兵也是初经战阵的农民军，遇到徐荣西凉铁骑突击时的恐怖，曹仁直到此刻也记忆犹新。现在曹仁就是在原样克隆当年西凉铁骑的战法：一阵战鼓，猛扑上去，见人就砍，先摧毁敌人抵抗的意志再说。

效果极佳！没遇到像样的抵抗，曹仁的骑兵直如同几只猛虎进了羊群，战士们简直就是在享受杀戮的快感了。而曹仁本人却不理睬刘辟的乱兵，马不停蹄地直扑刘备而去，逮不住刘备，这胜利也就大打了折扣。

战场经验丰富的刘备岂是这么容易逮到的？刘备早已把逃命战术锻炼得炉火纯青，一见曹军从正南出现，便醒悟到事情不妙，几乎是本能地策马就溜。

等到曹仁驱开乱兵扑到刘备的指挥位置时，刘备连同他那几名亲兵早就不见了踪影。曹仁只有把气撒在了刘辟部身上，趁胜势提军摧毁了刘辟的大营，那刘辟的万余大军竟然作鸟兽散，瞬间不复存在。

刘备直接逃到了赵云的部队中，自己的这千余老兵没遭到损失，应该是刘备的极大幸运，现在投向何处呢？袁绍的心胸狭窄、事无决断，刘备已经亲自领教了，跟着他继续把这个客卿做下去，看来前途不大光明。但现在投奔荆州刘表却不是时候，刘备极清楚那曹仁就在去荆州的必经之路上等着自己。再说，对袁绍总要有个交代，不告而别不是刘备的行事作风。

之前投降自己的那几个县现在肯定指望不得，善于观风变向的人一般都能坚持这种老传统，再变回去那是可以预料到的必然现象。别自己送上门去找不舒服了，说不定一下成就了人家，让人家在曹操那儿立上一个抓住刘备的大功。

无奈之下，刘备还是选择了重新回到袁绍的大军中去，当机立断，偃旗息鼓，部队连夜西行，迂回向孟津渡口。一路之上，刘备不禁暗怨：袁绍如果稍微加强一下自己的兵力，何致落得如此功败垂成？

获胜的曹仁却行动更为迅速，表面上部队正在忙于收复叛乱的各县，实际上那不过是他一半的部队，曹仁自己精选了一千轻骑，连夜插行了许都与官渡之间的鸡洛山区，那里是袁绍的部将韩荀活动频繁的地区，曹仁要乘其不备，实施长途奔袭，打他个猝不及防！

运气又一次站到了曹军一边。

韩荀现在已经不能像刚来到鸡洛山中那样，对曹军的运粮部队肆意劫掠了。曹操的护粮部队现在一般都在几千人以上，韩荀只能集中他的一千精骑，实行突然袭击，冲上去放把火就走的作战方式，就这样还要事先选好既利于突击又利于撤退的地形，这种两面兼顾的地形不是太多，以至于运粮的曹军对将会在哪里遭劫都基本有数了。

长途奔袭到鸡洛山的曹仁也发现了这种位置，他立即命令全部骑兵隐蔽在利于骑兵逃跑的方向，抓紧休息马力，以火光为号，待命出击，作战命令极为简单：不准放走袁军的一人一骑！

不幸的韩荀恰巧也看准了这个地方，确凿情报：今天将有千辆曹军的辎重车队要经过鸡洛山，韩荀还是准备冲上去，烧掉就溜。

车队来了，韩荀的骑兵全部出动，轻易地突破了曹军护粮部队的防线，火也点起来了，略有损伤的部队也顺利地撤下来了，谁知正好一头扎进了曹仁刚刚布好的埋伏圈！

长途奔袭的曹仁部队以逸待劳，韩荀在惊慌之中被好像从天而降的曹仁砍走了脑袋。部队群龙无首，外围又被赶上来的曹军护粮部队包了个严严实实，一战竟至全军覆没，未能逃走一骑！

自此，官渡的曹军后方威胁已全部解除，曹仁立下了不世之功！但此时的曹操却连表奏奖赏都无心思了：曹操这边的形势恰与后方相反，战局逐渐恶化，官渡的外围战已经失败，现在已经谈不上什么相持了，已处于被围攻的状态。

开局第一步就是"瞎着儿"

史书上记载的东西最容易使人糊涂了，即使不同的史书能相互印证的也不例外。

例如：在《三国志》与《后汉书》都有记载的一段，曹、袁两军在建安五年（200）四月进行完白马、延津之战后，被剥夺了军权的袁绍谋士沮授这样向袁绍建议：“北兵虽众，而劲果不及南军；南军谷少，而资储不如此。南幸于急战，北利在缓师。宜徐持久，旷以日月。”绍不从。

这意思就是说：我军虽然人多，但不如曹军精锐，曹军虽精悍，但粮草储备不如我军，所以敌军利在速决，我军宜在持久，给他把战事拖下去，硬熬就会把曹军熬垮。大家注意后面的三个字：绍不从。

这就是说，袁绍不听从沮授的高明建议，一意孤行地进行了速战。

是这样吗？让我们看一下战役进程：袁绍四月便占领了曹军的第三道防线阳武，这里其实就是曹军最后一道防线——官渡的外围阵地，相距百里之遥，但直到八月，袁绍的十万大军才逐步逼近了官渡，平均一天前进不到一华里，还要怎样再缓？

很显明，袁绍是听从了沮授的建议，并没有急于与曹军决战，而是步步为营，日日缓逼，稳操战役的主动权，直到压迫得曹军终于受不住了，以至于不得不在极不利的态势下出来作战。

这时的袁绍其实是极为沉得住气的，很明白怎样才能万无一失地战胜曹军。要说不足之处，那就是在两支派往曹操后方之奇兵的兵力配备上有点失策。

假如狠狠心交给刘备一万精兵，那将会如何？要知道，刘备以自己千余弱旅便已攻占了许都的南大门，离曹操的老巢许都还有不足六十里，步兵也一日可达。那样的话，曹操还能在官渡坚持下去吗？

趁其回军救京师，出动大军掩杀其后，大胜当在情理之中，这样一来，中国的历史也将改变轨迹了。

再就是对派出骚扰曹军粮道的韩荀军也应该给予策应，胜曹军的关键在于切断曹军的后勤供应。千余的韩荀轻骑是官渡曹操大军咽喉上的利刃，不应该就这么让他给轻易地折断。

袁绍手边除十万步兵外，还掌握着万余铁骑，即使全部派往曹军粮道也不会影响与曹军的相持，按照"好钢用在刀刃上"的理论，把韩荀这把杀鸡刀加强成牛刀也不为过！总胜过让韩荀部队孤单无援全军覆没为好。

即便如此，袁绍用兵的方略也逐渐显露出了巨大的优势，曹操的主力在与袁军的对峙中陷入了困境。《三国志·魏书·袁绍传》载："太祖与绍相持日久，百姓疲乏，多叛应绍，军食乏。"这应该是袁绍听从沮授建议的明证。

曹操实在忍不住了，这袁绍欺人太甚，十余万大军，东西连营数十里，隐隐已对官渡形成半包围态势。曹操也只得分兵与其对抗，但这样一来兵力更显单薄了。

将士们心中也渐感恐慌，从前线的将军到后方许都的文武官员，不少聪明人士已开始暗暗地准备后路，竞相秘密地与将来可能的主人通信联系。还是国人那句老话：识时务者为俊杰！俊杰——谁不愿意争当？

必须打一仗了！要给后方的官员们一个安慰，要给前线的将士们一个振奋，要给袁绍的部队一个打击，趁还没有开始那决定生死的攻守战，把部队拉出去，在机动作战中灭掉袁军的威风！

曹操还是老战斗作风，身先士卒！亲率手边不足万人的部队开出了官渡的防守工事，只可惜这是以步兵为主力组成的部队，只能结阵前进，在灵活机动方面当然要有所不足了。

袁绍见曹操率军前来野战，不禁大喜，能把你的有生力量消灭在营寨外，当然对将来的攻坚大为有利。立即命令前部稍微后移，给曹军腾出厮杀战场，强弓劲弩封锁住曹军两侧的去路，又听从郭图的建议，从数里外的两翼军营，各出动一军，迂回向曹军的背后，切断曹操的归路，力求全歼出动的曹军。

曹操见袁绍的部队未经厮杀便主动后撤，感觉正是突击的良机，才欲下令结束布阵，立即冲锋，忽见两侧箭弩如飞蝗般飞来，当即醒悟：这是袁绍在给自己让出厮杀战场，这场仗是硬碰硬，没有什么大便宜可占。那就拼一场吧，只要摸清了袁绍的指挥位置，还是要冒险突击一下的。

改令刀牌兵前移，防住敌人的弓弩，宝贵的骑兵居中待命突击，长枪军做好应付敌骑突击的准备，全军原地结阵，等待敌军出动应战。曹操本人则极力分辨袁军的传令骑来往于何处，只要弄清你袁绍的中枢之所在，那就对不起了！

只见对面袁军队列不断变换，已经开始缓缓逼近，却不见敌军的主力骑兵出现，敌人在等待什么？

曹操不禁狐疑，丰富的战场经验使他本能地命令瞭望哨注意两侧远方，尤其是远处的侧后，瞭望哨惊报："左右后方均有尘土扬起！"

曹操立时明白：袁绍欲包自己的饺子！一时来不及细想，立即传令全军速退，今天这仗不跟你打了！

等到全军开始向后移动，已经迟了，对面袁绍的骑兵突然发起了冲锋，两侧的大批步兵也同时包抄过来，已经接到撤退命令的曹军阵形开始乱了。

向后方的官渡方向望去，眼见得袁军迂回的部队已经合拢，曹操大惊！所幸位于中军自己的骑兵尚未移动，曹操立即传令：张辽、徐晃率骑兵断后，许褚、乐进带自己的虎士卫队全力开道，杀回官渡。

两侧的步兵已经交上了手，现在的曹军处于三面被攻的不利态势，处于有利地位的袁军得势不饶人，杀声连天，箭弩如雨，曹军的伤亡眼见大增。

所幸且战且退的曹军并未溃乱，舍命开路的许褚、乐进极其骁勇，许褚手下的"虎士"们又个个是豁得上性命的主儿，终于在抄后路的袁军中间撕开了一道裂缝，总算无比狼狈地退回了官渡大营。

曹操计点士卒，一战损失了三成有余，从此再也不敢出营。现在双方的战局开始了一个新的阶段，不再是相持了，是庞大的袁军开始了围攻战，而曹军则自然处于没有退路的苦守状态中了。

没有退路还不是最可怕的，最可怕的事情是看不到希望！

东汉时期的对空作战

"故用兵之法，十则围之，五则攻之，倍则分之，敌则能战之，少则能逃之，不若则能避之。故小敌之坚，大敌之擒也。"（《孙子兵法·谋攻篇》）

不少古代军事发烧友对官渡之战中袁绍的用兵表示了不屑，三倍于曹操的兵力，为什么不把缩成一团的曹军给包围起来？那样的话光是饿也能把曹军饿垮呀。

这就是上面《孙子兵法》上所说，根据双方兵力应该采取何种战术的问题了。按《孙子兵法》所说，没有十倍于敌军的兵力，是不可能八面包围敌军的，这账好算得很：包围敌军，属平均分配兵力，而被围的军队却有随时集中一点的主动权，一旦敌军突围或突出作战，全局上，不十倍于敌，在局部上就极难组织起强于敌军的兵力。

按史载，"绍既并四州之地，众数十万……于是简精兵十万，骑万匹，欲出攻许"。几场外围战下来，袁绍兵损不过万，也就是说，现在袁军还应有精兵十万出头；而曹军呢？总数史未详载，但从曹操孤注一掷地抽调二线兵力集中于官渡前线来看，总数应该三万出头，所以袁绍不可能进行包围全歼的战法。处于守势的曹军阵势密集，也无法进行分割逐步围歼。现在采取的半包围态势的进攻战术应该是正确的。

从官渡发生战事以来，曹操便在关羽出走后抽调了几乎所有能抽调的部将来到了官渡，守宛城的曹洪、守阳翟的曹仁、扬武将军张绣，还有撤出阳武的徐晃，现在也已经集中起了所有能集中的兵力固守官渡。

只是因为这官渡实在丢不起，官渡地处鸿沟上游，在东汉末年是许都北面的门户，为汴水的起点。当时的鸿沟运河西连巩洛，东下淮泗，而官渡实为邺城进军许都的陆上交通要道加水路枢纽。官渡若失，许都便将直接面对袁军的攻击。

官渡无城，曹操是据要道结营寨固守，袁绍则针锋相对，沿官渡外围依托沙堆扎下十余处营寨，立足于慢打硬耗；逼得曹操只得分营十余处相拒，这样一来，曹军能用来机动作战的兵力已经不足万人。

但是要想轻易地攻破一个营寨却不是那么容易，即使攻方人再多，能实际接触作战的肯定还是少于防守的人。因为守军可以密集排列，进攻方却绝对不能，贴近营寨后，守军的檑木、巨石便使士兵的盾牌失去了护身的作用。

这里有一个关键处：就是守军处于居高临下的位置，高大的寨墙既是进攻者难以逾越的障碍，又能掩护住守军不受攻击，所以，进攻方即便是付出数倍于守方的伤亡，能否接近至寨墙也是难说的事。

对官渡曹操营寨的进攻，袁绍接受了谋士们的意见。从一开始就把它演化成了争夺高度的战斗，袁军没有直接进攻营寨，而是在离寨墙一定距离聚起了无数的土山，等到快要堆到与曹军营寨等高的时候又用树木在上面搭起了高高的木架，由步兵掩护着弓弩兵上到木架的阁楼之上，这下攻守双方的地利交换了。

居高临下的袁军弓弩兵得意了，曹军寨墙内被一览无余。守军的礌石等防守重器不能及远，用不上，所有的防守士兵都成了袁军弓弩的靶子，士兵们人人自危，几乎所有的人蹲在工事内还要头顶着盾牌，这日子怎么过得下去？

随着高架之上袁军得意的嘲笑声，传来的还有时刻不绝于耳的广播：讨伐曹操的战前檄文、诱惑士兵们放下武器的优惠条件、青、兖二州的家乡小调、巨额悬赏曹操首级的战地公告。

精神原子弹的威力更是非同小可，曹军的士气日益低下，而将军与谋士们却是无可奈何。有人建议不计伤亡也要出击拆了那些武攻文骂的高架平台，被曹操阻止了，那正中袁绍的下怀，就等着曹军出来送死呢。

冷兵器时代的对空作战的确有难度，以弓弩兵对射了一天曹操便发觉不妥。箭矢这东西造难耗易，对有阁楼严密防护的敌人很难造成有效的杀伤，却要把大量的宝贵的利器白送与敌军。也许这就是袁绍的最根本目的之一，箭矢耗用完了，那曹营也就到了被攻破的时候。

怎样摧毁那些高架上的阁楼呢？人到急处自生智，曹操也当了一回发明家，琢磨出了一种能抛掷石块的车子。具体是什么原理史未详载，也没有实物给后人留下来，笔者判断与近代西方的掷石机原理可能不大相同，应该是在特定的地理环境下使用的一种能拖拽或推着前进的车子。

这种车子应该有一根或两根长杆，在顺置的杆子顶端设一个能放石块的装置，利用车子的惯性，在高速使车子前进时强制车子突停，使长杆高速变向竖起，借其力把石块抛甩向前方。估计准头肯定不会那么如人心意，但如果多了呢？漫天乱飞的石块那威势肯定是相当惊人的。

笔者是凭空想象，没做过实验，人家曹操却是没经过实验也完成了这项用于实战的发明，结果极好。袁军土山上的高橹射楼全被摧毁，恐惧的袁军给曹操的发明起了个威风的名字：霹雳车！

实施空中打击的袁军受挫后并没有气馁，立即由空中转向了地下，与曹操玩儿开了地道战。

地道战

在地下挖洞作为运兵路线，既不是袁绍首创也非最后一人。去年曹操偷渡安众突破刘表截击，摆脱张绣穷追时就是用的这一手，后世的人们更是把这种战术发挥到了极致。

袁绍的地下作业有相当的隐蔽性，原因是之前在曹军的寨外聚起了连绵的土山，开挖地道的最大的难点就是挖出的土堆放在哪里，对于袁绍来说不存在这一点，加高土山就是了。

一旦所有施工的地道都挖进了寨墙，而且曹军又没发觉的话，那就算是大功告成了。夜半三更，大家突然破开出口，那还不如同天兵突降？不对，从地下钻出来的，比喻不大准确，应该是如同鬼魅般出现在曹军面前！

这里有个前提，那就是绝不能被曹操发觉，如果发觉了那就另当别论了。有寨前的土山作为掩护，曹操能发觉吗？还就是从土山上出了漏子，致使袁军暴露了作战意图。

一日，曹操在巡寨时突然觉得寨外的废土山哪儿有点不大对劲，左右告诉曹操：这是袁军在加高土山，何时再发石打击请曹操指示。

曹操细察那被加高的土山之泥土颜色，心中已经有数：黄河流域的地层，由于是被决口的黄水带来的泥沙，数年一成不期地淤积而成，地下的泥土几乎是尺余一个颜色。细心的人很容易就能断定这泥土来自多深的地下，恰巧曹操就是那个比细心人还心细的人。

马上传令，在自己寨墙的内侧开挖一条深两人、宽一人的长壕，将士们有些不解：怎么护寨壕还要开挖在自己的寨墙里面？这是什么防守工事？

凡是当官的人都喜欢故弄玄虚，以显示自己的大智大慧，简单的事情也要让它复杂化，像那锦囊妙计，到时再拆之类的把戏，都是人为地增加神秘感。

曹操当然也不会例外，不会提前向将士们解释什么，所有的人当然也不会傻到能去怀疑领袖英明的地步，长壕工程当即动工。

曹营的内外敌我双方现在都在积极地施工，地下地上同时干得热火朝天。曹操又给士兵们加了一样活路：准备充足的水源，看来是要往完工的长壕里灌水作为障碍了。

还是不会有人提出异议的，虽然怎么看也觉得这是在障碍自己；已猜出曹操真实目的的谋士们更不会多嘴，只会在事后显得恍然大悟的样子，这是一个优秀部下的基本素质。

露天作业毕竟速度快得多，曹操的寨内长壕先竣工了。曹操现在对将领们不再保密，命令他们全天候监视长壕的外壁，发现有人掏洞进来也不要声张，只要来客爬不出长壕，就坚决耐心地等下去，出现另一种情况就要开始往长壕里灌足水：来客想从洞里往回开溜的时候。

一切如袁绍所料，数不清的地道已经在土山的掩护下顺利地挖进了曹营；一切也如曹操所料，曹营内现在也能感觉到地下的动静了。袁绍总攻突袭的时刻到了，曹操引水入壕的时刻也要到了。

袁军在地下施工的士兵突然一镢捅了个空，万幸时间是在晚上，看来没有惊动曹军，伸头出去听了听，没有动静，看了看，是在一个壕沟的底部。袁军陆续钻出了地道，大家都很自觉地轻手轻脚不发一语，几乎所有的地道都挖到了长壕内的出口，长壕里的突击队员们越来越多，曹军还没有任何动静，形势看来大好，不是小好！

只是有一点儿麻烦，进来的袁军怎么也不会预料有这么一道讨厌的深壕，没有携带任何登高器具，两人搭人梯看来也难攀上去。被困在壕中的袁军有点儿沉不住气了，出了洞的士兵想退回去，可是后面的还在继续往前挤，怎么可能像逛大街一般都走右边，进退自如？

随着袁军弄出的动静越来越大，长壕上面的曹军再也无法装着听不见了。突然一阵锣响，营寨内火把一齐燃起，将长壕里外照得亮如白昼，挤在深壕内的袁军士兵几乎给吓晕了过去，没有任何反抗与还击的能力，这大概就是猪羊等家畜在待宰前的感觉！

连请求投降的资格也没有了，上面劈头盖脸地浇下了冷水，长壕里倒是存不下能淹死人的水，但是还在地洞里的士兵就真正的有口难言了，随着冷水与泥浆的涌入，进也不得，退也不能，只有被活活闷死一条路了。人临死前的挣扎是有超常气力的，但是没有用，狭窄的地洞里施展不开任何力气，现在人人脑海里只剩下了一种感觉：恐怖与绝望混合的感觉！

随着水量的加大，几乎所有的地洞都塌方了，当然也有士兵们在里面挣扎的原因。这下更惨了，源源不断的大水开始积存，后退之路彻底断绝了，没有退出地洞的士兵的尸体成了地洞的填充物！长壕内的士兵更是经历了死亡前的恐怖，连淹死的都不是，是被活活埋葬的。因为后来曹军贮备的水不足了，便把刚挖出的泥土重新填回了深壕！

天亮时分，一切如常，长壕不见了，连一具尸体也没有，几乎没有夜里发生了战斗的痕迹。曹操心中一动：还是坑杀这活路做得干净！

袁绍的地道战彻底失败了，接受的经验教训是深刻的，袁绍再次改变了战术：放弃强攻，把"困"字坚持到底。

这下如同巨石压在了曹操的软肋，军粮渐乏的曹军开始坚持不住了！不仅如此，后方又传来紧急军报：从曹仁手里逃脱的刘备，现在又回到了汝南，与龚都的黄巾余部合兵在了一起，声势重振，许都危急！

袁绍的统战工作挺到位

曹操与袁绍的主力全都在官渡，但二位主帅的目光却并没有只盯在这里。曹操盯的是双方的粮道，既担心自己的，又准备破坏敌人的；袁绍关注的是曹操的大后方，既盼着刘表能助自己一把，抄了曹操的后路，又渴望着许都南方曹操的将领中有几个窝里反的，重赏之下，岂无勇夫？

袁绍盯上的是现在占据着汝南郡两个县的阳安都尉李通。李通在曹操征讨张绣的战争中曾立大功，但战后论功行赏时仅被委任一个管理两个县的都尉，而且辖地处于对抗刘表的前沿，相对许都来说，是地处僻壤。

袁绍分析李通肯定不会那么满意曹操的吝啬，于是便遣使拜李通为征南将军。也就是说可以统领荆、豫二州，成为国家的四镇将军之一，如此高官，谁能不动心？

首先李通的部属、亲戚们心动眼热了，甚至鼻涕一把泪两行地劝说李通弃曹附袁："现孤危独守，大援无望，灾祸随时天降，不如且从袁绍。"

李通大怒，按剑训斥："曹公明哲，必定天下。绍虽强盛，而任使无方，终为之虏耳。吾以死不贰！"（《三国志·魏书·李通传》）

李通不但把袁绍所送征南将军的印绶送到官渡前线的曹操手中，而且干脆把袁绍的使者砍掉了脑袋，也送到了官渡前线，只不过是送到了袁绍大营。

这下袁绍对李通算是断了念想，正好刘备带本部残兵回到了官渡前线，对于刘备的功败垂成，袁绍自己心中也明白该怨谁，怎样继续发挥刘备的余热呢？

刘备建议：自己带本部官兵，出使荆州刘表处，凭五百年前是一家的面子，说动刘表进军许都，许都若危，曹操又怎会坚持在官渡？一旦撤军，袁军从背后掩杀，当可必胜。

袁绍这次没糊涂，清楚刘备这皇帝本家的面子有多大，刘表一直是干打雷不下雨，刘备去了也未必就是行雨的龙王爷，还是少说空话办点儿实事吧。现在汝南还有龚都的数千黄巾余部在活动，能把他们组织起来对许都骚扰一番，比等待刘表出兵现实得多。

其实刘备根本的目的也不过就是想让袁绍给自己补充一下粮食军备，对于在袁绍的英明指挥下战胜曹操，刘备看不到希望，自荐出使荆州不过是借机逃离沉船。虽然在所有人的眼里，袁军的形势一片大好，但刘备太了解曹操了，自问在军事指挥上要强于袁绍，但也不是曹操的对手，时间拖下去，究竟对谁有利？刘备看好曹操。

补充粮食军备的目的达到了，再让袁绍给自己增加兵员是不可能的，袁绍还是坚信自己在官渡必然能战胜曹操，一切还是要以官渡前线为重，刘备只得率自己的原班人马顺着原路绕回汝南。

刘备确实像一颗火种，点在哪里哪里就是通红一片。与龚都挂上钩之后，刘备接受了上次先闹动静后练兵的教训，先是帮助龚都整顿部队纪律，同时演练基本阵法，尤其是步兵克制骑兵的基本战具、器材，更是尽力添置。时不过月，龚都的部队面貌竟焕然一新，至于实战水平还没有机会试过，不大好看外表论断战斗力。

机会来了，刘备在许都南部大练兵的信息传到了曹操耳中，曹操虽然被官渡的战局纠缠得焦头烂额，还是掂量出了此消息的分量；刘备坐强，许都必不保，到那时官渡的苦战也就失去了任何意义！

但目前曹操自己已是朝不保夕的状态，焉能有余力对付刘备？

飞骑传令现驻叶城的守将蔡阳，出动其本部军马，打击刘备、龚都部。蔡阳接令大喜！为什么？这蔡阳是曹营中少数几个不服关羽的将领之一，自关羽无功居高位，蔡阳心中便极不忿，及至后来关羽在白马前线于万军之中取颜良之首，蔡阳更是不屑，认为那只不过是众人追星心理作怪，演义加神话罢了。关羽的故主刘备是颜良的战友，谁知关羽怎么骗得颜良对自己不备暗下毒手？不然万军阵中，怎么接近敌军主帅？

他认定关羽先背叛刘备，苟且偷生；后暗杀故主同僚，卖主求荣；直至辜负曹公信任，逃离曹营，是个反复无常的小人！这等龌龊之徒，一旦俺蔡阳遇上，没说的，一刀两断便是！

现在曹操令自己去讨伐关羽正欲投奔的主人刘备，怎不让蔡阳兴奋异常？先宰了关羽的主人，俺蔡阳威扬天下、青史留名当在今日也！

蔡阳连步兵也不屑出动，点起本部轻骑两千，杀向了刘备的乌合之众！前些时曹仁将军不也是以两千轻骑杀得刘备、刘辟万余军马丢盔卸甲吗？现在据确报，刘备、龚都不过五六千人，骑兵不过数百，蔡将军一到，那还不如同摧枯拉朽！

横刀立马刘大将军

轻骑行进神速，前方探骑来报：三里之遥有刘备结成的步兵方阵。蔡阳暗叹刘备自不量力，竟敢以野战结阵对抗轻骑，这不是自寻死路吗？熟悉骑兵战法的蔡阳当即命令控制行进速度，恢复马力，准备冲锋，誓一举摧垮敌阵，力争生擒刘备于阵中。

等到能遥看刘备战阵之地，蔡阳不禁大乐：那刘备原来根本不懂得如何防御骑兵，在地形选择上竟然布阵于一个高坡的下方半里之远，正好适应骑兵速度的发挥，连居高临下的基本战场知识都不懂得，怎么能活到现在？也算是奇事一桩。

蔡阳的全军上了高坡，居高临下，将刘备的战阵观察得一清二楚：倒还像模像样。但蔡阳也知道那是个绣花枕头，只是外表好看，里面不过一包草而已，是经不得居高临下的骑兵速度冲击的。

只是为将之道，用兵理当谨慎，先试攻侦察敌军战力，做到知己知彼，方算万全。还是来次火力侦察吧。

吩咐六百骑突击敌阵，主要的目的在于探踏一下进攻路线是否安全，那一溜下坡的杂树林不能让蔡阳放心，莫要被敌军设置些绊马索之类的玩意儿。

高坡上的蔡阳对整个战况看得十分清楚，随着自己手势，战鼓响起，六百轻骑扑下了高坡，一路顺利，树丛中没有什么障碍；下面的方阵中也响起了战鼓，敌人的步兵方阵缓缓后移，不好！蔡阳分明看见了闪出来的木马、绊栏。蔡阳知道，这下坡冲起来的速度成了自己部队的克星，谁能在高速运动中拦住冲起来的群马？

眼睁睁看着自己的轻骑人仰马翻，一片混乱，敌阵中忽然鼓点一变，铺天盖地的箭矢飞向了自己混乱的骑兵，敌阵中两翼忽然突出两支长枪军，包抄向了继续前冲的轻骑，不能看着自己的前锋全部被围歼吧？蔡阳现在才知道刘备并非等闲之辈，沉不住气了，尤其是那两翼领军的将领骁勇无比，简直是在肆意杀戮自己的士兵，左右告诉蔡阳，那就是刘备的部下赵云与黄巾军的首领龚都。

蔡阳率全军冲了下去！获胜只有一条路：直捣敌军方阵，救出自己残存的战士。

谁知下冲到高坡一半时，突然迎面冲上来了敌人的骑兵，蔡阳大骇！迎面微笑着的领军敌将不是别人，正是自己挖空心思欲捕捉的刘备！蔡阳知道完了，敌人是在等着自己送上门去挨宰的！

肯定会有朋友不解：居高临下，正好持地利厮杀，那蔡阳不会武艺吗？《三国演义》中黄忠居高临下冲斩夏侯渊，不就是这种形势吗？这是大家上了罗贯中老先生的大当，也可能是罗老先生没亲自骑过战马的缘故：实际上骑马从高处冲下的过程中骑手是没有任何攻击与防守能力的！全身必须后仰，速度快或坡度大时骑手几乎是躺在战马上，怎能厮杀？

上行的骑手就不同了，身体前伏，马速虽慢，却不影响施展招数。所以，骑兵冲锋厮杀，最有利的地形是平原地带，一旦被人在下冲的时候施以兵刃，其实与躺在马上等着挨一刀没有什么区别，再高的武艺也是无法施展的。

冲下高坡的群马是无法停蹄的，更不可能滚下战马，那样肯定会被后面的铁蹄踏成肉泥，只有一种缥缈的机会，那就是撞向敌骑，同归于尽。但在杂树丛生的地带，这种机会几乎等于零，敌人尽可以提前避在诸多的树障后面，只用兵器招呼就行了。

不仅如此，那树上竟还隐藏着无数的弓弩手，对躺在马上的敌人，连瞄准都不需要，乱箭射去就是了。数人落马，全军即乱，刘备轻松地将送到跟前的蔡阳砍下了脑袋，蔡阳两千轻骑全军覆没，无一骑漏网。

　　久违了胜利滋味的刘备部队士气大振，龚都的部队当然也趾高气扬起来，将刘备简直看成了神仙下凡，尤其是还捉住了近千名俘虏。刘备一番战地教育，俘虏便摇身一变成了刘备的部队。

　　有蔡阳的部队带路，那叶县还不容易攻克？谁还防备自己出征的将士？刘备这时露出了一个高明战术家的绝活：并没有占领唾手可得的叶县，反而率全军退守汝南，且下严令禁止任何招惹曹军的攻城战。

　　为什么？刘备深知树大招风的道理，守城的官吏只要城不失，没有愿意主动多事向上级汇报不利消息的，这样就能给自己留下尽可能多一点儿的扩练部队的时间，以利于将来对更大作战目标动手。那个目标就是突袭并占领许都。

　　刘备知道自己离进军许都的实力还早呢，数千士兵，能控制汝南全境也是不可能的，现在总算有个落脚之地，眼下最紧迫的是招兵买马，扩充队伍，筹措军粮，安抚汝南一隅的百姓，然后徐图进取。进军许都还要取决于袁曹官渡的战况。

　　刘备的喜事接二连三，阵斩蔡阳的消息传播得极快，给刘备带来了一个意外的惊喜：辗转千里寻找刘备的关羽终于得到了刘备的确切驻地，带着刘备的全家赶到了汝南，刘备夫妻们得以团聚，对关羽之情更是难于用语言表达！夫妻重聚、知己重逢，更催英雄泪沾襟！

　　张飞也带着数百老兵从芒砀山中赶到了汝南，喜上加喜的是还带回了一个如花似玉、尚带稚气的小娘子，几令众人羡煞！刘、关、张、赵重聚汝南，四方零散旧部也陆续云集，刘备的人马又过万了。

现在能打许都的主意吗？应该是时候了，官渡前线的曹操现在又到了屋漏偏遇连阴雨的时候。

长空雁啼南归去

九月天高，万木凋零，叶黄草枯，秋风萧索。

长空雁啼南归去，危寨人忧北望回。

曹操夜不能寐，微服巡营，迎面扑来的北地之风已略带寒意，位处前敌的军营虽然仍免不了一股肃杀之气，但已感到了凄凉的无处不在。

唯有高杆吊斗上轮值瞭望的士兵手中明灭的烛光，以及巡逻将士手中的火把，使人意识到尚在人间，却不能让人觉得安全就在近旁，曹操心里明白：地狱就在咫尺！

对空、对地，两战皆胜，但丝毫未能改变曹军处于困境的劣势。相反，却把袁绍训练成了一只更加狡猾的老猫，从此再也不向它欲染指的鼠洞探爪，而是极为耐心地等在曹军的营寨之外。一旦曹军出洞，那双足以置曹军死地的利爪就会凌空拍下，恍惚间，曹操真有了一只被狸猫堵在洞里的老鼠之感觉。

曹操部下也不乏铁血将军，数次向曹操求战出击，曹操摇摇头：他知道好斗的将军耐不住屈辱的寂寞，想用战场的鲜血洗去胸中的郁闷，哪怕是用自己的热血也在所不惜！

但是此时不能啊不能！那正是袁绍盼望的，杀敌一千，自损八百，就是袁军倍损于自己，曹军也赔不起，更何况胜利的机会就像这旌旗上之秋霜，一阵微风，即成幻影。

情景与心情，既如梦，亦如诗。只可惜，梦是噩境，诗是悲歌！

远方敌营中不时响起悠长哨箭，曹操知道，那是袁绍在与自己招呼：投降吧！给你生命。抑或是在提醒自己：退军吧！给你自由！

是啊，曹操眼下的处境如同囚徒，被袁绍的十万大军关押在官渡这所大牢房中。

还不如囚徒，囚徒还有放风的享受、越狱的想象，而曹军的放风便是走向被戮的刑场，曹军的越狱即是认输退军。

曹操只有一条路：杀死所有的看守！有那种可能吗？曹操不敢想，也不能想。

秋天将过，严冬还会远吗？霜降立冬来小雪，大雪冬至三九天，人不凉天凉，天未凉心凉，难道我当初的决定是错的？

大丈夫也有为难处，真英雄时常亦心灰。

曹操欲撤军南归固守许都，这些想法写进一封书信里，以绝密的渠道寄给了留守京师的荀彧。

事遇为难思智士，人逢绝境问良师。

现在曹操接到了荀彧来自许都的回书，致使曹操辗转反侧，耳旁仿佛一直在回响着荀彧那几乎是声泪俱下的劝谏：

"彧以为，袁绍集全力聚官渡，实欲与主公决生死。主公以弱旅而抗强军，若不能制敌，必为敌所乘，官渡虽微地，实天下之机枢。然察袁绍：布衣之雄，草莽之徒，虽能聚其众，不能用人长。以公之神武睿智，而辅以顺天决断，何愁不克敌制胜？

"今我军粮虽少，仍强于楚、汉在荥阳、成皋之际。当时刘、项谁敢先退？先退者必大势骤去！今公以袁绍兵力十分之一，画地而守，扼其咽喉而使其不得进咫尺，时已半载，我军之效力明鉴。危情见于双方，势竭不分敌我，恒心坚持，必将有变，歼袁军正是大好良机，万不可错过！"

荀彧所谏，曹操何尝不明？求计问策，实乃心理盼助！

回到军帐，以荀彧之回书求计于贾诩，贾诩坦率直言："公明智胜袁绍，勇武胜袁绍，用人胜袁绍，决机胜袁绍，有此四胜而半年不胜，乃公用兵过于周全。此时当应用奇兵之时，必须当机立断，遇有战机，即便冒险，也当出击，则胜利不远也！"

一番话，曹操犹如醍醐灌顶。是啊，敌强我弱，怎会有万全之计？不冒险怎能速胜？坐守与待毙无疑！

问计于贾诩之时，荀攸也在，对贾诩之言，荀攸也深以为然，随即建议：连夜派出三员虎将曹仁、徐晃、史涣，各领精锐步骑，相互配合作战，突袭袁军粮道，立即出击！

为什么这么急促？白日探子来报：袁绍运谷车数千乘，来到故市，押运将领韩猛。荀攸却是知道韩猛其人，性勇而急躁，由徐晃、史涣副将截击，再加曹仁掩护，应该一击可破。

如同老司机坐在乘客座，其实那感觉还不如自己开。曹操遣将出征，心中更为忐忑，人在寨中，心随军去，真正的度日如年！及至天色渐晚，出击部队信息皆无，暗悔临出行时怎不交代：随机而动，却敌为次，全师而归为重！

营寨已举灯，忽听寨后得胜鼓响，曹操心中狂喜，面上尽力不动声色，双脚却不由自主移出军帐，之前曹操迎过哪个？实是内心极为企盼一点：将士们能劫来救命的军粮！

曹操也知道，这愿望变成现实极为缥缈：那袁绍的十万大军环围十余里，焉会坐视曹军载重而归？部队暗去偷回，能不遭大损即是万幸，若能焚毁敌资，即是中彩，满载而归？只能是愿望而已。

果然，徐晃回报：出击部队三面突袭，战事顺利，斩韩猛而焚敌车，我军伤亡微不足道。曹操口中嘉奖慰问，心里隐隐失落，可惜那付之一炬的粮食啊！看来人心无足时。

虽损敌成功，但己未受益，此出击行动除稍振将士士气外对曹军厄势并无大助。曹操对战争前景还是不敢看好，虽然在所有人面前都显得信心十足，但心里的苦楚永远只有自己知道。

尤其是中午曹操曾对自己的运粮部队夸下了海口：

"却十五日为汝破绍，不复劳汝矣。"（《三国志·魏书·武帝纪》）

十五天内大破袁绍！大话说出去了，如何兑现？曹操没想过，为什么？因为曹操心里更明白：自己的部队无论如何也坚持不了十五天了，不能胜袁军，必然全军溃散，是用不着兑现的。

而这次焚毁袁军粮车，对袁绍的影响能有多大？屁股上挨了一重巴掌，既没伤筋，也没动骨，仅是疼了一下而已。

倒起了相反作用：袁绍对运粮部队加强了防范，加派了重兵护卫，最要曹军命的是：运输行动成了最高机密，曹军已经绝对打探不出辎重部队行动的具体时间了！

至于行军路线，除了袁绍统帅部几个少数铁杆，任何人也别想知道！

决战前夜的蝴蝶效应

别看袁绍对曹的作战败多胜少，但袁绍心里现在反而更安定了，他明白，曹操现在是真正被自己困住了。前面的八个月，恰如一个人在娘肚子里的时间，是痛苦的孕期，现在"胜利"这个婴儿即将早产了！袁绍好似已经听到了婴儿第一声响亮的啼哭。

对于曹营内部的情况，袁绍几乎是一清二楚，因为他已经收存了大量曹营人员通过各种渠道送来的密信，曹操的军粮将尽，而且许都的存粮也逐渐供应不上官渡所需了，只要自己再按目前的方略坚持下去，自己就能生擒快要饿毙的曹操。一想到那时的情景，袁绍不由得心里一阵激动。

自己已经阵亡了几员心爱的大将，但只能理解为必须要交的学费，谁是天生的圣人？不与曹操打几仗，又怎知曹军的战力强悍？

自从渡过黄河，自己基本上就是依从着沮授建议的用兵方略，不求速胜，耐心地与曹操熬下去，沮授这个家伙真是个令人讨厌的鬼才！等战争结束了，一定要好好重用他。但现在不行，现在这家伙太喜欢多嘴了，好像这个世界上就他一个人聪明。比如：大军路过延津时的建议，就明明不对吗，如当时听了你的，哪来的眼下的好局面？

沮授在袁绍大军欲渡黄河时建议：部队主力于延津待机，遣军一部试攻官渡，如战事顺利，则大军跟进；如不利，则大军可以掩护部队撤回，主力坚持背靠自己的根据地冀州，与曹军长期耗下去，曹军必溃！如举师出动，一旦战事不尽如人愿，大军将退无所归，局面将一发不可收拾！

这哪里是作战？是地道的耍无赖嘛！人过于保守了就是愚蠢了，谨慎也应该根据敌我双方实力的对比，数倍于敌军，后勤供应又优于敌军，不全军出动缠斗，难道要施行添油战术吗？让敌人零刀碎切我有生力量？

刚才又来出馊主意，要我派出蒋奇部队为即将到来的粮队做掩护，说防备曹军再次劫粮。多此一举！现在的护粮部队已经达到了万人，并且由大将淳于琼率将军淳于仲简，督将睢元进，骑督韩莒子、吕威璜、赵叡等一同押运，可以说是万无一失！那曹操总共能有多少人马？全军出动劫粮？官渡老窝不要啦？

再说了，他如何能知道我军何时粮到何处？现在凭空出动警戒部队，岂不是去给曹操下通知：我军有极贵重的东西马上就要到了，快来抢吧！真是迂腐，焉不闻：机密胜似百万雄兵！

正感叹自己英明伟大之际，有谋士许攸求见，袁绍心里正有事要传许攸，正好他就送上门来了。可见，有时候人大概真有预感，你正想打他几板子，睁眼一看：他那儿早把屁股撅好了！

许攸自开战以来还一谋未参，心中着实忐忑，自己是袁绍统帅部里参与机密大事的少数几人中之一，对曹操的现状，他与袁绍一样清楚。眼看大胜在即，别落个国家一统了，自己还寸功未立，到时候哪会得到丰厚赏赐？

进得军帐，许攸没注意袁绍的脸色，只是把思虑已久的一条妙计郑重地谈了出来：

"曹操兵力穷尽，悉师官渡拒我，许都留守兵力必定空弱。若遣轻骑，分军星夜掩袭，许都破拔，曹操定然束手。即使其军未溃，亦可令其首尾不能相顾，疲于奔命，破之必也。"

妙计出口，许久不见袁绍夸赞：先生大才！许攸偷眼观察，袁绍脸色阴晴不定，竟然起身背对自己来回踱步，像是在举棋不定，又像是欲下什么重大的决心。

许攸没有估计错，这时的袁绍的确是在沉思，但沉思的内容却是许攸做梦也梦不到的！袁绍在犹豫：是立即逮捕许攸呢？还是等战后再说？

接到留守邺城的审配来信好几天了，这许攸的侄儿涉嫌贪贿，已被在押；据初步调查，贪贿的背后还有许攸的影子。怎么处理？袁绍一直犹豫不决。

恶疾用不得猛药，虎狼之药会死人的！袁绍现在这个政权就是个得了血癌的病人，贪腐的癌细胞已经在政权的骨髓中扎了根，整个政权的血液已经被感染毒化，与其移植骨髓、换掉全部充满病毒的血液，那还不如在病态中寿终正寝呢！

再说许攸也是执政者圈内的人，贪点儿不贪点儿毕竟是小节，何况还有个侄子在前边顶着，哪个当官的亲属不趁树有荫乘点儿凉？睁只眼闭只眼吧！免得拔出萝卜带出泥。

至于许攸献的所谓妙计，袁绍压根儿没考虑，眼前马上就要摘到胜利的果实了，又何必分兵找那麻烦？兵派少了等于去给敌人送战果，派多了又肯定会影响官渡之战局，万无一失的做法就是继续坚持，直至胜利！

不过许攸能来献计就已经说明了他的态度，采纳不采纳两说，对这种积极性还是应该给予鼓励安慰的。袁绍主意已定，正待开口抚慰几句，突然又一转念：哪能现在夸他？不给他个处分总得警告他一下吧？为了以后好管理也要敲打敲打这家伙！

转过身来，鼻腔里冷冷地哼了一声，从公文袋里抽出了邺城来函，扔在了许攸的面前，自己去看吧！嘴上却说："许都肯定是要打下来的，不过要等我在此地活捉了曹贼之后！"

许攸略一浏览，面色红涨，无言以答，唯唯告退。袁绍又怎知就是他刚才这转念之间，已经将自己及全军推向了无底深渊！

用许攸之计不失为一条险计，不用则不失为万全之策。本来也可以鼓励几句，再退一步，为了眼前的战事，也应该不动声色。

教给大家一句真言：宁可得罪君子，万莫得罪小人！

这许攸却偏是一个真小人，他是这样寻思的：自己的侄儿被捕，自己是否受牵连尚不定，所献妙策不被重视，那自己该怎么办？当然不能让袁绍得到胜利！要尽全力让他一败涂地，要让袁绍死了都会后悔得头撞棺材板！

这就是袁、曹官渡之战最后决战前夜发生的偶然事件，就是这个小小的偶然，改变了袁军大胜的必然！其实历史上好多重大事件都是始发于一个小偶然，就像一句名言：一个蝴蝶一次不经意的扇动翅膀，兴许在大洋的对岸诱发一场飓风！

历史轨迹的拐弯处，通常都有一个偶然的坐标。

蝴蝶翅膀扇起的飓风

许攸溜出了袁绍大营，作为袁绍统帅部的高参，中下级步卒是没有权力过问他的行踪的，谁知道领导要去执行什么秘密任务？所以许攸很顺利地到达了曹营。

曹操对眼前的战局一筹莫展，在军帐中已经脱衣上榻，几夜没有真正合眼，就此苦熬下去，第一个在精神上、体力上坚持不住的非曹操莫属了。

军士来报：寨外暗哨捕获一名袁军奸细，此人怪怪的，非要我们立即来向曹将军通报，说是将军的旧友许攸到了。

曹操惊喜之下，困意全无，竟然连鞋袜也顾不上穿了，光着脚便冲出了营帐，直觉告诉他：救星到了！

对于曹操这种罕见的迎客方式，曹操的亲侍左右简直傻了眼，有的人竟然极为紧张起来，最为紧张的当数"虎士"队长许褚，不速之客与曹操什么关系？当然唯有曹操自己知道，可许褚却马虎不得，前几天便有一个熟客差点儿要了曹操命去！

那是另一个曹操的亲信卫士，姓徐，名字极怪：他等。这位他等侍卫极清楚目前的形势：眼看曹军就要完蛋了，不如提早一步干掉曹操，献给袁绍后，还不得封侯拜将？但他更清楚许褚的本事，有许褚常侍曹操左右，是绝对没有成功机会的。

终于瞅准了许褚休班的日子，这徐他等豁上了，想求富贵怎能不冒点儿风险？便怀揣利刃去体贴地侍候曹操。许褚那天虽然轮值休息，回到自己宿舍竟然眼皮乱跳，心慌不安，估计古时候人常有什么心灵感应之类的现象吧，便立即回去值班侍候曹操。

他等侍卫怎么也没想到许褚回来加班，进入曹操大帐内突然见到许褚，大为惊愕。心中有鬼脸色未能如常，许褚觉察到不对劲，便按照宁可错杀一千不可放过一个的原则，当即击杀他等。

人死后搜出利刃，周围人无不佩服许褚的先知先觉，只不知假如搜不出凶器，许褚该怎样为自己的行动解释？论法应该杀人抵命吧？看来与许褚这种无限忠于领袖的人做同事，也是件极危险的事。

从此曹操更加亲信许褚，出入同行，不离左右，估计将来中央警卫团长的角色就是许褚了！

今天例外，曹操赤着脚拉着来客进了军帐，竟然不让许褚跟进去！只是吩咐许褚弄点简单的酒菜来，说是要与老友彻夜尽兴畅谈，并说了：任何人不得靠近打扰，包括许褚在内的近侍，谁听到一句谈话，立即处死！

许褚掂量出了来客的分量，送上酒菜便带领卫士远远地退开，严密封锁了大帐四周，让他们哥儿俩喝个痛快、聊个尽兴吧，打定了主意：就是袁军夜袭曹营，许褚也不会允许任何人打搅曹操的。

许攸对曹操这种超乎寻常的热情似乎早有预料，摆出一副处之泰然的神情，笑眯眯地欣赏着曹操的作秀表演，只听曹操哈哈大笑："你终于来了！我的大事成也！"

许攸却顾不上续旧情、道客气，刚坐下便冷冷地甩给了曹操一句："袁绍军盛势大，准备怎么对付？贵军还有多少存粮？"

曹操满不在乎："不算多，一年尽够。"

许攸面色突然严肃："别开玩笑，重新说！"

曹操态度也跟着严肃起来："说实话，半年！"

许攸眼盯住曹操，脸上似笑非笑："怎么？你不想击败袁绍啦？跟我也不说实话？"

　　曹操神情凝重，像是下了重大的决心，眼扫帐外，压低声音："刚才的确是在开玩笑，其实仅剩一个月的粮食了！我现在正焦虑啊！"

　　许攸叹了口气，知道无论如何也得不到曹操的实话的，便干脆打开窗子说亮话了："你现在孤军困守官渡，外无援兵，军粮已尽！现在是你的危急关头！"

　　这下轮到曹操不动声色了，曹操是个明白人：许攸骤然来投，进门无寒暄，先点明战局恶劣，话锋直指军粮，这正是曹军的命脉。既然许攸主动捅破了，就没有曹操答话的必要了，静等许攸说下去就是了。

　　果然，许攸更清楚时间的紧迫，自己绕不起圈子："今天有袁绍的辎重车一万辆，夜屯驻在故市、乌巢，护粮部队主将淳于琼，虽率五名副将，步骑万人；但其人向来粗心，治军松懈，现在又远离前线，守卫不可能严备；马上以精兵轻骑突袭，出其不意而至，给他一把火烧个精光！不出三天，袁绍必然全军崩溃！"

　　如此准确的情报送上门来，曹操心中狂喜，大恩不言谢，随即请许攸另帐休息，呼许褚火速通知军中主要将领、谋士，立即来大帐议事。不一刻众人聚齐，听曹操略讲军情，竟然集体反对出兵！

　　大家的理由很简单：一个十几年没谋过面的旧友，又是袁军中的高级参谋，突然在曹操最需要的时候，携带如此重大机密来投诚，怎不令人生疑？一旦是袁绍用计，全军将速败！最明显的疑点是：袁绍能不知道军粮是全军的命根子？护粮焉能不派精兵？就算许攸真心来降，一切都如其所述，又怎能对付淳于琼等六将的万人大军？

对于能集结出动多少部队，大家心里都有数，绝对超不过敌押运军的数字，这种冒险仗，当然还是不打最好。这时荀攸说话了：机不可失，时不再来，现在正是冒险一战的时候！

可惜支持荀攸意见的仅有贾诩一人，这两人其实并不是在冒险支持曹操的意见，而是理解曹操目前的处境：不冒此险，无异于待毙不久的他日，与其束手，何妨行险求得一逞？

曹操断然支持了少数派的意见，所有将领仅留曹洪一人与谋士们坚守大营，其余将领，包括自告奋勇愿意带路的许攸，随曹操本人率军立即出动，全部打上袁军的旗号，力争天亮前赶到乌巢。能出动的机动部队能有多少呢？步骑各半，总数五千兵而已！

月黑路远论战势

《孙子兵法》言：倍则攻之。意思是说，我军倍于敌军，才可以攻打。但现在曹操竟然以五千步骑去偷袭人家的一万强兵，是敌军倍于我军，如此侥幸用兵，胜机何在？

况且乌巢距官渡四十余里，曹军偷动，需从寨后绕出二十余里，骑兵力量单薄，不能孤军疾行，而步兵徒步六十里后，必将疲乏不堪，即便行军快速，到达预定战场也肯定天已大亮，袁军之淳于琼部却正好以逸待劳，以万军战五千，胜负概率不堪细思！

尤其是徒步长途行军的士兵竟然还要负重赶路，负何重？干柴呀！去烧敌军粮车，敌军临时歇兵宿营之地，又哪来的引火柴草？所以每名突击队员必须随身自背干柴一捆，以作火种，可谓未战先苦，劳极再战。

五千兵行军浩荡，夜静音更远播，保密几无可能，一旦袁绍警觉，举师围歼，那所有参加夜袭之人员就等于踏上了不归路。这是真正的孤注一掷，是先将自己置于死地，能否后生？生机渺茫！

曹操身为全军主帅，涉险前敌；将领、谋士们并无一人劝阻，不是将军们觉得临死也要扯上曹操垫背，而是此刻的将士们太理解主帅了！振奋全军士气，舍此无他途！若要曹操在家坐等胜率极小的战果，那其实更加累心，对于曹操来说，实不如亲临前敌厮杀舒服痛快。

一般来说，一支部队的最高指挥官上了最前沿，绝对不是什么好事，那只能昭示：局势已恶化到了极点！主帅在以命博胜机！

那现在也应该感受到了曹操的处境，曹军其时恰如将千钧系于一发，绝地能否逢生？谁也说不准！

风息人少语，夜半月无情。

茫茫前路暗，闪闪短刀明。

将军心沉重，战士血欲凝。

魂随征人去，梦里喊杀声！

绕过袁绍大营已五里之遥，曹操耳听将士们磕磕绊绊的行军脚步，心如火燎！这样摸黑前行，天亮也难至中途！天光大亮之后，那沿途的袁军又岂是瞎子！就算不来阻截，只要回报袁绍，自己连同这五千将士也就算送入虎口了！

既然已经冒险，索性让他险上再险！已经孤注一掷了，还有何顾虑？立即传令，全军点起火把，不要顾虑声响嘈杂，一切我都不管，我只要天亮到乌巢就行。

霎时，数里大队成了一条蜿蜒的火龙，行军速度何止加快了一倍？目标：乌巢！

沿途袁军设防相当严密，关卡暗哨，层层道道，不管谁来询问，都是一个答复：是大将蒋奇所部，连夜奉命助防乌巢。还啰唆什么？不想要脑袋啦？执行紧急军务之时，遇阻杀无赦！

俗话说：灯下暗！曹军人人火把高举，照亮的是上方袁军的旗号，而火把下的士兵却是只见黑压压一片，又有谋士许攸随军，至于袁军当天的口令？——许攸这高级参谋当然没有不知道的机密，沿途袁军没有人敢盘查什么令箭、路引。

再说了，骄横的蒋奇士兵能让哥们儿盘验吗？只怕是还没靠近，一个大嘴巴就先挨上了！算了吧，多一事不如少一事，你走你的阳关道，俺睡俺的回笼觉也！

皇天不负意坚人！天已大亮了，乌巢也到了，到了立即突击袁军辎重营寨的关键时刻！跋涉一宿，没有人觉得困苦，是心情紧张忘了吗？应该说也有此成分，但主要原因却不是紧张，而是突然间所有的人都惊呆了！

一阵战鼓骤然响起！原以为那防备松懈的淳于琼军竟然好似有备！随着战鼓如雷贯耳，淳于琼率大军杀出了营寨！

偷袭变成了野战强攻

世界上的事情，大多不是以人的意志为转移的。

曹操虽行险举火行军，并身先士卒，不惜体力透支，顽强催军疾行，但毕竟是连绕带摸六十余里，即便是白天行军，也非半日可达。所以，强行赶到乌巢，天还是亮了好一阵，趁黑夜突破敌军营寨的愿望终于还是没能实现。

而清晨时分淳于琼便接到了伏路军士的急报：一支虽打着我军旗号，但肯定不是我军的部队正向我营接近。淳于琼并未慌乱，他并不怕遇到曹军，否则还要他这个大将带着这万人大军在此做甚？一面紧急通报不远宿营故市的督将眭元进、骑督韩莒子，一面飞骑禀报官渡大营的袁绍，并警报全军，固守寨墙。

北来迎接粮车的部队主力在淳于琼手中，故市的眭元进、韩莒子不过各领千人，能护住故市不失，即算万幸，谁知道曹操出动了几支人马？淳于琼只要能守住乌巢屯粮车的营寨，便是完成了任务，淳于琼决心以寨墙为依托，死守待援。

等看到了曹军的影子，淳于琼的心理起了变化：就这么点人马，也敢长途奔袭乌巢大军？我淳于琼的部队都是田里吓唬鸟雀的稻草人不成？他决定集结部队，出寨迎敌。能全歼来敌，岂不是曹操送上门来的功名富贵？

淳于琼所率护粮部队也都是袁军中精锐，其战力在整个袁绍部队中也是首屈一指。淳于琼本人不但素以武力著称，而且热衷于战场厮杀，是属于闻见血腥味就异常兴奋的那类人，此时率部杀出了营寨，实是欲在战场上痛快地爽一把，有此良机，何不潇洒走一回？

曹军的将领们于震惊之后都把目光转向了曹操，那眼睛里无不飘飞着一个看得见的问号：是啊，我军疲惫，敌军看来有备，

293

又是以逸待劳，这偷袭的仗还打不打了？

事情容不得曹操犹豫，连思索都没有时间了，眼看着那杀出的淳于琼军正在排列阵势，若战阵列好，曹军连一丝胜机也将不复存在了！曹操几乎是本能地催马前行，准备将自己做箭头，射向敌军主将淳于琼。

战马欲驰之时，忽然感觉不妥，如此死拼硬冲，岂不正中敌军下怀？以饥乏之师强击敌逸饱之军，哪来的胜算？可是又拖延行动不得，再有片刻，敌军战阵将成，那时便欲待接近，也成妄想了！

人分两种：一种是遇急便思维皆空；一种是遇急头脑反明。曹操两者均有，所以逢此急难，心头登时一片空明，谓之急中生智也！

急出来的智一般是不计后果的，曹操也不会例外，急促传令：全军化整为零，诸将各领军五百，分散包围敌寨，绕到上风头的部队随时举火烧寨，而曹操自己则带许褚部百余“虎士”直击正面的淳于琼大军！马上行动。

什么叫以卵击石？什么是飞蛾扑火？曹操现在同时演绎两个成语，不，还在同时解释另外两个：自寻死路与孤注一掷！

是曹操突然忆起了许褚百名“虎士”破阳武，还是想起了关羽独骑单刀斩颜良？一时也来不及替曹操猜想，曹操便以行动压制了将领们的疑虑与犹豫，曹操等百余骑已经冲上去了！其他将领却不能随在他身后，只有严格地执行曹操下达的简单而又不容置疑的命令，十余支小分队分散围向了淳于琼的粮车营寨。

淳于琼正在挥旗指挥士兵列阵，突见不远的曹军如同天女散花一般，围向了自己的大营，淳于琼大惊失色，这曹军想干吗？怎么没看见本将军在此列阵？来不及判断，容不得细思，大将的可贵处就在于随机应变，吩咐两翼的弓弩、轻骑紧急驰援营寨两侧，诸兵种相互配合的战阵是列不成了，步兵只有层层叠叠谨守营寨大门。

对面卷过来一团旋风！战士皆默语，轻骑蹄生烟，数仅百余，无声却有势；快疾如箭，恰似离弓弦，赫然发觉：那处于箭头位置的不是别人，正是淳于琼在白马见过的曹操！

淳于琼心头一阵惊悸，一阵狂喜，一阵激动，一阵迷茫，今天是俺的大吉之日，还是大限来临？是暂退回寨内固守，还是迎接这送到手边的富贵？将军的血性占了上风，淳于琼竟然大喊起来："兄弟们让开！这曹操是本将军的！"

这次士兵们执行军令格外坚决，行动也异常迅速，为什么呢？士兵们可没有淳于将军贪功的愿望，一听曹操来了，直如同听到恶魔出了那只小瓶子，魂都近乎吓飞！最前面的几个士兵竟然脱手将自己手中的长枪向来骑掷了过去，转身就逃！这是否跟希腊古时奥运会标枪运动学会的招数？

淳于琼可不是什么软柿子，手中大刀一摆催马迎了上去，不能活擒，一刀劈了曹操，不也是绝大功劳一件？只是敌人的马速已经达到了最高速，硬碰硬是绝对不行的，只要顶过了曹操这一冲之势，一切便都好办了，活捉曹操都是有可能的。

淳于琼几乎热血沸腾，与曹操能正面交手，怎不使人豪情万丈？大刀不由得在半空挽了两个漂亮的刀花！两骑马上就要迎面相交了！

打进去难挤进去更难

怨不得曹操带头拼命，官渡之战若败，全部曹军即陷入不复之深渊。即便曹操本人能侥幸逃脱，那时天下虽大，也难有曹操的匿身之地，其实是生不如死！与其窜回苟延残喘，何不如血染沙场，轰轰烈烈的一生，痛痛快快归去！

曹操既生拼命之心，眼中又哪还会有敌人多寡强弱之分？一时双目若喷火，气血涌两腮，须发皆张，面目狰狞，恶狠狠纵马扑向淳于琼！袁军士兵早就传说曹操是红眼绿发，形似恶魔，今日一见，除颜色有别，恐怖更甚！一个个无不身酥手软，欲逃两脚偏不听自己使唤，惊呼已直嗓，战场上竟然响起一片鬼嚎之声！

偏那淳于琼是个胆大包天泼皮亡命之徒，沙场之上一贯逢强愈恶，头脑冷静，见曹操这般模样，心中反而大乐。暗暗左拨战马，准备让过曹操的直冲之势，给曹操脑后来上一刀，即大功入囊，万事大吉。

如果把曹操所率许褚等百余“虎士”比作一支利箭，那曹操无疑就是箭镞，而箭尖便是曹操手中所持之骑槊，此时的曹操根本就没有理睬淳于琼让马之举动，心中只有一个念头：将淳于琼一击毙命！

眼看二人瞬间即见生死，淳于琼的战马已经按主人双腿的力度恰如其分地左偏，让开了三步之距，淳于琼将大刀横举已经齐胸，只待平抹斩了曹操！眼睛好似一花，曹操的右前竟凭空多出一骑来！

只见一将膀宽腰圆，形如恶煞，胯下战马好似已惊，直向淳于琼撞将过来；其手中的大砍刀却对准淳于琼迎头劈来！淳于琼不得不先招架一招再说了。

这位就是许褚。他看出了情况的不妙，心中如遭雷击，可曹操马速比自己还快，怎能赶上救援？情急之下，手中的大刀后攒狠狠地刺向了自己的战马，战马屁股如中箭矢，登时皮翻血喷，霎时惊狂，人急拼命，马急狂奔，竟然越过了曹操，使许褚与淳于琼交上了第一手。

双方大刀刃对刃交碰在了半空！恰如"咔嚓嚓"在半空中打了一个霹雳，巨响声中火花四溅，估计两人的兵器经此一下，也都废了！

兵器废不废是以后的事，二人同时都明白自己的两件东西已经立时废了：淳于琼明白的是自己的双臂，巨力震下，竟好似脱了臼，原姿势上举一时不能下落；那许褚却明白自己的战马废了，竟不服从自己的控制，直向前奔去！而淳于琼却因此没有丧命当场，许褚来不及给淳于琼第二下，已经冲入了淳于琼的乱军之中。

最让淳于琼值得庆幸的是，曹操也无法将骑槊刺向自己。许褚一阻之间，曹操的战马也冲过了一个马身，连转身变招也不可能了，曹操几乎是本能地将骑槊后杆捅向了淳于琼的后腰。淳于琼惊悸之下避无可避，后背之上重重地挨了一下，一头撞下马来！

等曹操盘回战马，淳于琼的亲兵卫士已经团团护住了受伤的淳于琼将军。其中不乏几个对淳于琼极为忠实的，也有几个在淳于琼的熏陶之下敢于在战场上拼命的，一帮人边战边退，逃回了乌巢营寨。袁军主帅一退，且生死不知，寨外主力自然地也就乱成了一窝蜂，人人只有一个目标：那就是自己大寨的营门！

可是相对于近万人马的溃军来说，那营寨大门建得却是极窄了，越前挤越是进不去；与此同时，淳于琼大营的后方腾起了大火，那是曹操的部队已经绕到了上风放起了大火，把木桩寨墙点着了！

寨外的袁军乱挤成一团，虽然只是各自为战，胡乱招架，基本上失去了有组织的抵抗能力。但曹军却由于溃兵过于拥挤，实在是杀不胜杀！连袁军自己人都无能耐进入营寨，曹军又如何能跟着凑热闹？

况且淳于琼大营留守的部队已经发觉了寨外战局的不妙，有组织的箭矢礌石已经开始大量杀伤欲接近寨墙的曹军，曹操现在真是有点胜而无奈了。

雪上加霜只是一句用来形容祸不单行的成语，其实有谁在下雪时见到过落霜？但此时的曹操却只能用这句雪上加霜来形容了：淳于琼部步兵主力虽已溃乱，其主帅淳于琼已经退回营寨，失去了对自己部队的指挥能力。但又一个淳于将军却及时地站了出来，这就是副将淳于仲简，乱战同时已经开始了对溃军的逐渐集结收拢，战局的天平又不知会往哪头偏落了。

又是一层酷霜落了下来：那驻军故市的睦元进、韩莒子这次恰没有旁观自守，同率两千人马增援乌巢而来。

霜上又盖上了一层雪：曹军探马飞骑舍命穿过了乱军，向曹操报告了一个如雷击顶的消息：袁绍从官渡派来了轻骑援军，现离此已不足十里！

两路援兵杀到了乌巢

激战时刻，决胜关头！

此时战场司令官最忌的就是听到不利的战事信息，因为这会动摇他的指挥信心与战场随机决断，但又不能不知道，不全面掌握战局变化，也无异于自毁三军。

关键是不能让基层士兵知道真实情况，正在厮杀的士兵如果知道了拼死也将失去胜利，谁还会拼命厮杀？

这就叫士气可鼓不可泄。战士的勇气就如同一只吹胀到极点的气球，坏消息就是一枚大头针，刺一下！会怎么样？嘭！这仗就不用打了。

曹操做事总是令所有的人意外！他突然决定向全体战士通报这一不利消息。临时集结起了十余名正在厮杀的"虎士"，吩咐他们飞骑冲出乱战区域，向分散攻寨的曹军传达：敌人援兵还有十里，曹将军决定，先摧毁敌寨，后歼灭援兵！

这是曹操在非常时期行非常之事！

消息传出之后，士兵们首先感到的是主帅对胜利的信心；其次意识到的是主帅对每个战士的信任；最后领悟到的是：现在不拼命，马上就会丢命！

整个战局已经大乱！淳于琼的乌巢大营已经四面杀声，曹军几乎是在同时围攻寨墙；被士兵扶回大营的淳于琼，伤势并无大碍，虽不能马上上阵厮杀，却并不影响在寨内指挥据寨墙防守；

营寨左侧的寨墙虽然已被曹军点燃，但天不作美，几乎无风助势，一时竟成了有效的烈火屏障；而寨外的淳于仲简以及骑督威璜、赵叡已经逐渐集结在了一起，现正在大寨正门外与曹军竭力血战。

而曹军经彻夜疲劳行军，来到乌巢即进入了激战状态，再强悍的体力也是有限度的，虽面对的是乱成一团的溃兵散勇，无奈该杀的人实在太多，已经渐感力不从心；"虎痴"许褚已经弃马步战，手下的"虎士"们也早已抛弃了攻坚无用的战马，集结成三个战团，曹操居前强冲淳于仲简率二骑督舍命死守的营门，后两团"虎士"掩护住曹操的两侧及背后，整体渐渐地向袁营逼近。

分散攻寨的曹军主力已经不自觉地重聚，随着战场势态变化，逐渐向袁军营寨西部的营门靠拢。这里成了主战场，也成了乌巢之战局的焦点。

事实上曹军突击队的"虎士"们已经杀红了眼，本该坐镇指挥全军的曹操现在反而成了突击的尖兵，虽有许褚以及后来赶来的曹仁左右护卫，也难免险象环生，步步莲花——人血迸出来的！

守在寨门的淳于仲简已经满身溅满了鲜血，但自开战他还没与一名曹军士兵交过手，需要他对付的其实是自己的士兵。败退回来的袁军如同海潮，一浪高过一浪地卷向寨门，被他带着两骑督及卫士们用钢刀长矛逼退回去，实际上也是杀不胜杀！

恶战了半日的曹操其实还未能与袁营真正的防守者交上手，仅是竭力想从结成了人堆肉团中挤出一道缝隙而已，离营门已经不远了，区区五十余步！

但这五十步却好像今生也休想挤过去，那是由蚁团般活人组成的障碍啊！滚来荡去，汹涌澎湃，每一次潮涌"虎士"中都不可避免地倒下几人。

踏着遍地的尸体，又近了十几步，现在不足三十步了！但是与先前的从杀戮中挤进不同了，袁军的抵抗开始顽强起来，现在是在拼杀中一步一步地向前挪动了。

袁军钢刀似雪，纷纷扬扬；长枪如林，乱捅乱杵，寨墙上还飞过来阵阵如雨的箭矢。当然，乱箭是没有目标的，倒在寨墙中守卫者弓弩下的不仅有曹军，也有袁军。

现在前进每一步曹军都有伤亡，厮杀半日的"虎士"已经忘记了疲劳，忘记了饥饿，忘记了危险，忘记了死亡，就一个念头：曹操冲到哪里，就必须跟到哪里！快到寨门了，不足十步了！

眼看就要与坚守寨门的袁军交上手了！突然，曹军的背后喊起了一片杀声！故市睢元进、韩莒子两千生力军加入了混战，曹军现在腹背受敌！

正在忘死血战前扑的曹操是听不到后面的喊杀声的，他已经处于一种忘我的境界，长槊挥时，只见得前敌血溅；呐喊声中，只听得尸倒鬼嚎！

后面的将领们不得不转身应对身后之敌了，现在的曹军似乎处于了被包围的战场态势。

又是一片杀声震天！外围的袁军背后出现了曹军，那是分散去烧寨墙的张辽、徐晃所带千人，火起而不能抢寨，现主动率部回援营门的主战场，又成了混战，只不过战场大了。

这些，曹操还是听不到的，他现在已经与死守寨门的淳于仲简的亲兵交上了手。耳朵里除了乱响的兵器相交之声，再也没有其他声音，连两侧捅向他的长枪被曹仁、许褚挡开、砸落也无知觉，再干掉前面的数人，就是敌将淳于仲简了！

战局到了令人窒息的一刻！

敌我双方心里都明白，谁拼到最后，谁就能生，谁后退一步，那就只能死亡！呐喊声已经消失了，谁都顾不上空喊了，都在节省着最后一丝力气，谁坚持到对方倒下，谁就是最后的胜利者。

战场上除了不断的生命临死的惨呼，就剩下铁器相交、铁肉相交、铁骨相交的交响乐了！

现在双方最需要的就是生力军，哪怕是几百人，哪怕是数十人，都能改变战势天平的起落！

生力军到了！

是袁绍派来的援军到了！河北大将蒋奇率轻骑五千终于赶到了乌巢！马不停蹄，喊杀连天，直捣战场的核心：杀向已经与淳于仲简交上了手的曹操。

生死关头的两军统帅

一支军队的统帅是否及格，考场在战场上；但真正做文章是在各自的军帐里，所谓"运筹帷幄，决胜千里"，就是说高明的统帅是用不着亲自上战场的。

等轮到全军主帅上场拼命的时候，那最起码是在证明：这个统帅之前的决策出现了重大失误！主帅上场去拼命，一旦有失，大势则去，并且无可挽回，这是条不归路！不能作为战例及典范教导后辈。

所以笔者认为，即便是伟人欣赏的东西，也不能盲目全信，官渡之战给后代军人树的是个反面的战例，具有不可重复性，只能当作教训，避免重蹈曹操的覆辙。

尤其是现在，曹操身处九死一生之境地，干着一个普通士兵的活路，最多算个突击队长的角色；而袁绍却是真正运筹在安全的帷幄之中，如果有摄像机能截取当时二人的镜头，再用蒙太奇的手法放映出来，大家就会得出与笔者相同的结论了。

至于下一步战局如何变化，估计最后结局大伙没有不清楚的，但这中间有着诸多的偶然与巧合，与运气有点儿关系，与主帅们随机应变的能力有关系，与当事人的变形心理有关系，更与双方主帅对生命价值的理解大大相关！还有一关键处，那就是二人先天固有又经后天环境养成的个人性格。

袁绍接到了乌巢的告急，紧急召开了军事会议。这点与曹操在得知袁军之军粮情报后的表现一样，无可指责。

而且袁绍也没有傻到让前方的将士们拼着命等待后方会议决定，而是立即派出了大将蒋奇率五千轻骑驰援乌巢，现在召集开会是决定下一步的军事行动，袁绍准备一劳永逸了！

参加军事会议的全是高层参谋及高级将领，沮授现在处于停职检查被监管状态，是连列席会议也没有资格的，袁绍简单介绍军情，中郎将张郃坐不住了。

张郃字儁乂，河间鄚人，因在袁绍讨伐公孙瓒的战争中屡立大功而威名远扬，时任袁绍军中郎将，对战局有着敏锐的嗅觉。一听曹军已去乌巢袭击辎重，立时感到大事不妙，便紧急提议：

"曹操兵精善战，淳于琼将军绝非其对手；淳于将军一旦被破，我军则大势必去，应该紧急出动主力相救！"

袁绍若从其言，则曹操等五千人必将全军覆没，其本人估计也难以幸免。

但关键时刻曹操总是那么有运气，又有人挺身而出来帮忙了，握有袁绍全军三分之二兵权的谋士郭图心里大为反感：我们智囊还没开言，你一个武将抢什么风头？有你说话的份儿吗？

郭图摆出一副十分不屑的样子当场反驳张郃："张将军之计非妙策也。不如直接攻取曹操官渡大营，曹操见势必还军，乌巢之危不救自解！"——不错，这是在本册的，三十六计中的围魏救赵之计。

张郃有点儿急眼："曹操营垒坚固，我军强攻数月未能攻克，能指望今天一战轻易建功？攻之必不拔，若淳于琼等被擒，我军无粮，兵必溃散，我们大家都不免去做曹操的战俘！"

袁绍其实胸有成竹，五千轻骑早已遣出，对乌巢他压根不再操无谓之心，他现在心中所想，实际上是如何趁机一举摧毁曹操全军，毕全功于今日一战，机不可失，时不再来，灭曹正逢其时！

大将军于战局突变之时，表现的镇静悠闲，战事全局，扑朔迷离，正是现场教导儿子的好时机。袁绍没理睬文武争辩，而是对长子袁谭指导说："现在趁曹操攻击乌巢之机会，我军攻拔其后方大营，曹操老家就要保不住了！"

随即下令：由大将张郃、高览率本部精兵，立即出动攻取曹操官渡大营！袁绍本人统重兵为其后盾，前助二将军攻寨，后阻曹操回军相救，破曹就在今天！

张郃无奈，只得与高览率部出战，但心中挂念的还是乌巢。

他深知：只要乌巢失利，即便攻破曹营，也将于全局无补，大军崩溃，不出数日；曹营也无粮，没有缴获，饥饿便能散军；但对攻克曹营，张部又哪里来的信心？那勇将曹洪又岂是好欺负的？

袁、曹两军的官渡大营攻防战拉开了序幕，乌巢淳于琼粮车营寨的攻防战却到了令所有人瞠目结舌的一刻：在袁绍五千轻骑的突击下，疲惫不堪的曹军根本没有阻击的能力，前锋瞬间即扑到了曹操的背后，相距不足三十步了！

舍命前扑的曹操却连回头看一眼的时间也没有了，许褚、曹仁等诸将已经人自为战，整个战场失去了指挥，没倒下的几十名"虎士"已经顾不上主公曹操了。事实上现在哪来的什么主公？曹操本人也成了"虎士"中的一员，性命已经交给了步伐的灵活与手头的迅捷。

而死守寨门的淳于仲简以及骑督威璜、赵叡也好不到哪儿去，现在已经直接与近似疯狂的曹操及所率的"虎士"们开始肉搏，也是连抬头看一眼都不可能，马上就要出现的大好局面对他们来说毫无意义，手头迟钝一点儿，性命便将丢去！

如风卷残云，水银泻地，饿虎扑食，苍鹰掠兔，袁军轻骑扑到了曹操背后！

千钧一发乱战时

一名"虎士"在劈开对手的铁甲时刀刃卷了，急退了两步让身旁的同伴顶替了自己的进攻位置，弯腰捡拾地上死亡者的兵器时，发现了相距不到十步的袁军轻骑！

不禁情急大呼："贼骑近了！主公快分兵拒挡啊！"

曹操大怒："等到了我背后再喊不迟！"

脚下手上却是没闲着，接连击毙两名扑在淳于仲简身前的卫士，骑槊直刺坚持不退的淳于仲简。

"虎士"们这次可不能全听曹操的，他们的第一任务就是要保护曹操的安全，还是分出了几人转身阻击扑到了背后的袁军骑兵。

一接战几乎全是同归于尽的拼命招数，而且大都是对敌人的坐骑下死手，袁军最前列的几骑战马扑倒，后面的骑兵被迫勒住战马，与曹操的"虎士"进行骑步肉搏。

没有了冲击的速度，骑在马上的士兵除了居高临下的优势外还不如步兵灵活，那战马的践踏简直就是骑兵的一多半战力。骑兵最常用的武器还是骑弩，进入射程便可对敌给予杀伤，冲上去之后一击便飚，决定性的因素便是速度，再加上人们对马踏心理上的恐惧。

但现在的乌巢战场已成混战，轻骑的速度已无，实际与敌直接交手的只能是顶前及外围的战士，窝成一团的骑兵只能是在冲击敌阵时最有效力，于驻马肉搏却是毫无作用。

尽管如此，由于双方数量太过悬殊，已经早把生死置之度外的"虎士"们还是难以抵挡袁军，被逼得步步后退，而且已经退无可退了，身后就是曹操。

曹操手中的骑槊不是步兵武器，步战本来并不趁手，但却占了距离上的便宜，淳于仲简若想对曹操给予杀伤，唯有贴近肉搏，但此时的淳于仲简却没有那分胆量，他也极清楚，前扑过去，即使击杀了曹操，自己也不免被曹操两侧的恶煞给剁成肉泥，所以只有招架一途，别无良策。

骑槊击到胸前，论理该下砸滚进，可此时的淳于仲简手中大刀已刚砸落了一柄刺来的长枪，兵器处于下位，只有将刺来的骑槊向上方架开，谁知曹操此一击乃是发自丹田之力的全力一击，架住曹操骑槊的同时自己并未避开危险，那骑槊只是方向偏斜，却依旧挟势抹向淳于仲简的头部！

淳于仲简大惊之下，身体本能地后仰避开，动作只是稍滞了一点儿，仰起的面部还是没能避开最高之点：鼻子被削去了！

霎时淳于仲简脸上鲜血狂涌，成为了一个无比狰狞的平板血头，口中大嚎，不似人声，本来就全身已成赤色，现在又加形若恶鬼的血面，身旁的卫士竟然被吓晕了两名，扑地而倒！

那痛极的淳于仲简神志已然不清，手中大刀狂舞乱劈，哪里分得了敌我？辨得了方向？乱扑之下，竟然杀进了自己的营寨，曹操率"虎士"及部分曹军竟然随着这威势无以复加的"前锋"杀进了淳于琼大营！

进寨的一瞬间，曹操看着状如恶魔的淳于仲简，心中又是微微一动：这办法冲击敌军不错！

事情就是这么简单，淳于琼营寨内的抵抗轰然崩溃！带伤顽抗的淳于琼被扑进来的曹军骁将乐进一刀毙命，曹军把所能接触到的所有的粮车全点着了！大火燃起，火助兵威，体力已经消耗到了至尽状态的曹军竟然如同突服兴奋剂，精神复振！

寨内的曹军用着最后的气力屠杀着已经放弃抵抗的袁军，寨外的袁军轻骑面对寨内腾起的大火，却没有胆量舍弃战马杀进寨去。主将蒋奇运气更是不佳，竟被一支不知从哪飞来的流矢射下了战马，没进得了寨的曹军趁势封锁住了寨门，蒋奇在亲信的保护下总算没有丢命！

此时的曹军就像油快耗尽的卡车，马达虽还轰响，实际上已经不能载重，不知何时就会突然停止运转。可惜增援的袁军轻骑没有耐心等到那一刻，随着虚张声势的曹操率军杀出寨外，失去了统一指挥的袁军轻骑竟然一哄而散，部分士兵裹着受伤的主将逃向了官渡，曹操幸运地逃过了一大劫。

曹操懂得此时的军队需要发扬连续作战的精神：派出五百名尚未丢弃战马的骑兵立即前去扫荡故市，那里已经没有了袁军的护粮部队，战士们就在马上喘口气吧，把粮车点着肯定没有问题。

淳于琼的万余部队大部溃散，一部伤亡于恶战，做了战俘的仅千余人，其中就包括被削掉了鼻子的淳于仲简，抓住淳于仲简时天色已晚，士兵们把淳于仲简带到了曹操面前。

曹操觉得这位被自己削掉了鼻子的将军也怪可怜的，从另一种意义上来说还是立了大功，便有了饶过这位残疾人的意思，和气地问淳于仲简："怎么成了这个样子了呀？"

淳于仲简此时神志已清，却并不气馁："胜负乃自天定，还用得着问我吗？"

曹操不准备杀掉这位不屈的将军。

这时候弃暗投明的许攸替昨天的战友说话了："明天早晨一照镜子，却是不容易忘掉谁是仇人啊！"

叛徒历来都狠于宿敌！

曹操杀掉了失去鼻子的淳于仲简。但大战只不过才算刚拉开

308

了一个对曹军有利的序幕，那袁绍的近十万大军还在官渡等着曹操呢，一旦回过神来，展开对曹操疲军的围捕，曹军还是难逃厄运！又到了决定曹军命运的时候。

这时曹操的命令更加出奇：立即取敌粮造饭，全军除抽出轮换看守俘虏的人员外，紧急——就两个字，却谁也没想到——睡觉！

这便是袁绍训斥许攸这个蝴蝶扇翅似的小事件引起的连锁反应，一场飓风燃起了大火，烧掉了袁绍全军的口粮，还有那数千个活生生的生灵！

问题是这场飓风还在加速旋转，能量越聚越大，直向袁绍的主力卷去！

仗虽胜了回家难

力量耗尽了的将士们都能休息，连看守俘虏的士兵、"虎士"们也能轮换睡一觉，唯有曹操不能，他要准确判断此时袁绍的心理，计划马上必到的更大规模恶战，寻找瞬间出现的哪怕一丝的胜机。

自己的部队伤亡不算太大，如此恶仗兵损不过两成，但是，人人体力已耗尽，充分休息是不可能的，但如不歇兵，便无战斗力可言。所以，让将士们饱食稍休是第一紧要，其他一切都要往后排。

朦胧中仿佛一阵冷风从心头飘过，曹操打了个寒战，总觉得有一个缥缈的思想自己没有抓住，但曹操却清楚地意识到那就是唯一的胜机！再苦思，希望这缕思绪再游荡回脑海中。

无疑，要继续保持目前的进攻姿态，方能觅得胜机。但要以手头这点兵力去进攻袁绍的接近十万大军，与往虎口里投食没有什么两样；万全之策是设法回到官渡大营继续坚守，现在双方都无粮，看谁能撑到对方垮台的最后一刻！

但士气易鼓不易泄，自己的将士由于此战，士气正盛；而袁军闻之军粮被焚，军心必然涣散，正是决战的大好时机。而袁绍若及时对自己尚未归营的部队采取行动，则主动权顷刻间双方易手！再说，那袁绍在此困兽犹斗之际，又怎容曹操率部顺利回到官渡大营？

子时将过，部队再不行动，天亮后更难有所作为，到时就是欲潜回官渡也将不能，曹操吩咐全军集合，待命出发，忽然想起一事：那袁军之千余战俘该如何处置？带回官渡大营，势必耽搁行军时间，到得天亮，必成袁军围攻目标；全部就地杀却？

曹操心里猛的通亮，知道了自己脑海中刚才闪过的念头是什么了，那缥缈的思绪其实就是血脸狂呼的淳于仲简！现在与千余名俘虏联系了起来，曹操知道了自己该做什么。

全军现在已经不用再徒步行军了，大量袁军的拉拽粮车之牛马成了曹军的战利品，连俘虏兵也都骑上了原来拖拽粮车的笨牛瘦马，只不过被曹军以索相连，逃跑是不可能的。

押解着战俘的曹军向官渡出发了，曹操暗暗唤过曹仁，下了一条使曹仁目瞪口呆的军令：等近得袁军营，释放所有战俘及其所骑牛马！使曹仁心惊肉跳的是后面跟着的一句：割掉所有俘虏的鼻子！所骑牲口割掉唇舌！

饶是杀人无数的曹仁，也不敢想象施刑时的惨景，杀人可以不眨眼，割千余活人的鼻子，外加群畜的唇舌，亏他曹操想得出来？可是曹仁就是连想的资格也是没有的，几十年的军旅生涯，都是曹操挥手我前进，已经养成了领袖的话一句顶一万句的好习惯。

军行半途，一个令曹操欣喜若狂的消息飞马报到了曹军：那攻打官渡大营半日的袁军大将张郃、高览已率部战场起义，直接投诚我军，现正等曹操回营面授机宜，给予立功的机会！

原来张郃与高览率本部军马，异常不情愿地对曹军大营开始攻坚战。而那守将曹洪却是历经东阿之阻守陈宫、叶县固守张绣的防守战役，对依寨死守甚有实战经验，张郃、高览两军折腾到傍晚，战况还是没有丝毫进展，两人只有望寨兴叹，收兵不敢，进退两难。

正在此时，那增援乌巢失利的部分轻骑溃逃到官渡，袁绍见状大怒，欲要先斩蒋奇，尽屠逃兵，以戒后效。还是军师郭图见状不忍，又惋惜这些生力骑兵，建议发配到官渡曹营的攻坚战场，以便戴罪立功，给其出路。

这又是一条绝馊的主意，还是唯恐张郃、高览独自破了曹营，立了大功。今已派援军，就是立功也有俺的份儿。

袁绍放着主力大军为什么不出动？还要等着曹操得胜回营的大军呢。粮虽损了，只要能逮住你曹操，破了你的老营，也算付出了代价，站稳了脚跟。至于几天后部队吃什么，那只有勒紧腰带干了。不是不考虑，而是考虑了也是白考虑，一切考虑都要等击败曹操后再考虑。

乌巢的败兵到了官渡前线，张郃知道乌巢已失，心中明白大势已去，再继续攻击曹营，不只是毫无意义了，而是抢先赴死，连坐以待毙都不如！

心中正在琢磨自己及部队的出路何在，袁绍大营溜出了张郃的一名亲信，来向张郃通风：那郭图因乌巢已失，曹营未破，唯恐受袁绍埋怨，竟然谎称接到安插在张郃军中的卧底密报：张将军闻之乌巢有失，面露喜色，出言不逊，怨气直指袁绍，张将军若回军，须谨防谗言。

张郃明白自己该怎么做了，当即与高览商议，与其随袁绍这艘必沉之船殉命，不若依圣人之言：君不正臣投外国，主不明另觅明君。高览当然表示愿随，二人立即遣使曹营，联系归降事宜。

仗正打得热闹，故军主将突然来降，不能不令守军主将曹洪生疑，正犹豫如何答复张郃，荀攸进言：“张郃乃献计不得主用，怒极而来，将军不用怀疑了。”曹洪这才放张郃、高览所部进了曹营，并且立即飞骑禀报曹操。

天方未明，接曹操飞骑将令：命曹洪所部集结所有兵力，天亮时见袁绍军乱，即全军出动，杀奔袁营，策应共破袁军！当然，对张郃的弃暗投明也是免不了表示欢迎，感佩将军明智之类语言也是少不了的。

众人也有疑虑：那袁军就那么听从曹操指挥？会自行大乱吗？张郃表示，愿率本部兵马，提前出动，原本是一家人，现重回军营，专搞政治攻势，何愁那袁军不乱？

灭绝人性的先锋队

千余袁军俘虏一到官渡，便被告知：曹司空对你们法外开恩，优待免死，给你们留了两条路，自己选择：一是留下头来，一是留下鼻子，快选吧，等到强行动手，说不定多割了一样去！

任何人都不会选错，头留下鼻子还能自己带走？其实也不过是戏弄即将被割掉鼻子的人，那边已经强行动手了！

先割人的鼻子，逼上坐骑又割坐骑的唇舌，牛马狂奔，骑手惨呼，血迸满面，惨绝人寰！

千余人几乎同时被惨遭割鼻之刑，千余头牲畜也几乎同时被割去唇舌，千个血头，千张血脸，千名血人，外加千头血流满面的牲口，千人同声惨呼裂人魂魄，千头牛马齐声痛哭更是惊天动地！

已经疯狂的畜生成了野兽，驮着千余血人扑向了袁军，后面跟着就这件事来说不如野兽的曹操部队，官渡之战最后的决战就这么开始了！

开战前的半个时辰，张郃、高览就带着他们现在已变成曹军的部队潜入了袁营，地熟人熟，当然无阻。一开始是四处宣传我军粮草已经全数被烧，大家将成饿殍，曹军无敌，我军已败，不走不降，莫非在这儿等死吗？

等到曹操创造的血人先锋队冲到了袁营，张郃、高览部立时翻脸，刀枪并举，对自己半日前的战友大开了杀戒！在真正的袁军眼里，乱杀人者与自己穿着一样的军装，怎能分辨敌我？那暗记号当然只有张部、高览部自己知道。

刚才还是流言四起，现在是突见无数恶鬼般的血人突进了营寨，那疯狂了的畜生四处撞抵践踏，面目狰狞，人滚下坐骑，细看却是自己的战友无鼻痛嚎，谁能不感到恐怖？

看到如同无数猛兽、无数恶鬼扑进了袁军，袁绍刚集结起来的部队轰然而散，那巨大的恐怖后面跟进的是曹操军容严整的步骑三军，这次曹军没有做凌厉的冲锋，而是摆了个威严的战阵缓缓逼近过来；与此同时，袁军的后方也响起了战鼓，那是曹洪所率领的官渡大营的曹军到了，也是与前面的曹军一样，结阵缓缓逼来。

十万大军瞬间崩溃！袁绍怎么也难以明白战局为什么会突变成这个样子，眼含热泪，心如刀绞，被儿子袁谭、谋士郭图等人强扶上战马，随身只有未散的八百余骑，冲出了曹军的前后围堵，一路仓皇，奔阳武、穿延津、走白马、渡黄河，直到黎阳，方才如梦初醒！

袁军主帅弃军而逃，庞大的部队谁还愿意抵抗？近八万士兵放下了武器，在等待胜利者收编安抚。

此战曹军发了大财，袁绍逃得匆忙，事先没做任何计划，曹军缴获辎重财物巨亿，兵甲车仗成山，图书珍宝无数，就连袁绍军中最机密之文书档案也全数丢给了曹军。

袁军档案文书中，查得许都及曹操军中与袁绍秘密联系的大量书信，左右建议曹操交由校事，按图索骥，追根求源，一网打尽。曹操这次学了一回光武风范，责令谁也不准翻看，当场一焚了之。

众人不解，曹操此时显得极为通情达理，宽宏大量，向大家解释说："当时袁绍之强大，我自己犹不能保全，何况一般官吏军士呢？"

曹军威名远扬，曹操仁播四方，袁绍的冀州诸多郡城表示坚决拥护中央，愿意主动归降曹操。

那曹操就如此大仁大义？在曹操处理袁军八万俘虏的问题上，马上就会昭示出来，第一个需要面对的战俘，便是没能随袁绍一同逃掉的沮授。

沮授由于其位已不在中枢，没能逃过黄河，被曹军抓住时口中大呼："沮授不是投降的，是被军所捕！"

其实曹操与沮授原是旧友，对沮授之才仰慕已久，劝沮授归顺可谓苦口婆心："分别之后，音信断绝，没想君今日被擒，天幸我们二人殊途同归啊！"

沮授没认为做了战俘是自己的责任："是袁冀州失策，盲目北进，沮授才智受困，力有不逮，才被你擒也！"

曹操表示了理解："袁本初本来无谋，不用君计，才致军败；方今丧乱过纪，国家未定，我愿意与君共同治理天下。"

沮授却根本没有投降的打算："我叔父、母亲、弟弟之性命现都掌握在袁氏手里，若公还念旧情，尚存人性，请赐我速死，沮授以死为福。"

曹操见难夺其志，不由得感叹："我若早得君助，平天下不足虑也！"却还是不舍得杀掉沮授，并且给予优厚待遇，养在军中，只盼时间与真情能对沮授有所感化。

至于后来沮授软硬不吃，一再欲逃归袁绍，曹操无奈之下，只得对其施以死刑，以全其志，那已是后话了。

曹司空这样优待俘虏兵

对于如何处理袁绍的近八万战俘，的确是个大难题。

曹军没有能力自我消化，自己的部队还供应不上所需军粮，若再接受改编如此庞大的部队，拿什么来喂他们？军饥必然生乱，到时候如何去镇压数量倍于自己原部的乱军？

就地遣散？人总要吃饭，那还不是无数百姓遭殃？

人穷极了，何妨抢劫作为职业，人饿极了，必然有奶就是亲娘；百姓遭毒于前，袁绍受益于后；怎能帮助袁绍重收旧部？助其势力复原？遣散之策不妥。

可拖着更不是办法，人长一张嘴，喘气是副业，舌为说话，牙为嚼食，上下两唇，除偶尔接吻，就是为了吞粮食，一日三餐，缺一心慌，一旦断顿，大乱在即！哪有不耗粮食的活人？

对呀！死人不会耗粮食！

那就都将他们变成死人吧！

可是，事情总是想象容易实践难，别说集体杀八万个活人，你就是宰八万头生猪试试？那会是啥动静？那会是啥场面？八万头猪宰毕还能分了吃肉，八万个人杀完后尸体还不堆成肉山？再说了，光屠夫得集结多少哇？

八万俘虏现在成了曹操最大的心结，正苦闷两难之间，束手无策之时，出帐散郁，行至前时为防袁军地道战所挖长壕，曹操口中不由得念叨：这下面尚埋不知多少笨人冤鬼啊！

脑海灵光一现，心中霎时又亮：想起了前几日消灭袁绍地道来兵，一时供水不足，土埋袁军活人的那一刻。当时心中一动，没想到竟成今天开锁的钥匙。

主意一定，余下的事情就迎刃而解，具体工作不用主帅亲自跑腿动手，连策划部署也是不用一把手操心的。

先勘察地形，后确定地点，再准备土方，最后加工成合适的大葬坑。

大自然神功无比，适合的地点太多了，官渡所处乃黄河淤积之黄土平原，累年洪水泛滥，冲刷出无数的深壕鸿沟，有的竟还成了天然运河，造福黎民。用来造孽，当然也是物尽其用。

选一已成交通便道之鸿沟，在合适的位置预先堵住一头，在数里外的地方预备好迅速堵住另一头的乱石土方，两侧当然要提前修整一番，留数丈陡立的土壁，只要人无法攀登，一切便万事大吉。

曹军的战俘管理人员只是命令战俘们转移营地就可以了，把战俘驱赶到那必须路过的鸿沟葬坑，以下就是预先埋伏好的埋坑大军的体力活路了。

由于计划周密，保密措施严格，政治动员得力，将士们执行命令坚决，大埋活人计划顺利实施了！

战俘们得到命令，全体移营，去靠近许都的位置就食。

这下俘虏们终于盼到希望了，近两天了，水米皆无，士兵们已经开始酝酿拼命了。现在突接喜讯，所以格外听话，迅速自觉地列队等待出发的命令。

将近八万兵，十人纵队还要排上八千列，数里长的大队开进了活葬鸿沟，等最前列的发觉了事情不对头，压后阵的已经全部进壕了！紧急添堵后路，片刻一切搞定，下面的事情就极简单了。

大家千万不要以为就是曹军围在鸿沟上边填土活埋八万人啊，那是无法陆续填土的，战俘们都是活人，随着你填进去的黄土增高，还不就爬出来啦？

而是监视住下面的同类爬不上来就行了，就一个任务：等待。等待什么？八万活人慢慢饿死呀！断水断粮，壕底的生命能撑几天？

不忍写下去了！这情景不是什么惨不忍睹！是残不忍思！

英雄曹操完成此彪炳青史之壮举之后，开始全军休整，积极备战，再去讨伐哪个？还是袁绍！袁绍即便经此大败，剩余的兵力还是比曹操大得多，所控地盘更是曹操之数倍，综合战力还是远非曹操现在所及。

战敖仓曹操贪微利

敖仓位于官渡稍偏北的西部，基本处于官渡与孟津的之间的正中位置，黄河流经敖仓北侧，是黄河南岸由西向东北所经之地。古时孟津、敖仓、延津、白马被称为黄河的四大渡口。

从这里进击许都距离稍远于官渡，但由于有嵩山阻隔，却不适应辎重行军，所以袁绍在曹操集结兵力于官渡、弃守敖仓时，仅是出兵占据了这个战略要地，韩嵩的一千轻骑就是从这里渡过黄河，对曹军粮道采取的行动，除此外袁绍并未在此有大的动作。

但现在不同了，袁绍官渡兵败，官渡之东的各郡城已经被曹军趁势扫荡一空，敖仓成了袁军现存于黄河南岸的唯一军事据点。这里西出可以切断河内与许都的联系，东向可以威胁官渡侧背，尤其还有重要的一点：敖仓，顾名思义，乃古之囤粮要地，从这里可以控制嵩山以北、黄河以南广阔的产粮区，实是建在曹操家门内的一个桥头堡。

但曹操在官渡大破袁绍之后，前期忙于向东收复所丢各城，及至年末，黄河封冻，军粮不足，已经无力兵向敖仓了。

建安六年（201）四月，就食于兖州东平的曹军残春熬过，倾力收集了一点儿军粮，该对敖仓下手了。敖仓不克，曹军永远不能北渡黄河，对袁采取攻势作战。

袁绍早就来到了敖仓备战。经四个多月的整顿恢复，袁绍已经初步重振兵势。毕竟是集四州之力重建一支机动部队，只要能接受官渡之败的教训，再与曹操一争高下并非妄想。

接受教训并不那么容易，往往因事而变，因人而异。谋士沮授已被袁绍丢弃而致殒命，那么另一个对战事判断对头的谋士田丰命运如何呢？

已经被袁绍杀掉了！

那袁绍平素外貌宽厚，忧喜不形于色，但其实性格孤傲，自视甚高。官渡大败，逃到黎阳，见了守将蒋义之时，甚是仓皇，执其手惨然说道："我袁绍的头颅从现在起就算交给你了啊！"把蒋义吓得魂飞魄散，赶快让出中军大帐，从此没有袁绍召唤再也不敢入内。

　　溃散部属闻知袁绍尚在，稍后复集黎阳，袁绍安危刚刚无虑，便又对回到邺城羞见田丰发起愁来，尤其是出去巡营时听到有的士兵哭泣着对话："如果有田丰在此，我们怎么也不会落到这种地步啊！"这些话简直成了田丰的催命符！

　　其时护军逢纪正好在身边，袁便对逢纪说了心里话："冀州军民闻我军败，估计大多会感念我平常的恩德，给予理解，唯有田丰曾在战前谏止过我，现在战况被他说中，该田丰看我的笑话了！我实在羞于见他呀！"

　　恰那逢纪素来妒忌田丰之才智，与田丰一向不和，现在终于等到了落井下石的机会，那还不趁机除去政敌？

　　这种缺德事大家只要稍细心，就会发现我们今人的身边也是常见，不足为奇！

　　逢纪这次凭空造了一块足以置田丰死地的大石头："听说田丰闻听将军大败，拊掌大笑，像遇到什么喜庆似的对人说：'怎么样？我田丰言之必中吧！'"

　　实际上邺城监狱中的田丰对自己的命运早就有数，当狱卒向他恭喜袁军如他所谏，兵败官渡，先生必得重用时，田丰叹道："主公貌宽而内忌，不会感念我的忠心；我曾多次对你们说过：'我军若胜，主公欣喜，必能赦我；我军战败，主公必怨，内忌将发，必先除我！'今我军既败，我没希望活着了。"

　　果然不出田丰所料，袁绍听得逢纪之言，正好借题发挥，大怒："吾不用田丰言，果为其所笑也！"人还没回到邺城，立斩田丰的命令先下到了狱中，田丰从容就死。怎不令时人及后人感叹唏嘘！

　　趁冬末春初无战事，袁绍忍住惩罚降曹各县的欲望，从四州各郡调集兵员。到了建安六年（201）三月，袁绍再率部增援敖仓时，所部已接近十万。

任何一个战役，都有一个明确的战役目标。但曹操对将要开始的敖仓之战，却是难以决断自己欲达到的目的。

若仅是为了收复失地，绥靖后方，那倒不用多费心思，袁绍重集的部队其战力，是无法与去年官渡之战时的精兵相较的。就算死打硬拼，也肯定能拔除河南的这颗钉子。

问题在于，假如袁绍不与你硬拼呢？采取守势，于敖仓城头与你先拼占地利的消耗，再于适当的时候全师退过黄河，让曹军付出巨大代价，最后得一座空城，这样一来，对将来的出击河北作战肯定是不利的。

能否把袁绍的有生力量消灭在黄河以南？这是个诱人的想法，毕其功于一役！中国北方将速定也！

可是官渡之战的孤注一掷，实在让曹操后怕，多少个一旦，多少个万一，都让曹操感到如履薄冰般，可那是置之死地而后生的无奈之举呀！现在用兵行险，还犯得上吗？

其实如果下决心冒险一战的话，作战方案并不难以制订：兵分三路：左军暗渡孟津，截断其粮道及归路；右军渡白马奇袭黎阳，奔袭邺城；正面部队缓逼敖仓，趁其退兵时掩杀追渡河北。如此一战可定冀州！

就担心一点：那袁绍挟官渡之怨恨，不要后方，径直出动全军攻击我正面部队，我以三分之一的兵力是无法与之抗衡的。一旦有失，则许都震动，那许都之南刘备的汝南贼军必趁火打劫，如果真的形成这种局面，那官渡之前功，将于敖仓尽弃也！

有没有一个万全之策？两面皆顾，既歼袁军，又无风险，吾当重赏之！

临战的曹操偏偏就忘了他自己以往的战例：凡求万全时，无有不败，横心行险时，基本完胜！

估计现在的曹操需要笔者去给他讲讲兵法了！笔者兴许有几个现成的近代战例告诉老曹，不要你的重赏，就一个条件：今后杜绝屠城杀俘！

而曹操却无能耐预知千年后事，又不能听笔者教给他奇想妙思，犹豫再三，作出了一个避今损留后患、贪目前微益、失速胜良机的用兵方略。

不究得失也算一局妙棋

从来就有讲棋犹谈兵、战事如棋局的说法。

弈道高手运子如用兵，三军主帅布阵似博弈，棋兵两道，其实相通。就是现代，各国的总参部在设计一场战争前，也是先做一番兵棋推演的。

就曹操、袁绍两军即将开始的敖仓之战来说，也像两位入局者在枰前竭神厮杀。从两军主帅都亲自出马来说，有点儿类似国际象棋，那双方的王也是具有极大杀伤力的，一样深入敌巢，冲锋陷阵，有时亲自捉王，一举成功。

那黄河就是棋盘上的那道楚河汉界，许都、邺城，双方九宫，而那敖仓则恰如黑方袁绍布在红方曹操界内的一只盘河马。

与在己方河沿的巡河车不同，盘河马倒与巡河车位置相同，是盘踞在对方前沿的强马，威力极大，一般被威胁的一方如果不能对其驱逐或消灭，那被动局面极难反先，双方的攻防大都围着这只盘河马展开。

中国象棋中马有威风八面之称，能控制八个点位向对方攻击，敖仓这只盘河马便是如此：前出控制嵩山，威胁许都；右调扫荡孟津，孤立河内；左动挟持官渡，囊括豫北；后退渡过黄河，足以自保。曹操灭此马势在必行！

像棋局中的盘河马一样，一般祭出此招的棋手都是后面集以重兵保护盘河马的，袁绍也是为保此城而拼上了几乎所有的机动力量。而现被笔者指定为红方的曹操却是有着几种选择：

棋局中红方为除掉对方的盘河马一般是不惜子力的，能设置马绊将其歼灭在境内当然最好；驱逐回对方河界也会夺回先手；实在无奈就是用马或炮甚至贴上一个小兵将其拼掉也不算吃亏。曹操会选择哪种呢？

前文笔者讲过：战术服从战略，战略服从政治，政治高于一切！曹操的政治主战场在许都，在没有彻底消除许都南部近邻刘备汝南军的威胁时，是不会全力对袁绍的盘河马平等兑子的，所以，上面的最后一条策略曹操连考虑都没考虑。

若是象棋大师遇到这种局面，肯定会以此马作诱饵，摆出欲兑不舍的态势，诱此马离位深入，困而不歼，敌必全力来援。等对方阵势变虚之时，必出破绽，到那时集结全部机动子力，急袭对手九宫，敌布局一乱，即胜势在我。

但曹操对聚歼此马信心不大，笔者上述之高深棋道更是不会进入其思维，为保万全，不伤子力，将敖仓战役目的定为了棋局中的中策，即驱逐出境。

应该承认，曹操之棋路行得还是比较漂亮的，先是架炮遥击盘河马——亲率步兵主力带石炮（霹雳车）、云梯等物渐逼敖仓；

后左出车巡河遥控敌界，摆出了一副绊马后退使其难归的架势——由曹仁率其阳翟步骑于孟津渡扬威黄河，摆出渡河迂回断其与邺城的粮道和归路的架势；

右车也顶到河口，遥指九宫——张辽、徐晃率轻骑自白马准备渡河袭占黎阳，进而威胁邺城。

可惜双车并未过河去二鬼拍门直击对方九宫，而是双车巡河，全是虚招式，就是为了吓退对手的盘河马——曹仁依令故意滞行，只是大张旗鼓地准备渡河器械；张辽、徐晃到了白马渡口后大喊兵向邺城，可就是干打雷不下雨，说穿了还是吓唬。

那袁绍经官渡之战，已是惊弓之鸟，哪能经得住这左右两车的惊吓？算了，盘河马不盘了，回老窝守家去吧。曹操之步兵开到敖仓，袁绍大军已主动回渡河北，敖仓仅留下了部分为掩护主力撤退的老弱残兵，曹操顺利收复敖仓。

曹操扬威河上，吓退袁绍的战役目的轻松得以实现，但只是在这盘棋中抢得了一个微弱的先手，就全盘局势来说，还是黑优局面，且喜车马炮主力兵种还算齐全，只是对手多卒占优，这也是没办法的事，因为这盘棋的开局就不是公平的，是对手多卒的让子棋。

曹操并未甘心就此罢手息兵，而是趁势驱兵渡河，欲追袁绍主力，以获大利。这也是棋理，在对局中少兵的一方唯有加强进攻，否则只有等待输棋投子。但棋理还有一说：少兵方无资格平兑子力。所以只有出奇兵方能巧胜，平淡攻守，兵少必输。

果然，曹操渡河作战，乃袁绍意料中之正招，袁绍大军结阵，缓退死战，曹军急胜不能，硬拼等于平等兑子，必之棋路当然不能下。耗不几日，军粮已将尽，只有委屈退兵，落了个损兵劳力贴军资，无功而返。而袁绍却趁势分兵威胁已经投降曹操的冀州各县，轻松地将背叛的各郡城一一收复，河北全境又重归袁绍掌握之中，飘摇的冀州重新稳固。

这在棋局上叫作被对手逼退，退子则失步，先手已丢，局面已成互争先手，看来这盘棋将是漫长的一局！

这时的曹操怎么也不会料到：到棋终局散，还要拖八年之久！

冤家见面不容易

刘备于叶县斩了蔡阳之后，关、张、赵重聚汝南，的确有了重整旗鼓的新气象，他也并不是没起过趁曹、袁顶牛于官渡，袭占许都的念头。

但刘备也清楚，光有美好的愿望还是远远不够的，还要具备能达到此愿望的军事、经济实力，这两根硬腿刘备才算刚长出来两只嫩脚丫，仅能暂时站立在地上而已，还是个标准的矮子，是没资格与巨人较量的。

龚都的一帮菜鸟兵，还难把它说成是什么军事力量，把乌合之众编练成一支强兵绝非一朝一夕之功，所以刘备只能在汝南积极扩军，伺机而动，唯愿曹操与袁绍能多打上几年，给自己留点儿休养生息的时间。

谁想庞大的袁军一日崩溃，刘备明白自己在汝南待到头了，那曹操是不会放过自己的。未雨绸缪，提前预备后路是明智之举，便派糜竺、孙乾紧急出使荆州，探听刘表的口风，能收容自己这个本家否？

曹操也没出刘备所料，虽然渡河出击失利，但黄河以南的大局还是大体安定了，估计袁绍短时期难以有胆量与余力骚扰边境，便毫不犹豫地亲自提军扑向了汝南，不靖后方，将来怎能安心兵向河北？

俗话说，经过鹰的兔子最难拿！想捉住刘备，比空手去捉兔子更难！刘备与曹操恩怨半生，厮打数载，可谓知己知彼。曹操轻摧敖仓、出击河北不利、兵退河南的消息一传来，刘备就感到轮到自己了。此时已是建安六年（201）九月了。

不用再打探什么军情了，曹操一贯兵行险招，善于远距离突袭，等得到曹军的确实消息，说不定自己已入其网中，最保险的用兵之道：走为上策！什么叫料敌于先机？刘备示范给你们看吧。

龚都的农民军乃黄巾军余部，抢掠已成顽疾，士兵也大多是当地人，没有几个愿弃故土的，是不能带往荆州的。刘备片刻也没有犹豫思量，便集结了自己旧部三千余人，连夜开拔，逃往荆州而去。

刘备军一离汝南，龚都部便人人皆知曹操快要到了，那曹军的残暴大家闻名已久，谁还愿意呆做被屠的羔羊？部队一哄而散，军装一脱，都成了安心务农的良民百姓了。

走得及时，散得恰当，稍迟便会成为网中之鱼！

曹操亲率轻骑，几乎是日夜不停，长途奔袭刘备。原指望奇袭必能奏效，哪知强中自有强中腿，还是慢了一步。军到汝南，刘备刚离，欲待追击，曹操自料难比刘备腿长脚快；围捕龚都余部吧，满眼里都是普通老百姓，围城方能有理屠城，现在是到处不设防，实是杀人都找不到借口了。

曹操有些窝气。尤其是那刘备投靠的是荆州，那是曹操骨头里都惦念的一块肥肉啊！

当即准备借此理由趁势兵伐荆州，回头再对付袁绍。正欲拍板决定大军南向之际，忽想起部队休整东平之时荀彧的一席话。当时曹操鉴于袁绍主力已尽数被歼，欲趁袁绍暂无力反扑之间隙，兵出汝南擒刘备，继向荆州收刘表，荀彧坚决反对：

"今袁绍新败，其众离心，正宜乘其坐困，出兵定之；而我军若背向豫南，远师荆州，袁绍必借机收其余部，残烬复燃，乘虚以强兵出公之后，则公万事皆休矣！"

现在比三月间的情况也好不到哪儿去，对荆州动手还是会出现荀彧所言之忧患。曹操思量再三，终于强使自己爬出喉咙眼的馋虫重新休眠，肉再肥也要等到过年吃吧。

曹操回军河上，驻马冀豫边境，干什么？窥觎河北，等待出兵河北之时机呀！

人的一生说穿了就是等待的一生，一生都在等待机遇的到来，就是患上了绝症的老人也并非只是等待回归自然，也在等待心中的天使——医生一旦妙手回春。

但是，机遇永远只会垂青做好了准备的人们。

老天对曹操格外垂青，机遇不久就会送到他的面前。

所以说，好人得好报只是一句好人的催眠曲，人杀多了，神仙鬼怪都会怕他！不是有句俗话吗：好人不长寿，祸害活千年！虽然现实如此，笔者还是喜欢一句话：好人一生平安！

现实就是这样残酷：好人刘备又开始哼起了他的流浪者之歌，那荆州的刘表会容他寄于篱下吗？

命运虽残酷，有时也慈悲，刘表表现得不亚于袁绍：闻知玄德来投，欣喜加兴奋，亲自出城郊迎，并待以上宾之礼，对军提供粮饷，且调拨一部给予充实，并划拨新野给其作为地盘，以便养军拒曹，刘备虽然有沦为刘表守门犬之嫌，但总算有了一个安定的家了，这一安定就是七年。

这七年中，曹操过的还是腥风血雨的日子，人头无时不悬在刀尖上；而刘备却是享受在安乐窝中，得了一个大胖小子。

苍天给他送了个未来的皇帝，竟又照顾这位皇帝有智不愿发挥、有才轻易不露的性格，大方地给他配备了一位才智盖世、德操超群、流芳千古的丞相。

这便是令后世敬之如神灵的山东琅邪人诸葛亮，字孔明，时住南阳卧龙冈，大名未出田垄先播出：闻名者皆知其为卧龙先生！

现在是：刘备安逸，孙权守成，曹操风流，只苦了天下苍生！

有道是：

> 龙争虎斗风云汇，
> 鹿啼羊哭血雨飞。
> 南征北战英雄路，

鬼怨神愁孺子悲。

世道从不帮弱善，

苍天少见惩强贼。

休说亘古黄河事，

梦里澄清有几回！

大碗灌酒醉谈兵

本书有八十篇在谈兵，兵在这里非指兵卒，乃指战争。

因为曹操发迹全靠战争，不写战争，简直无从下笔。写了几十万字的战争了，总要给战争下个清楚的定义吧？

可能有朋友会认为笔者多此一举：战争？哪个不明白？战——即是战争的战；争——即是战争的争。稍有点儿文化的谁还能不知战争为何物？笔者对门的二大爷，斗大的字不识一箩筐，侃起三国、水浒、封神来，照样头头是道，论起兵法战策，绝不输于古今军事名家。

笔者承认你说得有理。但笔者今天在这里要说的既不是战略战术，也不是战场打斗，当然更不会侃什么战就是战、争就是争、战争就是战争之类的废话，而是欲如庖丁解牛般剔剥战争这两个字眼，请各位稳住心神，温热大碗老酒，笔者将给你献上酒肴细嚼轻咽，慢慢品来！

繁体"戰"字，为单人持戈，泛指争斗，以武力比高下。持戈干吗？杀死其他生物或者自己的同类呗！

繁体"爭"字，部首为"爪"，动爪抓尹，即为爭。简体字是国人进化了的产物，那字的意思当然也要随之进步，空爪换成了刀，所以才有了今天的一刀临头作部首的"争"字，的确形象多了，刀把子砍出政权吗，空手的爪是没有资格与之相争的。

"争"字意为力求获得，互不相让。动爪动刀，也隐含了争斗的意思，与"战"字意思有点儿重复了。

恰就是这两个意思相仿的汉字一重复成了亲家，那含义便大大地丰富多彩了！战争两字就成了以爪持戈，照头动刀，并且要反复争斗——战争一词横空出世！

战争自组词以来，便具有了它独有的特性，它已经不能用人们相互打斗来解释了。夫妻打架、兄弟动手之类，人们虽然有时也将之形容为"战争"，但毕竟是加了引号的形容，仅是戏谑调侃而已，当不得真。

战争具有身份要求：只能由人这种高等生物才配这高级行为，狗咬架、狮捕鹿、猫逮耗子都没有被恭维为战争的，甚至老百姓之间的家族械斗、流氓团伙之间的拼杀、警察抓罪犯时的枪战等，都没有资格称作战争。

战争具有数量要求：百人以下很少有被称为战争的，一般把那个争字给换成斗字，人类厉害！一字之差，规模大为不同。

战争具有时间要求：时间短了就叫冲突，冲突发展了就能长大成人为战争。这是古时候的标准。

现在人的能耐大多了，几分钟的战争也出现了，一阵飞机突袭，对方即成火海废墟，人一点也不少死，所以也能称为战争，科学一发展，连词的定义都跟着进步。

可见，战争是以吞掉生命的多少来定性的。

战争分为两大类，内外有别，一般把国家、种族之间的战争行为称为外战；同种同族一个国家内部的战争称为内战。不好定性是哪种战争高尚，哪种卑鄙，因为交战的双方肯定各有说辞。

这就是战争具有的两面性：人们把它分为正义与非正义，这点交战的双方意见极一致，都把那个"非"字扔给对方，都标榜自己是正义的儿孙，享有天赋之法律继承权！

回到东汉时候：曹操与诸军阀们编织了战争的大网，为的就是一网打尽天下这条政治大鱼，把这条大鱼摆上了餐桌就成了一道可口的经济美味，大家可以入席就座大快朵颐了！

至于小民百姓？他们的使命是用自己的血肉继续把鱼喂肥，哪道美味嗅不到他们的血腥？等着吧！下一网马上就要罩下了，这是他们的宿命，而且是网网不断，代代相传，永不停止，因为那持网人也是香火不断的！

曹操即将开始他的北战南征；孙权也不安分于江东了，开始了先打内战，后侵荆州的战争行动；新野的刘备也不是一直准备这么继续养尊处优：端人的碗，服人管。刘表一声令下，刘备也就被推上了战场。

一支曲儿收尾本篇，结束本卷：

《喋血中原》卷尾曲：调寄《满庭芳》

老酒一杯，悲歌一曲，曲载万古云飞。谈兵心碎，弹剑演钟馗！青史秃笔竹简，锵锵字、满纸惊雷。

吴蜀魏，神藏鬼隐，三堆碎石碑。千年，烽烟冷，秦砖汉瓦，尚有余灰。刻三七功罪，物是人非！

　　只叹英雄伟业，却点缀，黎民血泪。思太祖，摘钩弯月，五洋钓鳖回。